Leben LERNEN
Klett-Cotta

Zu diesem Buch

Das Integrierte Stressbewältigungsprogramm (ISP) wurde in langjähriger Praxisarbeit entwickelt und ist sowohl für die therapeutische Anwendung im ambulanten und stationären Bereich als auch für präventive Maßnahmen in der Gesundheitsförderung und für Stressmanagementkurse geeignet. Es beinhaltet Vorgehensweisen aus hypnosystemischen, humanistischen und verhaltensbezogenen Ansätzen. Diese sind prinzipiell mit verschiedenen Therapieverfahren kompatibel und in schulenspezifische (Gruppen-) Konzepte integrierbar.

Das Manual besteht aus sechs Modulen im Sinn von Themenschwerpunkten (Warming up, Körper, Gedanken, Gefühle, Leistung und Beziehungen leben, Ernte und Abschied), um der erfahrenen Kursleitung flexible Handhabung und Schwerpunktsetzung auch im Einzelsetting zu ermöglichen.

Die im Buch angeführten Materialien und Arbeitsblätter sind der beiliegenden CD-ROM zu entnehmen.

Dr. Diana Drexler, Diplom-Psychologin, ist als Psychotherapeutin in eigener Praxis tätig; sie ist Leiterin und Lehrtherapeutin des Wieslocher Instituts für Systemische Lösungen, Ausbilderin und Supervisorin für Verhaltenstherapie, Systemische Therapie und Systemaufstellungen.

Diana Drexler

Das Integrierte Stressbewältigungsprogramm ISP

Manual und Materialien für Therapie und Beratung

Klett-Cotta

Leben Lernen 187

Klett-Cotta
www.klett-cotta.de

Printed in Germany
Umschlag: Hemm & Mader, Stuttgart
Titelbild: Henri Rousseau: »Flamingos« (Ausschnitt), 1907
Gesetzt aus der Minion von Kösel, Krugzell
Gedruckt und gebunden von Kösel, Krugzell
ISBN 978-3-608-89124-9

Dritte, vollständig überarbeitete Neuauflage, 2012

Bibliografische Information der Deutschen Nationalbibliothek
Die Deutsche Nationalbibliothek verzeichnet diese Publikation in der Deutschen Nationalbibliografie; detaillierte bibliografische Daten sind im Internet über <http://dnb.d-nb.de> abrufbar.

Inhalt

Kapitel II

Praxis des Kursprogramms

Kapitel III

Durchführung des Kursprogramms

Einleitung

Das vorliegende Manual zum Integrierten Stressbewältigungsprogramm (ISP) repräsentiert einen individuumzentrierten Ansatz zur Bewältigung und Reduzierung alltäglicher Belastungserfahrungen. Erste Versionen wurden im universitären Kontext bei der Behandlung von Patienten mit psychosomatischen Problemen eingesetzt. Mit wachsender Erfahrung erwies sich Einbeziehung von erlebens- und körperorientierten Methoden zusätzlich zu kognitions- und verhaltensbezogenen Übungen als hilfreich.

Stellten die Schulung von Gewahrsein und die Betonung emotionszentrierten Vorgehens in der ersten Ausgabe dieses Buchs noch eine Besonderheit gegenüber gängigen Programmen zur Stressbewältigung dar, so wurden diese methodischen Elemente in den letzten Jahren zu festen Bestandteilen vieler klinischer Behandlungskonzepte. Das ist vor allem dem enormen Wissenszuwachs in den Neurowissenschaften zu verdanken, die den zentralen Stellenwert einer untrennbaren Kopplung von Körper, Gefühl und Verstand auch und gerade für psychotherapeutische Konzepte belegen. Auch die neueren Forschungsergebnisse der Trauma- und Bindungsforschung legen ganzheitliche Konzepte und interdisziplinäre Zugänge für den Umgang mit psycho-somatischen und somato-psychischen Phänomenen nahe.

Der Wunsch nach Theorie- und Methodenintegration zugunsten beraterischer und therapeutischer Praxis wird in der Namensgebung des Manuals deutlich. Das ISP entstand aus der Praxis heraus – aus der Beschäftigung mit verschiedenen Therapieansätzen und aus dem Erfahrungswissen in der Arbeit mit Patienten –, und für die Praxis ist es auch geschrieben. Es beinhaltet Vorgehensweisen aus hypnosystemischen, humanistischen und verhaltensbezogenen Ansätzen. Diese sind prinzipiell mit verschiedenen Therapieverfahren kompatibel und in schulenspezifische Gruppenkonzepte integrierbar.

Voraussetzungen für eine kompetente Anwendung des ISP sind eine psychotherapeutische oder beraterische Grundausbildung, Erfahrung in der Leitung von Gruppen, im besten Fall eine Fortbildung in der Durchführung des Programms.

Das angebotene Methodenrepertoire basiert auf einem konsequent ressourcenorientierten Ansatz. Übergeordnetes Ziel ist es, den Teilnehmern ihre individuellen Möglichkeiten zur Belastungsbewältigung bewusst und zugänglich zu machen und deren eigenständige Weiterentwicklung professionell zu begleiten. Deshalb wird in diesem Buch weitgehend auf »edukative« Elemente im Sinne von Unterricht und Anweisungen, z. B. für gesundes Essverhalten, Sport oder Freizeitgestaltung, verzichtet. Entsprechende Tipps und Informationen sind heutzutage überall verfügbar. Stattdessen gibt es Wissensbausteine, in denen die dem Programm zugrunde liegenden theoretischen Konzepte allgemein verständlich aufbereitet sind.

In jedem Baustein stehen Zuwendung, Wahrnehmung, Annahme (Akzeptanz) vor Veränderung, und Letztere liegt ganz beim Patienten/Klienten. Im Sinne von Empowerment werden Veränderungen also nicht vom Profi »verordnet«, sondern – mit dessen Unterstützung – selbstverantwortlich ausgelotet und gestaltet.

Trotz Gruppenkonzept geht es also um eine individuelle Ausrichtung, Problemlösungen sind für jeden Klienten in seiner spezifischen Situation und zum jeweiligen Zeitpunkt immer neu zu kreieren. In diesem Spannungsfeld zwischen standardisierter Präsentation eines Manuals einerseits und gleichzeitigem Anspruch individueller Problemlösung andererseits sind die Übungen jedes Bausteins bewusst angesiedelt und vom Kursleiter immer wieder zu reflektieren. Die Vorteile und möglichen Klippen der Manualisierung werden im Verlauf der Kursbeschreibung immer wieder diskutiert.

Das Bausteinprinzip wird auch in dieser Ausgabe aus didaktischen Gründen beibehalten. Dadurch können je nach Indikation, Zeit und Setting verschiedene Schwerpunkte gesetzt und miteinander kombiniert werden, und sowohl Kursleiter als auch Teilnehmer wissen, auf welcher Ebene sie sich gerade bewusst bewegen. Es wird jedoch von Beginn an immer wieder darauf hingewiesen, wie eng körperliche, kognitive und emotionale Erlebensaspekte zusammenwirken und dass sie eigentlich untrennbar verbunden sind.

Seit 1986 kommt das ISP in Kliniken, Praxen, in der (betrieblichen) Gesundheitsförderung und in Stressmanagementseminaren zum Einsatz. Im Lauf der Jahre wurde von Ausbildungsteilnehmern immer wieder der Wunsch geäußert, den Kursablauf, die Übungen und die Therapiematerialien in Buchform im Sinn eines Nachschlagewerks zur

Verfügung zu haben. Diese Zusammenfassung liegt nun in erweiterter und aktualisierter Form vor.

Das Buch hat seinen Sinn erfüllt, wenn der erfahrene Anwender das vorliegende, systematische Konzept als Ergänzung seiner eigenen Praxis flexibel gestaltet, indikationsabhängig ergänzt und die Bausteine in ein umfassendes, letztlich individuelles Behandlungskonzept zu integrieren weiß, und wenn die Teilnehmer nach dem Kurs ein reiches Bewältigungsrepertoire für wechselnde Anforderungssituationen zur Verfügung haben und in ihrem Alltag einsetzen.

Zum Schluss noch einige Anmerkungen zur Geschlechtsbezeichnung von Personen und zur Darstellungsform der Übungen im Text:

- Als Sprachregelung habe ich teils die weibliche, teils die männliche Form verwendet.
- Bei vielen Übungen wird die Instruktion wörtlich wiedergegeben, der Text ist dann kursiv gedruckt.
- Während der (hypnotherapeutischen) Entspannungsübungen wird manchmal absichtlich zum »Du« gewechselt und am Ende der Übung wieder zum »Sie« übergegangen.
- Leider war es mir bei der Zusammenstellung der Übungen nicht immer möglich, deren Urheberschaft korrekt zu rekonstruieren. Soweit bekannt, sind die Quellen selbstverständlich angegeben.
- Zur Entlastung der Kursleiterin sind auf der beigefügten CD-ROM Druckvorlagen für Folien, Abbildungen sowie Informations- und Arbeitsmaterialien für die Kursteilnehmer zusammengestellt.
- Für besseres Textverständnis und zur Veranschaulichung des Vorgehens sind einige Flipchart-Reproduktionen im Buch eingefügt.

Ich wünsche Ihnen Spaß und Erfolg bei der Verwendung dieses Manuals und freue mich über Rückmeldungen und Ergänzungsvorschläge aus Ihrer Praxis, am besten direkt an post@dianadrexler.de.

Kapitel I

Kurzbeschreibung des Programms

In diesem Kapitel werden Stressmodelle und Konzepte zum Zusammenspiel von Körper-, Gefühls-, Denk- und Verhaltensprozessen vorgestellt, die bei der Konzeption des Kursprogramms berücksichtigt sind.

1. Theoretische Grundlagen

1.1 Von der »Erfindung« des Stresses zu modernen Stresskonzepten (D. Drexler u. B. Schulze*)

Hans Selye: Stress als Adaptationssyndrom

»Stress« ist seit den 70er-Jahren ein Schlagwort und in aller Munde, inzwischen ist es wahrscheinlich eines der am häufigsten gebrauchten Alltagswörter. Der Begriff wurde ursprünglich im Bereich der Materialprüfung, zum Beispiel von Metallen und Glas, verwendet und bedeutet Verzerrung, Verbiegung, Spannung. Der Mediziner H. Selye führte ihn in die Biologie ein und meinte damit etwas ganz Ähnliches: eine körperliche Anpassungsreaktion auf äußere Störfaktoren wie z. B. Hitze, Kälte, Lärm, Isolation (»Stressoren«).

Nach Selye ist allen Stressoren gemeinsam, dass sie ein einheitliches, physiologisches Reaktionsmuster des Organismus erzeugen, das er als **generelles Adaptationssyndrom (GAS)** bezeichnet und das in drei charakteristischen Phasen abläuft: als Alarmreaktion, Widerstandsphase und Erschöpfung (Selye 1956). Die **Alarmreaktion** ist eine akute körperliche Anpassungsreaktion auf einen Stressor. Sie wird gefolgt von der **Widerstandsphase,** mit der sich der Organismus durch komplexe Ver-

* Dr. Beate Schulze, Soziologin und Psychologin, ist Vizepräsidentin des Schweizer Expertennetzwerks für Burnout; Arbeitsschwerpunkte: Burnout – Prävention und betriebliches Gesundheitsmanagement.

änderungen des inneren Milieus auf längere Belastung einstellt. Muss der Organismus diesen Widerstand zu lange aufrechterhalten, tritt **Erschöpfung** und letztlich körperliche Schädigung ein.

Selyes Theorie berücksichtigte noch nicht das Phänomen, dass Menschen sehr unterschiedlich auf ähnliche Stressoren reagieren und dass dabei ihre Bewertung der Belastung eine wichtige Rolle spielt.

Richard Lazarus: Das transaktionale Stressmodell

In der seit ihrer Erstveröffentlichung mehrfach revidierten und immer weiter ausdifferenzierten Theorie psychologischer Stressreaktionen von Lazarus (1966) wird Stress in Abgrenzung zu vereinfachenden Stimulus-Responsedefinitionen als dynamischer, relationaler Prozess zwischen Individuum und Umwelt aufgefasst, bei dem als wesentliche individuelle Variablen die kognitive Bewertung durch den Betroffenen (»cognitive appraisal«) und unterschiedliche Bewältigungsformen (»coping«) zu berücksichtigen sind.

Die kognitive Bewertung beschreibt Lazarus in drei Schritten: Geschehnisse in der Umgebung werden prinzipiell daraufhin überprüft, ob sie bedeutsam für das persönliche Wohlbefinden sind (**»primary appraisal«**): *Was passiert überhaupt? Ist das Ereignis für mich relevant? Ist es herausfordernd oder gar bedrohlich?* Ist das Ergebnis dieser Einschätzung stressrelevant, wird beurteilt, ob die verfügbaren externen und internen Ressourcen hilfreich sind, um das Problem zu bewältigen (**»secondary appraisal«**). Von dieser Einschätzung persönlicher Ressourcen (Bewältigungsfähigkeiten und Bewältigungsmöglichkeiten) hängt es wesentlich ab, ob sich jemand durch ein Problem (positiv) herausgefordert oder bedroht fühlt. Im Verlauf der Auseinandersetzung mit einer belastenden Situation kann es aufgrund neuer Informationen und Erfahrungen auch zu einer Neubewertung der Situation bzw. der Belastung kommen (**»reappraisal«**).

Es gibt **formale Parameter** (Kontrollierbarkeit, Vorhersagbarkeit, zeitliche Nähe und Dauer des Stressors) und **inhaltliche Parameter** (physische, soziale, selbstwertrelevante), die zusätzlich den Stressprozess beeinflussen. Alltägliche, anhaltende Stressoren (**»daily hassles«**) sind gesundheitsrelevanter als sogenannte kritische Lebensereignisse (Lazarus 1984). Später wurde dann noch zwischen peripheren, persönlich wenig relevanten und zentralen »hassles« unterschieden. In **zentralen hassles** aktivieren sich wesentliche, anhaltende Themen und

Probleme einer Person (Gruen et al. 1988). Solche relativ stabile, persönlichkeitsnahe Personenmerkmale sind zum Beispiel auch Motivationsmuster und (Kontroll-)Überzeugungen.

In transaktionalen Stressmodellen entsteht eine Stressreaktion also immer dann, wenn eine subjektiv wahrgenommene Diskrepanz zwischen den Anforderungen einer Situation und den verfügbaren Ressourcen zur Bewältigung dieser Situation besteht. Die Einschätzung beider Parameter hängt stark von biografischen Faktoren ab, v. a. von Lernerfahrungen und internalisierten Maßstäben der Umgebung. Sie erfolgt häufig automatisiert und ohne bewusste Überlegung.

Bei der Stressbewältigung (**»Coping«**) unterscheiden Lazarus und Folkman (1984) problemzentrierte (instrumentelle) und emotionsbezogene (palliative) Bewältigungsstrategien. Erstere zielen auf die Veränderung des Problems durch Handlungen oder Aktivitäten (z. B. durch Auseinandersetzung, Kontrollverhalten, Ausbau von Kompetenzen), letztere beziehen sich auf eine Veränderung des Befindens der betroffenen Person, ohne den Stressor selbst zu beeinflussen (z. B. Entspannung, kognitive Umstrukturierung, Ablenkung). Diese Strategien eignen sich besser für Stressoren, die nicht kontrollierbar oder veränderbar sind.

Stevan Hobfoll: Die Theorie der Ressourcenerhaltung

Die bisherigen Stressmodelle betonen entweder den Einfluss von externen Umweltereignissen (Selye 1956) oder die individuelle Bewertung und Bewältigung (Lazarus & Folkman 1984). Hobfoll (1989, 2001) entwickelte die Theorie der Ressourcenerhaltung (Conservation of Resources, COR) als integratives Stressmodell, das umweltbezogenen und individuellen Prozessen den gleichen Stellenwert einräumt. Aus Sicht dieses Stressverständnisses entsteht Stress durch Wechselwirkungen von verschiedenen miteinander verwobenen Ebenen: dem Individuum im Kontext seiner Familie und seiner kulturellen, sozialen und biologischen Umwelt. Hobfoll betont damit, dass Bewertungen eines Individuums letztlich sozialer Natur sind: Sie beruhen auf realen sozialen Erfahrungen und sind kulturell geprägt. Objektive, externale Prozesse und subjektive, internale Bewertungen sind bei der Entstehung von Stress als gleichwertig zu betrachten.

Ressourcen werden definiert als »jene Objekte, persönlichen Eigenschaften, Umstände oder Energien, die um ihrer selbst willen wertgeschätzt werden oder wertgeschätzt werden, weil sie als Mittel zur Erlangung oder zum Schutz wertgeschätzter Ressourcen dienen« (Hobfoll 2001, S. 339; Übersetzung der Autorin). Die Ressourcenerhaltungstheorie geht davon aus, dass Menschen eine grundlegende Motivation haben, für sie wertvolle Ressourcen zu erwerben, zu erhalten und zu schützen. Dies können materielle (z. B. ein Zuhause, Kleidung, Einkommen), persönliche Ressourcen (z. B. Selbstwertgefühl und Kohärenzsinn), soziale (z. B. soziale Unterstützung, Reziprozität, Anerkennung) und Energieressourcen (z. B. Zeit, Geld, Wissen, körperliche und mentale Fitness) sein. Diese Ressourcen stellen eine notwendige Lebensgrundlage dar. Stress entsteht, wenn Individuen oder Gruppen

- Ressourcenverluste erleben,
- Ressourcen als instabil oder gefährdet wahrnehmen,
- keine Handlungsmöglichkeiten zur Förderung oder zum Schutz vorhandener Ressourcen durch eigene Anstrengung sehen,
- Ressourcen nach erheblichen Investitionen nicht wieder auffüllen.

Die Theorie der Ressourcenerhaltung basiert auf zwei Prinzipien:

1. Die Überlegenheit von Ressourcenverlusten: Ressourcenverluste haben disproportional stärkere Auswirkungen als Ressourcengewinne.
2. Investition von Ressourcen: Menschen müssen Ressourcen investieren, um sich vor Ressourcenverlusten zu schützen, sich von Verlusten zu erholen und um Ressourcen aufzubauen.

Das erste Prinzip besagt, dass bei einem ausgewogenen Verhältnis von Gewinnen und Verlusten die Verluste deutlich höher gewichtet werden (Hobfoll 2001). Dies wird von einer Reihe von Experimenten zur kognitiven Informationsverarbeitung bestätigt. Auch wird negativen Informationen höhere Bedeutung beigemessen als positiven Informationen, was Cacioppo und Gardner (1999) als »negativity bias« bezeichnen. Darüber hinaus scheinen Individuen ihre Widerstandsfähigkeit gegenüber Stress über die Lebensspanne hinweg zu unterschätzen (Gilbert et al. 1998). Das legt nahe, dass die Einschätzung der Überlegenheit von Ressourcenverlusten einen evolutionären Vorteil mit sich gebracht haben muss: Der Verlust einer Schlüsselressource bedrohte das Überleben eines Individuums oder einer Gruppe, und Verluste werten die Bedeutung von Ressourcengewinnen auf (Hobfoll 2001).

Das Primat von Ressourcenverlusten wird auch vom Modell beruflicher Gratifikationskrisen unterstrichen (Siegrist et al. 2004). Stress wird hier als Folge eines Ungleichgewichts zwischen hohen Ressourceninvestitionen am Arbeitsplatz und niedrigen Gewinnen bzw. Belohnungen für den eigenen Einsatz verstanden.

Das zweite Prinzip besagt, dass Individuen kontinuierlich Ressourcen investieren müssen, um Verlusten vorzubeugen (Hobfoll 2001). Dabei müssen die Investitionen dem Wert der potenziell gefährdeten Ressourcen zumindest gleichwertig sein.

Stressbewältigung findet im Verständnis des Ressourcenerhaltungsmodells durch die Investition von Ressourcen statt. Zum Ersten wird Stressfolgen durch **Ressourcenersetzung** entgegengewirkt. So kann dem Verlust von Selbstwert mit Versuchen, den Selbstwert gezielt wieder zu stärken, begegnet werden. Ein zweiter Bewältigungsmechanismus ist der **Ressourcenaustausch.** Dabei wird eine verlorene Ressource durch eine gleichwertige zweite Ressource aus einem anderen Bereich substituiert. So können beispielsweise Verluste durch interpersonelle Konflikte in der Partnerschaft zumindest teilweise durch verstärktes Engagement am Arbeitsplatz kompensiert werden. In dem Ausmaß, in dem Ressourcenersetzung oder Ressourcenaustausch nur unvollständig gelingt oder mittels einer Ressource von geringerem Wert erfolgt, ist mit umso negativeren Stressfolgen zu rechnen (Hobfoll 2001). Kompensatorische Maßnahmen bei drohendem Ressourcenverlust sind **Selektion, Optimierung und Kompensation (SOK,** Baltes und Baltes 1990). Erleben Individuen einen Verlust, können sie sich zunächst auf das Wesentliche bzw. in der neuen Situation Machbare konzentrieren (Selektion). Bestehende Ressourcen werden hierbei genutzt, um aus der neuen Situation das Beste zu machen. Zusätzlich können bestimmte Ressourcen gezielt trainiert und damit gestärkt werden (Optimierung). Sind eigene Ressourcen bereits zu stark abgebaut und kann der Ressourcenverlust nicht ausgeglichen werden, kann versucht werden, den Verlust der Passung zwischen Anforderungen und Bewältigungskapazitäten zu kompensieren (Kompensation). Ein viel zitiertes Beispiel zum SOK-Modell ist die Geschichte des über 80-jährigen Pianisten Arthur Rubinstein. Gefragt, wie es ihm gelänge, bis ins hohe Alter ein erfolgreicher Pianist zu bleiben, antwortete er in einem Interview, dass er zunächst sein Repertoire an Stücken verkleinert habe (Selektion), diese intensiv und häufig geübt habe (Optimierung) und schließlich bei Konzerten kleine Kunstgriffe zum Einsatz gebracht habe, so zum Beispiel das Tempo vor besonders schnellen Passagen kurz zu verlangsamen (Kompensation).

Allerdings können auch Kompensationshandlungen negative Stressfolgen nicht in jedem Fall abwenden. Erlebt ein Individuum zum Beispiel kontinuierlich weitere Verluste oder ist insgesamt mit geringen Ressourcenreserven ausgestattet, wird seine Ressourcenkapazität zunehmend erschöpft und nimmt der Nutzen von Kompensationshandlungen kontinuierlich ab. Beginnen die Kosten der investierten Ressourcen den Wert der hinzugewonnenen Ressourcenkapazität zu übersteigen, kann Stress mittels **akkommodativem Coping** begegnet werden (Brandstätter und Greve 1994). Hierbei kommen Strategien wie die Herabstufung bisher attraktiver Ziele (z. B. durch soziale Abwärtsvergleiche), das Betrachten der Konsequenzen eines Ereignisses in einem anderen Licht (»Reframing«) oder das Abschließen schwelender alter Konflikte (»Forgiveness«) zum Einsatz. Diese Vorgehensweisen sind allerdings nur so lange erfolgversprechend, wie das umgedeutete Ziel oder Ereignis nicht integraler Bestandteil der sozialen Identität einer Person ist oder nicht von breiten Bevölkerungsschichten geteilt bzw. als wichtig eingestuft wird. Ist dies der Fall, erweist sich eine kognitive Neubewertung (»Reframing«) der Situation als kontraproduktiv (Brandstätter 1989). Auch hier betrachten ressourcenbezogene Stresstheorien individuelle Bewertungs- und Bewältigungsmuster wieder als eng verwoben mit gesellschaftlichen Strukturen und kulturellen Werten.

Die Theorie der Ressourcenerhaltung betont auch die Bedeutung **proaktiver Stressbewältigung.** Demnach können Individuen negativen Stressfolgen präventiv entgegenwirken, indem sie

- danach streben, Ressourcenvorräte anzulegen oder zu erhalten,
- bereits bei ersten Frühwarnzeichen für ein bevorstehendes Problem handeln oder
- sich mittels Selektion in Umstände begeben, die zu ihren Ressourcen passen oder ihnen anderweitig soziale Vorteile verschaffen.

Die Möglichkeiten proaktiver Stressbewältigung sind wiederum sozial strukturiert. Jene, die aufgrund eigener Anstrengungen oder ihrer gesellschaftlichen Stellung über eine gute Ressourcenausstattung verfügen, sind besser in der Lage, für widrige Ereignisse in der Zukunft vorzusorgen, in den Ausbau ihrer bestehenden Ressourcen zu investieren oder Positionen einzunehmen, die ihnen erlauben, Risiken zu minimieren und Ressourcen zu maximieren. Sind Ressourcenvorräte jedoch gering ausgeprägt, können Individuen keine proaktiven Investitionen riskieren, da sie diese Ressourcen für den Notfall aufbewahren müssen (Schönpflug 1985).

Zusammengefasst werden Individuen stets den Versuch unternehmen, ihre Ressourcen durch Handeln und Kognition aufrechtzuerhalten. Zudem streben Menschen an, ihre Ressourcen in proaktive Bewältigungsstrategien zu investieren. Dies gelingt allerdings nur innerhalb der Grenzen der Ressourcenverfügbarkeit einer Gruppe und der erlaubten Kanäle für Denken und Verhalten, die wiederum kulturell und strukturell geprägt sind.

Konzepte zur Folge von anhaltendem Stress

Die meisten Stresstheorien liefern Modelle zum Verständnis akuter Stressbelastungen. Tatsächlich ist die biologische Stressreaktion evolutionsbiologisch als Überlebensmechanismus angelegt, um auf eine aktuelle Bedrohung oder Gefahr blitzschnell und kompetent zu reagieren. Im modernen Alltag treten Stressbelastungen nur noch selten vereinzelt oder isoliert auf. Die größten Stressquellen heutzutage sind im Arbeitsleben und in Beziehungen zu anderen Menschen zu finden – beides dauert typischerweise lange an oder kommt wiederholt vor. Bleibt das hohe Belastungsniveau über längere Zeit bestehen und hat das Individuum keine hilfreichen Coping-Strategien, treten Anzeichen von Überforderung auf, die sich in einer verringerten Leistungsfähigkeit äußern. Werden diese Anzeichen ignoriert bzw. ineffektive Bewältigungsstrategien weiter verfolgt (z. B. verstärkte Anstrengung), kann eine Spirale des Ressourcenverschleißes eingeleitet werden, die zur Erschöpfung der Bewältigungskapazität des Individuums führt.

Eine mögliche Folge von chronischem Stress wird als **Burnout** bezeichnet. Laut einer aktuellen Studie des Wissenschaftlichen Instituts der AOK, die die Krankmeldungen von über 10 Millionen Krankenversicherten in Deutschland analysiert hat, sind die Krankheitstage aufgrund von Burnout zwischen 2004 und 2010 auf das nahezu 9-fache angestiegen (Badura et al. 2011). Die Ergebnisse verweisen darauf, dass Burnout von den Ärzten zunehmend dokumentiert wird, obwohl Burnout in der internationalen Klassifikation der Krankheiten der Weltgesundheitsorganisation (ICD-10) nicht als offizielle Diagnose geführt wird. Die Behandler verwenden die im Anhang unter »Bedingungen, die den Gesundheitszustand oder die Nutzung von Gesundheitsdienstleistungen beeinflussen« geführte Zusatzdiagnose Z 73. Diese beschreibt Burnout als Zustand physischer und psychischer Erschöpfung und ordnet es in die Diagnosegruppe »Probleme mit Bezug auf Schwierigkeiten bei der Lebensbewältigung« ein.

Die gängigste Burnout-Definition – 93% aller Studien beziehen sich auf sie – versteht Burnout als affektive Reaktion auf kontinuierliche Stressbelastungen im Beruf, die durch drei Kernsymptome gekennzeichnet ist (Maslach, Schaufeli, Leiter 2001):

- **Erschöpfung** bezieht sich auf das Gefühl, sowohl emotional als auch körperlich entkräftet zu sein.
- **Zynismus** beschreibt eine distanzierte, gleichgültige Einstellung gegenüber der Arbeit sowie Kunden und Arbeitskollegen.
- **Ineffektivität** beschreibt das Gefühl beruflichen Versagens sowie den Verlust des Vertrauens in die eigenen Fähigkeiten.

Darüber hinaus gibt es zwei weitere Kriterien: Burnout ist generell arbeitsbezogen und kommt auch bei gesunden Personen vor, die bis zum Auftreten des Burnouts erfolgreich im Berufsleben standen (Schaufeli und Enzmann 1998).

Nach der oben beschriebenen Theorie der Ressourcenerhaltung ist Burnout das Ergebnis eines kontinuierlichen Aufbrauchens der Energie- und Bewältigungsressourcen einer Person infolge chronischer Stressbelastungen am Arbeitsplatz. Der Schweregrad entspricht dem Ausmaß arbeitsbedingter Energieverluste (Hobfoll & Shirom, 2000). Verbuchen Personen unzureichende Ressourcengewinne und sind kleinen, chronischen Verlusten ausgesetzt, versuchen sie, das Defizit durch beträchtliche Investitionen von Zeit, Energie, eingebüßten Möglichkeiten (Opportunitätskosten) und dem »Ausleihen« von Zeit von Familie und Partnerschaft zugunsten der Arbeit zu kompensieren (Hobfoll 2001).

Wird Burnout zu spät erkannt oder bleibt unbehandelt, kann dies eine ganze Reihe weiterer Gesundheitsbeschwerden nach sich ziehen. Dabei muss gesundheitlichen Folgen von dauerhaftem Stress nicht zwingend ein Burnout »vorgeschaltet« sein.

Inzwischen liegen zu zahlreichen somatischen und psychischen

Symptomen im Zusammenhang mit Stress Untersuchungen vor, die wichtigsten Ergebnisse werden hier lediglich aufgezählt:

- somatische Symptome: z. B. Schlafstörungen, chronische Kopfschmerzen, Rückenschmerzen, Bluthochdruck oder gastrointestinale Beschwerden,
- psychische Erkrankungen: v. a. depressive und Angsterkrankungen,
- kardiovaskuläre Erkrankungen: (Der INTERHEART-Studie zufolge zählt Stress zu den neun Risikofaktoren, die für 90 % aller Herzinfarkte verantwortlich sind, Yusuf et al. 2004),
- Diabetes mellitus, Typ 2: hier scheint in erster Linie stressbedingt negatives Gesundheitsverhalten wie Alkoholkonsum, Rauchen, mangelnde körperliche Betätigung, fettreiche und ballaststoffarme Ernährung eine Rolle zu spielen,
- Fertilitätsstörungen,
- erhöhte Infektanfälligkeit.

Zusammengefasst führt der Stressprozess so lange zu einer positiven Aktivierung und effektivem Handeln, wie ausreichend persönliche Ressourcen vorhanden sind, um einer Umweltanforderung zu begegnen. Wird Stress zur Dauerbelastung, führt der gleiche Prozess langfristig zum Abbau individueller Bewältigungskompetenzen. In der Folge kann es zu einer Reihe körperlicher und psychischer Beschwerden bis hin zu einem Zustand vitaler Erschöpfung kommen. Burnout ist ein derzeit viel und kontrovers diskutierter Begriff, die Abgrenzung zu Depressionen und psychosomatischen Erkrankungen ist noch nicht eindeutig vorzunehmen.

1.2 Neurobiologische Zugänge: zur Organisation von Körper-, Gefühls-, und Bewusstheitszuständen

The moment before thought arises …
Richard Baker Roshi

Noch vor 20 Jahren wäre es undenkbar gewesen, dass die Neurobiologie einmal ein Forschungszweig sein könnte, der mithilfe der bildgebenden Verfahren und immer neuen Forschungsergebnissen über die Funktionsweise des Gehirns Argumente für den Nutzen von Psychotherapie liefern würde. Genau dies ist seit einigen Jahren der Fall. In unserem Zusammenhang sind hier vor allem zwei Aspekte bedeutsam: die untrennbare Einheit von Körper, Fühlen und Denken und die lebenslange Plastizität des Gehirns.

Körper, Fühlen, Denken und Umwelt sind eins.
(Hüther 1997, 2001, 2010).

Die Neurowissenschaften belegen den zentralen Stellenwert einer Kopplung von Körper, Gefühl und Verstand und weisen nach, dass Intelligenz ohne Einbettung in Körper und Umwelt nicht möglich ist: Auch das Gehirn ist Teil des Körpers und bildet mit diesem eine untrennbare funktionelle Einheit. Eines funktioniert nicht ohne das andere. Alles, was im Körper passiert, führt – wenn es längere Zeit fortbesteht – zu Anpassungsleistungen der synaptischen Verbindungen und neuronalen Regelkreise im Gehirn. Bestimmte Erregungsmuster im Gehirn »verkörpern« sich bei starker emotionaler Erregung und/oder häufiger Wiederholung dieser Erregung zu Nervenzellverbindungen und strukturellen Neuronenclustern. Schon vorgeburtlich und besonders in der frühen Kindheit führen alle Informationen, die aus dem Körper kommen, zu Erregungsmustern und bei Wiederholungen zu Spuren im Gehirn. Beim Säugling und Kleinkind findet alles Erleben und Lernen noch unter Einsatz und sichtlicher Beteiligung des ganzen Körpers statt. Die Begeisterung geht »durch und durch«, und da zu Lebensbeginn fast alles neu und begeisternd ist, ist in dieser Zeit das größte Neuronenpotenzial zu verzeichnen.

Der angeborene, natürliche Impuls, den Körper einzusetzen, wird von den ersten Lebensjahren an in Beziehungserfahrungen modifiziert und mit der Zeit zunehmend unterdrückt, ebenso der unmittelbare Ausdruck von Gefühlen wie Angst, Lust und Freude. Drastisch formuliert stellt der kindliche Reifungsprozess eigentlich eine Rückentwicklung oder zumindest eine Einschränkung der natürlichen Körperlichkeit dar. Die Anpassung an die Gemeinschaft und die damit einhergehende Herausbildung von Verhaltensweisen, Überzeugungen und Erfahrungswerten ist für kleine Menschen überlebensnotwendig, wenn auch oft zum Preis der Desintegration von Körper, Verstand und Gefühlen. Diese Entfremdung von sich selbst ist letztlich in jeder sozialen Gemeinschaft (Familie, Sippe, Gesellschaft) – aber graduell und im Ausmaß sehr unterschiedlich – notwendig. Kindern als schwächstes Glied in der Kette bleibt nur die Anpassung, und sie lernen von früh an all das, was im Zusammenleben von Mitgliedern der Gemeinschaft gefordert wird. Dieses Gelernte wird zu Lebensbeginn noch ohne Verbindung zum Sprachzentrum oder zu kognitiven Strukturen abgespeichert und kann als körperliches Substrat des Unbewussten, als Selbst- und Objektrepräsentanzen in psychodynamischen Konzepten, als implizites Beziehungswissen nach Daniel Stern oder als dispositionelle Repräsentation nach Damasio bezeichnet werden (Huether 2010).

Die andauernde Anpassung des kindlichen Organismus an die Gemeinschaft kann über verschiedene Mechanismen erfolgen. Vor wenigen Jahren entdeckten Forscher zum Beispiel die Spiegelneurone. Sie werden allein dadurch aktiviert, dass Kinder das Verhalten anderer beobachten, und sind die Grundlage für die Übernahme von Bewertungen und Verhaltensmustern und deren transgenerationaler Weitergabe (Bauer 2005). Ein weiterer, hoch effizienter Lernmechanismus ist Angst – sei es vor dem Verlust an Zugehörigkeit und Geborgenheit, vor Strafe oder vor Ausbleiben von Zuwendung. Diese verschiedenen Lernformen (Resonanz-, Imitations-, instrumentelles Lernen) prägen schon ganz früh die Mimik, Körperhaltung, Gestik kleiner Menschen, und ab dem vierten Lebensjahr kommt auch die Nachahmung von emotionalen Steuerungsmaßnahmen der Erwachsenen hinzu: Sei dies das Verbergen oder übertriebene Zurschaustellen von Gefühlen oder das Verlernen von deren Wahrnehmung. Dies kann mit der Zeit zu einer Entfremdung zwischen dem eigenen Gefühlserleben und dem Gefühlsausdruck führen.

Alle diese Prozesse sind repräsentiert als neuronale Erregungsmuster und somit auch im Körper verankert. So geht die Abwehr von schmerzlichen, wütenden oder traurigen Gefühlen je nach Intensität und Dauer mit Körperspannung, bestimmten Haltungsmustern und veränderter Atmung einher. Umgekehrt können Sinneseindrücke, die einmal mit schmerzlichen oder traumatischen Emotionen gekoppelt waren, die ganze Palette an Gefühlen wieder auslösen – ohne dass diese dem bewussten Erleben zugänglich sein müssen. Die Einbettung von Informations- und Gefühlsverarbeitung in den Körper und deren Wechselwirkung mit der Umgebung wird in den neueren Kognitionswissenschaften als **Embodiment** bezeichnet (Storch et al. 2010).

Neuronale Spuren sind umso stabiler, je stärker die emotionale Erregung bei ihrer Entstehung war und/oder je länger sie angedauert hat – sei dies nun Freude oder Angst gewesen. Später reicht dann oft ein kleiner Auslöser – ein Geräusch, Geruch oder Satz –, um das ganze Erregungsmuster wieder auszulösen. Unbewusst neigen wir dazu, in der Kindheit einmal gelegte neuronale Spuren wieder aufzusuchen, zu wiederholen und dadurch auszubauen – bis sie zu »Straßen« und manchmal zu »Autobahnen« geworden sind. So werden Denk-, Gefühls- und Verhaltensmuster mit der Zeit immer fester und untrennbar miteinander verbunden.

Lebenslange Plastizität

Die Hirnforschung zeigt aber auch, dass wir die affektiven, motorischen und sensorischen Muster wieder verlassen können – also rechts und links dieser Autobahnen neue Wege bahnen –, wenn wir das Risiko neuer Erfahrungen eingehen. Das Zentrale Nervensystem hat die Fähigkeit, sich ständig und lebenslang den Erfordernissen anzupassen, indem neuronale Netzwerke verknüpft, reorganisiert oder gelöst werden. Wann immer wir das Gehirn neu einsetzen, werden Grundlagen für neue Bahnungen gelegt. **Lernen** bedeutet die Stabilisierung von neuronalen Netzwerken durch Wiederholung – dabei reicht schon die Veränderung eines dieser Muster, um auch in den anderen Erregungen auszulösen. Optimale Bedingungen für die Stabilisierung neuer Muster sind als bewältigbar erlebte Herausforderungen, Aufgaben bzw. Probleme, die uns unmittelbar betreffen und berühren, und (positive) Resonanz auf diese Bemühungen. Interesse, anhaltendes praktisches Tun und im besten Fall Begeisterung machen Veränderung bis ins hohe Alter möglich. Das Gehirn ist also keine Maschine, die irgendwann altersbedingt abgenutzt ist. Es ist vielmehr eine lebenslange »Baustelle«, auf der immer wieder Auf-, Um- und Abbau von Nervenzellverbänden stattfindet – je nach Erfahrungen und Praxis.

Zusammengefasst sind Affekte, Kognitionen und Verhalten sowie die direkte und weitere Umgebung (nach Hüther das »Betriebsklima«) operational integrierte und sich wechselseitig beeinflussende Systeme, die sich schon vorgeburtlich ausbilden und differenzieren. Auch Stressphänomene werden auf allen Ebenen manifest und stehen immer auch in Zusammenhang mit sozialen Faktoren. Vor diesem Hintergrund ist davon auszugehen, dass Veränderungen auf einer Ebene immer auch Auswirkungen auf den anderen Ebenen haben und dass sich therapeutische Herangehensweisen mit unterschiedlichen Schwerpunkten und Zugängen durch Kombination hilfreich potenzieren lassen.

1.3 Salutogenese und Resilienz

What would happen if we studied.
What is right with people?
Donald Clifton

Schon in der Ottawa-Charta der WHO 1986 wurde Gesundheit nicht mehr ausschließlich als Abwesenheit von Krankheit definiert, sondern als umfassendes körperliches, soziales und seelisches Wohlbefinden, das unter dem Einfluss bestimmter Sozialstrukturen durch die Balance von Anforderungen und persönlichen Ressourcen immer wieder neu erworben und verteidigt werden muss. Eine breitere Perspektive auf die Erforschung psychischer Gesundheit und die Genesung nach schweren Belastungen und Traumata ist jedoch relativ jung. Die Begriffe der unterschiedlichen Konzepte (Salutogenese, Resilienz, Ressourcenorientierung) werden noch nicht einheitlich gebraucht, finden aber zunehmend Eingang in psychotherapeutische und gesundheitsbezogene Modelle.

In Abgrenzung zu einem ausschließlich biomedizinischen Krankheits- und Präventionsmodell hat der Medizinsoziologe A. Antonovsky (1997) in seinem **Salutogenesekonzept** ein Modell von Gesundheit entwickelt, in dem weniger die Ursachen und Risikofaktoren für Krankheit als vielmehr die Möglichkeiten der Gesunderhaltung und Schadensbewältigung fokussiert werden. Damit wird der Alltagserfahrung Rechnung getragen, dass die Beseitigung krank machender Faktoren noch keine Gesundheit zur Folge hat und dass Menschen andererseits auch unter anhaltenden Belastungen ein hohes Gesundheitsniveau aufrechterhalten können. Antonovsky verwendet die Metapher des Flusses als »Strom des Lebens«, der von historischen, soziokulturellen und physikalischen Bedingungen geprägt ist und mit Gabelungen, Verschmutzungen, Strömungen und Strudeln aufwartet. Statt Menschen immer wieder mit hohem Aufwand aus diesem Strom zu retten, sei es eine spannende Aufgabe, sie zu guten Schwimmern zu machen. Deshalb sollte die Frage: *Was fehlt Ihnen?* immer begleitet sein von der Frage: *Was tut Ihnen gut?*

Ein schützender Faktor für die Gesundheit ist nach diesem Modell der sog. **Kohärenzsinn (sense of coherence, SOC)**, der am ehesten dem Konzept der Ich-Stärke entspricht und eine anhaltende, zuversichtliche und vertrauensvolle Grundhaltung gegenüber der Welt und dem eigenen Leben beschreibt. Diese Grundhaltung ist kein passives Erleben, sondern eine aktive Strategie, sich zu anderen in Beziehung zu setzen. Vom Kohärenzsinn hänge es nach Antonovsky wesentlich ab, ob Menschen vorhandene Ressourcen zur Gesunderhaltung auch tatsächlich nutzen. Er setze sich aus drei Faktoren zusammen: **Verstehbarkeit** (sense of comprehensibility) als kognitives Muster, Informationen sinnstiftend ordnen und verarbeiten zu können; **Handhabbarkeit** (sense of manageability) als kognitiv-emotionales Muster im Sinne der Überzeugung, für die Anforderungen und unvorhersehbaren Ereignisse des Lebens Ressourcen mobilisieren zu können; **Bedeutsamkeit** (sense of meaningfulness) als wichtigste motivationale Komponente, sich auch von schweren Anforderungen des Lebens nicht entmutigen zu lassen und Lebensbereiche zu haben, die »Sinn machen«. Durch dieses gefühlshafte, zuversichtliche Selbst- und Fremdverständnis wird das Unübersichtliche, Fragmentarische, Chaotische geordnet (kohärent) und macht weniger Angst.

Zusammengefasst wird als Stressbewältigungskompetenz die Fähigkeit des Einzelnen gesehen, unter Berücksichtigung der Wechselwirkung körperlicher, psychischer, sozialer und umweltbezogener Aspekte nicht automatisch, sondern situationsangemessen etwas für den Erhalt seiner Gesundheit zu tun oder mit einer Krankheit zu leben. Dabei scheint es gesundheitsförderlich zu sein, sich dem Strom des Lebens anzuvertrauen und den vielfältigen Abhängigkeiten, die unser Dasein bestimmen, zuzustimmen.

»Resilienz – Gedeihen trotz widriger Umstände« (Welter-Enderlin und Hildebrand 2006) lautet der Titel eines Sammelbandes mit Forschungsergebnissen zu der Frage, wie Menschen trotz oder gerade wegen schwieriger Lebensbedingungen überleben und sogar gut leben – meistens ohne Therapie. »**Resilienz**« (resilience: Spannkraft, Elastizität) meint die physische und psychische Widerstandsfähigkeit, mit der Menschen Lebenskrisen meistern. Emmy Werner gilt als »Mutter« der Resilienzforschung. Sie hat mit ihrem Team ca. 700 Kinder 40 Jahre lang forschend begleitet, die 1955 auf der Hawaii-Insel Kauai zur Welt gekommen sind. Davon waren ca. ein Drittel (210) »Risikokinder«, die unter sehr schwierigen (familiären) Bedingungen aufwuchsen. Von diesen wiederum entwickelte sich ein Drittel erstaunlich positiv und war zu keinem Zeitpunkt auffällig bzgl. Leistung, sozialer Anpassung oder Lebensgestaltung. Aber auch von den Kindern aus der Risikogruppe, die bis ins Jugendalter noch Auffälligkeiten zeigten (Kriminalität, Sucht, Leistungskrisen), stabilisierte sich ein Teil im Erwachsenenalter. Die von Werner und Smith (1992) ermittelten Schutzfaktoren bei diesen Kindern fasst sie wie folgt zusammen:

- Sie fanden Unterstützung und stabile emotionale Beziehungen außerhalb der Kernfamilie,
- sie entwickelten früh Verantwortung und Leistungsbereitschaft,
- als individuelle Faktoren brachten sie ein eher ruhiges Temperament und das Talent mit, Anerkennung der Peergruppe zu erhalten und sich Quellen für Unterstützung zu erschließen.

Inzwischen spricht vieles aus der Forschung dafür, dass psychische Widerstandsfähigkeit in jedem Lebensalter verstärkt und sogar entwickelt werden kann und dass ein Perspektivenwechsel hin zu einer ganzheitlichen Gesundheitsförderung unter Berücksichtigung von Ressourcen überfällig ist. Explizit ressourcenorientierte Therapiemodelle sind vor allem im Traumabereich etabliert z. B. die Psychodynamisch Imaginative Traumatherapie (PITT, Reddemann 2011) und die Techniken Ressourcenfokussierter und Symbolhafter Traumabearbeitung (TRUST, Diegelmann 2007, Diegelmann und Isermann 2011), in jüngerer Zeit finden Ansätze zur Positiven Psychologie zunehmend Beachtung (Auhagen 2004, Linley und Joseph 2011).

Folgende Aspekte, die den Resilienzaufbau begünstigen, werden in diesem Manual berücksichtigt und gefördert:

- Das Wissen um Krisen und Instabilität der näheren und weiteren Umgebung und um die damit verbundenen Gefühle
- Anerkennung dessen, was nicht geändert werden kann, ohne sich anhaltend als Opfer zu verhalten, und Suche nach Lösungen, um die Folgen des Geschehenen zu lindern (Initiative)
- Reflexion, Introspektionsfähigkeit
- Wissen um die eigenen Fähigkeiten und Ressourcen
- Realistische Ziele
- Optimistische Grundhaltung i. S. einer bewältigbaren Zukunft
- Fähigkeit zur Selbstfürsorge
- Soziale Kontakte und gemeinschaftliche Problemlösung.

Ein individuumzentrierter Ansatz stößt natürlich da an seine Grenzen, wo einschränkende ökologische, ökonomische und strukturelle Faktoren, also überindividuell belastende Verhältnisse, vorliegen. Die Ergebnisse internationaler prospektiver epidemiologischer Studien zeigen, dass (Arbeits-)Bedingungen neben den personalen Variablen einen eigenständigen und bedeutsamen Einfluss auf Stresserleben haben und dass Gesundheit am Arbeitsplatz nur unter Einbeziehung struktureller Veränderungen erreicht werden kann (siehe Schulze 2009). Hier sind übergreifende Modelle gefragt, um die strukturellen Rahmenbedingungen dafür zu schaffen, dass Menschen dauerhaft Angebote zur Ressourcenentfaltung haben. Diese gehen weit über die Gestaltung des Arbeitsplatzes im engeren Sinn hinaus. Sie betreffen zum Beispiel soziale Anerkennung für erbrachte Leistungen, Transparenz von Entscheidungen, die Rückmeldekultur, persönliche Handlungsspielräume.

Dass wir uns trotz eines Höchststandes der medizinischen Entwicklung immer kränker fühlen (Badura et al. 2011), sollte auch vor dem gesamtgesellschaftlichen Hintergrund und einer Ethik von Optimierung, Vollständigkeit, unbegrenzter Leistungsfähigkeit und Individualisierung beleuchtet werden (Sennett 2006, Han 2010). Salutogenese und Resilienz sind eben auch soziale und interaktionale Kategorien, die sich nicht ausschließlich auf individuelle Eigenschaften reduzieren lassen und deren Einschätzung nur im Einzelfall und bezogen auf den Kontext vorgenommen werden kann (Boss 2006).

2. Konzeption und Aufbau des ISP

2.1 Methodenintegration

Das ISP zielt störungs- und problemübergreifend auf einen besseren Umgang mit (alltäglichen) Belastungen. Die Zusammenstellung des Manuals folgt der Idee, aus der Praxis für die Praxis bewährte Tools zur Verfügung zu stellen, die Prinzipien, Methoden und Techniken verschiedener psychotherapeutischer Verfahren und Beratungsansätze beinhalten. Diese betreffen kognitive, Körper- und Verhaltensaspekte und enthalten erlebnisorientierte und emotionsfördernde Elemente.

Methodenintegration ermöglicht eine Zusammenführung der jeweiligen Stärken verschiedener Therapiemethoden, die bisher traditionell gewisse Schwerpunkte fokussiert haben – sei dies auf Kognitionen/Sprache, Verhalten oder Körper. Die Veränderung auf einer Ebene hat zwar immer auch Veränderungen auf den anderen zur Folge – deshalb bestätigen die Ergebnisse der neuropsychotherapeutischen Wissenschaften tendenziell alle etablierten Psychotherapieverfahren –, es spricht jedoch einiges für eine Kombination unterschiedlicher Zugangsweisen und bei Bedarf für deren flexiblen, gezielten und differenziellen Einsatz. Die Verbindung von Verstehen, konkreter Verhaltensänderung (Üben) und besonderer Berücksichtigung der Beziehungsgestaltung (Erleben) als wirksamen Behandlungsfaktoren wurde erstmals von Grawe (2004) empfohlen und wird durch neuere Forschungsergebnisse unterstützt. Aus diesen empirischen Erkenntnissen heraus kombinieren auch neuere Therapieverfahren die wirksamen Elemente unterschiedlicher Richtungen (Young et al. 2008, Watkins und Watkins 2008, Greenberg 2011).

In unserem Fall kann durch die verschiedenen methodischen Zugänge der für die Klienten jeweils passende Modus angesprochen werden. Außerdem sind Stressoren erfahrungsgemäß sehr unterschiedlich, und da ist eine möglichst große Auswahl an Bewältigungsstrategien günstig, die gleichermaßen allgemein (im Sinn von flexibel einsetzbar) und spezifisch (im Sinn von individuell) sein sollten. Es wurde schon in der Einleitung darauf hingewiesen, dass sich der Kursleiter bewusst und bedarfsorientiert in diesem Spannungsfeld bewegen muss, wenn er allen Teilnehmern gerecht werden will, ohne auf allgemeine Tipps und Verhaltensanweisungen zurückzugreifen.

Da es weder um zwischenmenschliche Konflikte noch um störungsspezifische Interventionen oder eng umschriebene Fertigkeiten geht, handelt es sich hier nicht um eine Psychotherapie im eigentlichen Sinn. Deshalb muss die Arbeit psychotherapeutische Qualitäten nicht einbüßen – im Gegenteil: Der professionelle Umgang mit unterschiedlichen therapeutischen Methoden ist anspruchsvoll, setzt er doch deren fachlich angemessene Beherrschung und ein sehr gutes Gespür dafür voraus, welche Übungen für welche Patienten zu welchem Zeitpunkt geeignet oder, wichtiger noch, nicht geeignet oder gar kontraindiziert sind. Ein solches Wissen ist vor allem beim Einsatz emotionsevozierender Übungen erforderlich und gerade dann, wenn es sich um symptomunspezifische Gruppen, zum Beispiel im Rahmen von Gesundheitsförderungsmaßnahmen, handelt. Hier wissen wir anfangs oft nicht, welche psychischen Belastungen und evtl. auch störungsrelevante Symptome TeilnehmerInnen haben und welche Übungen sie überfordern könnten.

Der Wert des Manuals ergibt sich aus dem kompetenten und flexiblen, schulenübergreifenden Einsatz durch einen Kursleiter, der je nach Gruppenzusammensetzung (klinische Patienten, Präventionskurs, Teilnehmer einer betrieblichen Gesundheitsförderungsmaßnahme) eine fundierte psychotherapeutische oder beraterische Grundausbildung und Erfahrung in der Moderation von Gruppen, im besten Fall eine Fortbildung in der Durchführung des ISP haben sollte. Es ist selbstverständlich, dass er nur Übungen einsetzt, die er selbst beherrscht (Body Scan, Entspannungsmethoden, hypnotherapeutische Imaginationen, Körperübungen) und die er im Sinn von Modelllernen vermitteln kann.

»Integriert« meint hier auch, dass sich sowohl einzelne Bausteine als auch das ganze Programm mühelos in umfassende, störungsspezifische Behandlungsstrategien sowohl im stationären als auch im ambulanten Kontext einbinden lassen.

2.2 Modularisierung und Manualisierung

Das Manual beinhaltet sechs Bausteine im Sinn von Themenschwerpunkten, die jeweils theoretische Grundlagen, praktische Übungen, didaktische Hinweise für den Kursleiter und Wissensbausteine (verwendbar als Impulsreferate) enthalten. Die Modularisierung hat ausschließlich pragmatische Gründe, um Erfahrungen aus der Praxis strukturiert weiterzugeben. Sie dient der Überschaubarkeit und besseren Planbarkeit des Kursverlaufs und hilft der Kursleitung zu ordnen, auf welcher Ebene sie gerade mit den Teilnehmern bewusst unterwegs ist, und das ist für Kursleiter und TeilnehmerInnen hilfreich, die sich sonst auf der kognitiv-sprachlichen Ebene am wohlsten fühlen.

Bei Durchführung des Gesamtprogramms und genügend Zeit hat es sich bewährt, eine intensive Einführungsphase **(Warming up)** vorzuschalten, denn erfahrungsgemäß profitieren die TeilnehmerInnen umso mehr von einem Gruppenprogramm, je besser sie darauf vorbereitet sind und je vertrauter die Atmosphäre ist.

Danach wird empfohlen, den **Körperbaustein** anzuschließen, weil Veränderungen auf der Körperebene (zum Beispiel muskuläre Entspannung) unmittelbar spürbar sind und mit entsprechenden Übungen bewusst »erzeugt« werden können.

Wenn die Teilnehmer untereinander und mit dem Kursleiter vertrauter sind, werden die Bewusstmachung und **Veränderung kognitiver Prozesse** thematisiert und schließlich **emotionale Aspekte** einbezogen. Der Umgang mit Gefühlen wird in einem eigenen Baustein mit Übungen zu Wahrnehmung, differenziertem Ausdruck und Intensitätsregulierung berücksichtigt.

Im fünften Baustein **(»Leistung und Beziehungen leben«)** geht es um die Balance von Leistung und freier Zeit, um den Stellenwert sozialer Unterstützung und um die Frage nach persönlichen Werten und Zielen.

Um einer angemessenen Rahmung eines solchen Kurses Rechnung zu tragen, wird auch die Schlussphase in einem gesonderten Baustein beschrieben **(Ernte und Abschied).**

Die Module können je nach Zielgruppe und Indikation kombiniert, gekürzt und um zusätzliche Bausteine erweitert werden. Zusatzbausteine können zum Beispiel folgende Themen betreffen: störungsspezifische Interventionen, Problemlösestrategien, soziale Kompetenz, Ergonomie, euthyme Verfahren, Zeitmanagement, Wissensbausteine zu Ernährung, Schlaf, Schmerzphysiologie etc. Auf ihre Darstellung wird hier zugunsten der Übersichtlichkeit verzichtet. Sie stellen zum Teil eigenständige Verfahren dar, um die sich das vorliegende Konzept je nach Bedarf und Kenntnissen des Kursleiters ergänzen lässt.

Flexible Handhabung und Anwenderfreundlichkeit sollte nicht zur Annahme verleiten, dass es sich um ein unzusammenhängendes »Sammelsurium« unterschiedlicher Techniken handelt. Die Bausteine sind logisch und komplex miteinander verbunden und bilden zusammen ein zielorientiertes Gesamtkonzept. Für die Durchführung sind verfahrensübergreifendes Wissen und fundierte therapeutische Kompetenzen erforderlich. Die Vorgehensweisen sind hoch strukturiert und praxisnah dargestellt, alle Kursphasen sind eng aufeinander bezogen und bauen systematisch aufeinander auf. Im Gegensatz zu einem prozessoffenen Vorgehen handelt es sich hier um eine **zielorientierte** Gruppe, bei der bestimmte Übungen als Hilfestellungen strukturiert angeboten werden. Gleichzeitig kommt der **Prozess- und Beziehungsgestaltung** eine große Bedeutung zu. Bei einer erfahrenen Kursleitung haben Austausch, Klärung von Störungen und aktuelle Bedürfnisse ganz natürlich Vorrang vor dem geplanten Therapieablauf. Solche Interaktionen zu ermöglichen und gleichzeitig zu begrenzen ist ein besonderes Lernfeld – für Kursleiterin und Teilnehmer.

2.3 Metaprinzipien

Die folgenden Programm-Merkmale sind als durchgehende Prinzipien in jedem Modul wiederzufinden.

2.3.1 Struktur und Transparenz

Durch die idealtypische Trennung der organismischen Ebenen wird die inhaltliche und zeitliche Gliederung der Kursgestaltung erleichtert, was vor allem bei Kurzgruppen oder (Tages-)Seminaren von Vorteil ist. In der Einstiegsphase (Warming up) erhalten die TeilnehmerInnen einen Überblick über den Gesamtablauf des Kurses, aber auch im Kursverlauf wird immer wieder zusammengefasst und auf den »roten Faden« verwiesen.

Die Kursabschnitte und Übungen werden theoretisch eingeführt, erklärt und begründet, damit die Klienten wissen, was auf sie »zukommt«. Die Resonanz auf diese Einführungen erleichtert die Einschätzung möglicher Befürchtungen bzgl. der Übungen.

Eine klare Struktur beinhaltet auch das Festlegen von Gruppenregeln, räumliche und zeitliche Konstanz des Kursablaufs und Verbindlichkeit bzgl. Zeit- und Pausengestaltung vonseiten des Kursleiters (s. a. Kap. III, 1.4).

2.3.2 Konkretheit

Von der ersten Teilnehmerrunde an wird es immer wieder darum gehen, Probleme anhand konkreter Beispiele zu beschreiben und Ideen für den erstrebten Umgang mit diesen Problemen zu formulieren. Diese Operationalisierung ist eine für Klient und Beraterin gleichermaßen anspruchsvolle, oft unterschätzte Herausforderung.

Da Gedanken und Gefühle von außen nicht direkt beobachtet werden können, sind wir auf ihre Beschreibung und/oder auf die Beobachtung von Veränderungen im Verhalten angewiesen. Wenn dann allgemein von »Stress« oder »Problem« die Rede ist, lassen wir uns als Kursleiter häufig zu früh auf solche Abstraktionen ein, weil wir meistens schnell zu wissen glauben, was gemeint ist. Die fehlende Konkretheit bei der Besprechung von Einzelbeispielen kann dann zu fruchtlosen Diskussionen in der Gruppe führen, weil jeder implizit von seiner ganz persönlichen Sicht der Dinge ausgeht. Deshalb werden im Sinn einer differenzierten Verhaltensanalyse immer wieder die Zusammenhänge zwischen konkreten Belastungssituationen, körperlichen Signalen, Kognitionen und damit einhergehenden Gefühlen herausgearbeitet.

2.3.3 Ressourcen- und Zukunftsorientierung

Das Prinzip der Ressourcenorientierung fand über die Hypnotherapie (Erickson 1998), lösungsorientierte Kurztherapieformen (de Shazer 1989) und systemische Therapiekonzepte (siehe Schlippe und Schweitzer 1996) zunehmend Eingang in die Psychotherapie. Auch in Antonovskys (1997) Salutogenese- und in Kanfers Selbstmanagement-Konzept (Kanfer et al. 2005) wird die Abkehr von Pathogenesekonzepten hin zur Ressourcenorientierung deutlich. Grawe folgert aus seinen Prozessforschungen zum Therapieerfolg, dass »das Ausmaß bedürfnisbefriedigender Erfahrungen in der Therapiesitzung mehr zu einem produktiven Ergebnis der Therapiesitzung beiträgt als die Art, in der die jeweiligen Probleme behandelt werden« (Grawe 2004, S. 385), und fordert, dass Ressourcenaktivierung in den üblichen Therapieausbildungen explizit gelehrt werden müsse. Auch die Befunde der Resilienzforschung zeigen eindrücklich, wie sich selbst stark belastete Personen mithilfe von sozialen und persönlichen Ressourcen körperlich und psychisch günstig entwickeln können bzw. nach Belastungen erholen können.

Gängige gesundheitspsychologische Programme fokussieren vor allem auf die Beseitigung von als negativ erlebten oder etikettierten Verhaltensweisen. Auch Präventionsmaßnahmen sind nach wie vor pathogenetisch orientiert, geht es doch um die Verhütung, frühzeitige Erkennung und Behandlung (primäre und sekundäre Prävention) von körperlichen Erkrankungen und die Begrenzung körperlicher Folgeschäden (tertiäre Prävention), und diese gilt als anstrengend und »lustfrei«. Wenn Gesundheit mit positiven Gefühlsqualitäten verknüpft und Empowerment, Stolz, Freude und Begeisterung auch mit dem Prozess und nicht nur mit dem erstrebten (oft nie erreichten) Ergebnis verbunden sein könnten, würde dies das Risiko mindern, wieder neue Überich-Ziele zu kreieren (Fitness, Zufriedenheit, Stabilität).

Mit Ressourcenorientierung ist hier nicht der Verzicht auf ein Problemverständnis und das Ausklammern von Symptomen, Schwächen oder Mängeln gemeint. Sie ist auch nicht eine Variante von positivem Denken mit Fokus auf Optimierungszielen. Vielmehr geht es darum, Personen nicht auf ihre problematischen Anteile zu reduzieren, sondern von intrapersonellen, interpersonellen und externen Ressourcen auszugehen, die jeder Mensch in unterschiedlichem Ausmaß hat. So scheint allein schon das Wissen um bzw. das Vertrauen in die eigenen Kompetenzen und die Überzeugung von Selbstwirksamkeit alltäglichen Anforderungen gegenüber sicherer zu machen (Bandura 1997). Auch die Art und Weise, wie jemand seine Stresssymptome wahrnimmt, erklärt und zu bewältigen versucht, spielt bei der Belastungsbewältigung eine wichtige Rolle (Kausal-, Kontrollattributionen).

Diese Aspekte werden durch das ganze Programm hindurch berücksichtigt: Die Teilnehmer machen zum Beispiel die Erfahrung, entspannen zu können, ihre Kompetenzen werden von und vor den anderen Gruppenteilnehmern benannt, gewürdigt und in konkreten und überschaubaren Schritten ausgebaut, und Erfolgserlebnisse werden der Person (und der Gruppe) zugesprochen.

Aktuelles Problemlöseverhalten wird prinzipiell nicht als inkompetent, unpassend oder gar defizitär abgestempelt – zumal es sich dabei ja meistens um Verhaltensweisen handelt, die wirksam sind oder waren, seien dies Beruhigungs- oder Ablenkungsstrategien, Schonung, Vermeidung, Medikamente oder Mehrarbeit. Sie werden hinsichtlich Vor- und Nachteilen, Zeitpunkt und Dauer abgewogen, und es wird gemeinsam geprüft, ob sie bei anhaltender Belastung auch weiterhin nützlich und hilfreich sind. Dabei ist auch zu berücksichtigen, welche Verhaltensweisen im jeweiligen sozialen Kontext Resonanz bekommen (zum Beispiel Selbstausbeutung, Symptombildung etc.) und welche eher nicht.

Mit dieser Haltung wird der Expertenstatus des Kursleiters relativiert. Er sieht sich als professioneller »Realitäten- und Ideenkellner« (G. Schmidt), der mithilfe der anderen Gruppenteilnehmer vorhandene Ressourcen wieder zugänglich macht und diese um neue Perspektiven und Handlungsmöglichkeiten erweitert. Dabei stimmt er sein Vorgehen auf die bereits vorhandenen Ressourcen ab, um eine Überforderung durch die Übungen zu vermeiden. Er würdigt die geschilderten Belastungen und interessiert sich auch für Ursachenbeschreibungen, achtet jedoch auch immer darauf, dass ein Bezug zur aktuellen Situation und zu einer »konkreten« Zukunft hergestellt wird. Zukunftsorientierung beinhaltet natürlich auch, dass Misserfolge und zukünftiger Stress antizipiert und vorbereitend besprochen werden.

2.3.4 Achtsamkeitsorientierung und Akzeptanz

Du kannst die Welle nicht stoppen,
aber du kannst lernen, sie zu reiten.

Der Begriff Achtsamkeit (engl. mindfulness) ist eng mit buddhistischen und yogischen Meditationspraktiken verknüpft und hat dort eine über zweitausendjährige Tradition. Diese Praktiken erfreuten sich seit Ende des letzten Jahrhunderts auch im Westen einer gewissen Beliebtheit, waren aber aus der akademischen Psychologie und Psychotherapie weitgehend ausgegrenzt. Dies hat sich in Deutschland seit den 90er-Jahren fast schlagartig geändert: Meditationspraktiken und östliche Formen von Körpertraining und Entspannung erfahren wachsende Popularität in der Öffentlichkeit, und Achtsamkeitsschulung ist inzwischen fester Bestandteil auch in etablierten westlichen Psychotherapieformen geworden.

Ein Meilenstein dieser Entwicklung war die klinische Arbeit von Jon Kabat-Zinn mit der von ihm entwickelten Mindfulness-Based Stress Reduction (MBSR, Kabat-Zinn 1998, 1999), die er im klinischen Kontext besonders erfolgreich bei schmerz- und stressassoziierten Erkrankungen einsetzte. Sein Konzept wurde im Westen enthusiastisch aufgenommen, und achtsamkeitsbasierte Therapiekonzepte und Vorgehensweisen erfahren im Zuge neuerer Psychotherapieforschung und Erkenntnissen der Neurobiologie wissenschaftliches Interesse und wachsende Verbreitung (siehe Heidenreich und Michalak 2006). Achtsamkeitstraining gilt als wesentlicher Bestandteil der »dritten Welle« der Verhaltenstherapie: Die achtsamkeitsbasierte kognitive Therapie (MBCT, Williams et al. 2007) fügt den Grundprinzipien und Techniken von MBSR verhaltenstherapeutische Techniken hinzu, und große Teile des Fertigkeitentrainings der dialektisch-behavioralen Therapie der Borderlinestörung von Linehan (1996) basieren ebenfalls auf diesen Grundlagen.

Achtsamkeit als »Welle«?

Manchmal hetze ich von Besinnung zu Besinnung.
Johannes zu Eltz, Seelsorger

Diese Entwicklung weckt ambivalente Impulse: Zum einen ist es erfreulich, dass die Bedeutung und Wirksamkeit achtsamkeitsbasierter Praxis aus dem Bereich des Esoterischen gerückt ist, fachliche Anerkennung erfährt und sogar in psychotherapeutische Konzepte integriert wird. Andererseits befremdet es auch, mit welcher Selbstverständlichkeit eine traditionsreiche und für den Übenden jahrelange Praxis reibungslos in pragmatisch orientierte, kurz angelegte Therapiesettings übernommen und »sauberes kognitives Gewahrsein zum eigenständigen Allheilmittel gemacht wird« (Weber 2009, S. 71) – meistens ohne auf die westlichen Vertreter dieser Praktiken, auch in Therapieschulen, zu verweisen. Die Grenzen zu Alltagsphilosophie und Wellnesskultur sind fließend – und wieder wird uns gesagt, was gutes Leben ist. Da ist es nicht weit zu neuen Gesundheitsregeln und Selbstverpflichtungen.

Mit etwas Bescheidenheit könnten wir uns darauf besinnen, dass auch kontemplative Praktiken der christlichen Mönche und wahrscheinlich aller Religionen Übungen der Aufmerksamkeitslenkung, des Gewahrseins und der inneren Vertiefung beinhalten. Seit Beginn des 20. Jahrhunderts haben Psychologen im Westen die Bedeutung von Aufmerksamkeits- und Achtsamkeitsprozessen erkannt und untersucht, und diese spielten bei den humanistischen und körpertherapeutischen Methoden schon immer eine gewichtige Rolle (Gestalttherapie, Perls et al. 1951; Focusing, Gendlin 1969; Vegetotherapie, Reich 1969; Personzentrierte Psychotherapie, Rogers 1972; Hakomi, Kurtz 1985).

Für uns als Therapeuten und Berater geht es womöglich um die Rückbesinnung auf eine reiche Therapiegeschichte, in der die humanistischen und Körpertherapien schon immer die jetzt als Paradigmenwechsel propagierte Wende praktiziert haben – nur dass diese ihren Einfluss verloren, als mit der Zulassung der Psychotherapien ins Kassensystem die psychotherapeutische Landschaft auf Psychoanalyse, Tiefenpsychologie und Verhaltenstherapie zusammenschrumpfte und ihr Einfluss auf die gängige Praxis geringer wurde.

Ich selbst bin lange vor der »dritten Welle« beim Erlernen verschiedener Entspannungsformen auf die Konzepte von Elsa Gindler (1885 – 1961) und Charlotte Selver (Brooks und Selver 1991) gestoßen. Bei dieser so einfachen wie grundlegenden Arbeit ging es um die Bewusstwerdung körperlicher Vorgänge durch Übung. Die Kombination dieser Konzepte mit Übungen zur progressiven Muskelrelaxation erwies sich in der Praxis als sehr hilfreich (siehe Kap. III, 2), weil der differenzielle Einsatz von Entspannungstechniken die Wahrnehmung von Verspannung voraussetzt, und diese Voraussetzung ist bei vielen Klienten (vor allem Schmerzpatienten) nicht gegeben.

Achtsamkeitsbasierte Ansätze vermitteln Achtsamkeit als Hauptprinzip. Sie setzen beim Kursleiter substanzielle eigene Erfahrungen in formaler Meditation (mindestens zwei Jahre) und tägliche eigene Praxis voraus, bei den Klienten Bereitschaft zur Praxis der Meditation und zu täglichem Üben (Michalak und Heidenreich 2006).

In diesem Manual wird (Selbst-)Aufmerksamkeit als therapeutisches Grundprinzip und als Arbeitsziel gemeinsam mit anderen therapeutischen Elementen angewendet. Die Vorgehensweisen und Übungen könnte man **achtsamkeitsorientiert** und als Vorstufe zu achtsamkeitsbasierten Ansätzen bezeichnen. Der Fokus liegt auf Erproben, Neugier wecken, animieren – und die Teilnehmer wählen selbst, ob sie diesen Weg nach dem Kurs weitergehen. Bei Interesse werden sie diesbezüglich beraten. Der Vorwurf einer Adaption an den Lebensstil, den die Teilnehmer mitbringen i. S. von Schnelligkeit, Schnelllebigkeit, Technophilie oder Hedonismus, liegt nahe und ist nur in der kritischen (Selbst-) Reflexion des Kursleiters über einen verantwortungsvollen Umgang mit den Übungen zu beantworten. Ohne eigenen Erfahrungshintergrund können auch die hier vorgestellten Übungen nicht authentisch angewandt werden und werden kein Gegengewicht zur oben beschriebenen Lebensweise schaffen. Das Ablesen von Wahrnehmungs- und Entspannungsübungen oder das Verteilen von CDs ohne explizite Einbeziehung in die Gruppenpraxis würde diesen Vorwurf nicht nur bestätigen, sondern wäre ein Kunstfehler.

Was meinen Achtsamkeitsorientierung und Akzeptanz?

> *Alles auf der Tafel von einem Tag zum anderen auslöschen, neu sein mit jedem anbrechenden Morgen, in einem ständigen Wiederaufleben unserer emotionalen Jungfräulichkeit, das, allein das lohnt die Mühe, zu sein oder zu haben, um zu sein oder zu haben, was wir auf unvollkommene Weise sind.*
>
> Fernando Pessoa, Das Buch der Unruhe

Achtsamkeit meint, das aktuelle Erleben hier und jetzt wahrzunehmen, ohne Urteil und ohne Tun. Entgegen unserem Alltagsbewusstsein, das ziel- und damit zukunftsgerichtet und auf »Aktivität« fokussiert ist, geht es hier darum, angenehme und unangenehme Erfahrungen und Gefühle mit wohlwollender Distanz wahr- und anzunehmen. Das erfordert, in gewisser Weise aus dem eigenen Erleben heraustreten zu können und zum Beispiel nicht »nur« enttäuscht zu sein, sondern zu wissen, dass es Enttäuschung ist, was man empfindet. In der Psychoanalyse würde man von »beobachtendem Ich« oder »gleichschwebender Aufmerksamkeit«, in der verhaltenstherapeutischen Terminologie von einer Form der Exposition mit Reaktionsverhinderung sprechen. Tatsächlich verändert sich das Erleben manchmal schon in eine positive Richtung, wenn nicht sofort Druck in Richtung Veränderung besteht. Zumindest werden der Teufelskreis von negativen Gedanken und Gefühlen unterbrochen und ein vorübergehendes Loslassen erleichtert.

Entgegen der Auffassung von radikal lösungsorientierten Ansätzen, dass man für die Lösung das Problem nicht kennen müsse, wird hier davon ausgegangen, dass der wichtigste Schritt für Veränderung **Akzeptanz** (der Probleme) ist nach dem Motto, dass man einen Ort erst verlassen kann, wenn man dort angekommen ist (Greenberg 2011). Problematische Empfindungen und Gefühle werden wahr- und ernst genommen, in Worten symbolisiert, ihre adaptive Information erschlossen und mögliche Handlungstendenzen erforscht.

Ziel von Achtsamkeitsübungen ist auch die **Desidentifizierung** von Gedanken und Gefühlen – das Wissen, dass ich nicht mit meinen Gedanken und Gefühlen identisch bin. Wenn uns das gelingt, »ist das, was wir erfahren, nicht mehr ›mein‹ Gedanke, sondern lediglich ›ein‹ Gedanke und nicht mehr ›mein‹ Gefühl, sondern ›ein‹ Gefühl. Das kann uns vom hartnäckigen Haften an ›unseren‹ Gedanken, Meinungen und Gefühlszuständen befreien und uns eine umfassende Perspektive für größere Freiheit geben« (J. und M. Kabat-Zinn 2011). Aus der Hirnforschung gibt es Hinweise, dass Achtsamkeitspraxis die Funktionen des präfrontalen Kortex nachweisbar verbessert. Diese sind assoziiert mit Ausgeglichenheit, Angstmodulation, Selbstregulation und Mitgefühl (Siegel 2007).

Zuwendung – Wahrnehmung – Annahme sind sowohl Metaprinzipien als auch Ziele des vorliegenden Programms, die sich durch jeden Baustein ziehen. Es sei hier immer wieder betont, dass schnelle Veränderung bei stressbedingtem Erleben weder möglich noch sinnvoll ist und dass therapeutischer Aktionismus womöglich genau das Verhalten wiederholt, das dem Stresserleben zugrunde liegt.

Mit dem Prinzip, erst einmal innezuhalten und wahrzunehmen, statt frühzeitig Veränderungen anzustreben, stoßen Sie anfangs auf Widerstand einzelner Teilnehmer. Diese vermitteln – nicht zuletzt unter dem Eindruck einer Flut von Ratgebern zum Thema – einen gewissen Handlungsdruck und den Wunsch nach schnellen Rezepten nach dem Motto: *Wozu soll ich meinen Stress noch besser wahrnehmen, ich merke doch schon genug, dass ich im Stress bin!* Dass »ein gesunder Körper schweigt«, entspricht nicht nur gesellschaftlichen Normen, sondern ist auch Credo der medizinischen Handlungstradition – du bist gesund, wenn der Arzt nichts findet (»Negativbefund«).

Die Gruppenatmosphäre wird wesentlich davon geprägt, ob der Kursleiter sich vom Leidens- und Lösungsdruck der Teilnehmer dazu hinreißen lässt, möglichst schnell und viele Lösungsvorschläge anzubieten, oder ob er die allgemeinen Prinzipien »verkörpert«, die sich konzeptuell in allen Kursbausteinen wiederfinden. Wenn sich eine Differenzierung der Wahrnehmung und mehr Aufmerksamkeit auch in der Kommunikation als Gruppenkultur etabliert, wird dies mit einer besseren Distanzierungsmöglichkeit von Alltagsgeschehnissen und mehr Gelassenheit einhergehen.

3. Überlegungen zum Verhalten und zur Haltung der Kursleiterin

Suche nach Einfachheit, aber misstraue ihr.
A. N. Whitehead

Gruppenleitung sollte gelernt sein, auch und gerade im Grenzgebiet von Beratung und Therapie. Erlebensaktivierend zu arbeiten setzt Selbsterfahrung, eine therapeutische oder beraterische Grundausbildung und/oder eine Fortbildung in der Durchführung dieses Programms voraus. Intervisionsgruppen haben sich für Austausch und Üben sehr bewährt.

Wie bei den meisten manualorientierten Gruppenkonzepten ist auch hier das Vorgehen **leiterzentriert** und direktiv in dem Sinn, dass der Kursleiter aktiv ist, die Themen und den Stundenverlauf vorgibt, die Kommunikation steuert und immer wieder auf Zusammenhänge zwischen den einzelnen Abschnitten verweist. Er kann zu Kursbeginn seine lenkenden Interventionen und mögliche Redeunterbrechungen zugunsten der Gruppeninteraktion sogar ankündigen, sollte sich dann aber in der Länge seiner eigenen Ausführungen ebenfalls beschränken, vor allem bei den Wissensbausteinen.

Cave: Leiterzentrierung birgt die Gefahr des Lehrens, Besserwissens, Vordenkens, Rechthabens. Unterliegt der Leiter dieser Verführung, kann genau das nicht stattfinden, worum es bei dieser Gruppenerfahrung wesentlich geht: Sich gegenseitig als jeweils eigenständige, selbstverantwortliche Personen zu respektieren, ohne den anderen manipulieren oder verändern zu wollen.

Ein themenzentriertes und strukturiertes Vorgehen schließt das flexible Eingehen auf individuelle Bedürfnisse und aktuelle Probleme von Teilnehmern nicht aus, sondern macht dieses sogar erforderlich, um nicht mechanisch und starr zu werden. Da es nicht um Vermittlung von Wissen oder »Skills« geht, sondern um die Erkundung von Fühlen, Denken, Wollen und Handeln und die Förderung diesbezüglicher Selbstregulationskompetenzen, stellt die **therapeutische Beziehung** nicht lediglich eine Basisvariable, sondern eine grundlegende Wirkungskomponente im Gruppenprozess dar. Dieser ist so zu steuern, dass ein Klima emotionaler Offenheit, Vertrauen und gegenseitiger Akzeptanz entsteht. Die Interaktionen werden produktiv und anregend, wenn sie eine gute Mischung aus Struktur und Flexibilität, von Aktivität und Einladung zur Reflexion ergeben.

Je nach Überweisungskontext (freiwillig oder »geschickt«) bestehen manchmal auch unabhängig vom Kursleiterverhalten Befürchtungen bei den Teilnehmern, psychologisch analysiert oder gar »auseinandergenommen« zu werden. Gerade in betrieblichen Kontexten sind Gruppenwerte wie Vertrauen, Offenheit, Kooperation und Zusammenhalt keine Selbstverständlichkeit – und in Tages- oder Dreitageskursen schwer herzustellen. Hier sollte besonders zu Kursbeginn auf das Motivations-, Angst- und Aktivierungsniveau der Gruppe geachtet werden. Im Einführungsbaustein sind Übungen beschrieben, die solche Anfangsschwierigkeiten berücksichtigen.

In bestimmten Kursphasen hält sich der Kursleiter ganz bewusst mit eigenen Urteilen und Veränderungsvorschlägen zugunsten spontaner Gruppeninteraktionen zurück und ergreift nicht Partei für Personen oder Ideen. Dies gilt ganz besonders für Übungsabschnitte, in denen es um den Umgang mit Emotionen, um Problemlösestrategien oder Gruppenkonsens geht. **Neutralität** meint hier eine nicht wertende, akzeptierende Haltung und Abstinenz bezüglich Expertenverhalten »in Sachen« Stress. Der Kursleiter stellt mehr Fragen, als er Aussagen macht, und bezieht als allparteilicher Anwalt die Sichtweisen aller Diskutanten in seine Kommentare ein. Ergebnisse resultieren dann aus einem gemeinsamen Verhandlungsprozess der Gruppenmitglieder, von denen jedes »Fachmann in eigener Sache« ist. Mit dieser Perspektive hat er Modellfunktion für die Kursziele, die er vermitteln will: Innehalten, Wahrnehmen, Annehmen und eventuell (die Meinung) ändern.

Auf die salutogenetische Orientierung des Konzepts wurde bereits hingewiesen. Hier wird auch der Kursleiterin selbst empfohlen, das eigene Menschenbild und Krankheits- bzw. Störungskonzept zu hinterfragen oder sich zumindest dessen bewusst zu sein. **Ressourcenorientierung** ist nämlich weit mehr als ein methodisches Prinzip – sie wird wirksam, wenn die Kursleiterin sie auch lebt. Es macht einen großen Unterschied, ob ich denke, die Menschen müssen etwas lernen, haben Defizite, brauchen Hilfe – oder ob ich überzeugt bin von Selbstheilungskräften, Ressourcen und prinzipieller Gleichrangigkeit unterschiedlicher Lösungskompetenzen. Im vorgestellten Konzept sind die Teilnehmer Experten für ihr eigenes Erleben. Sie werden als aktiv Beteiligte gesehen, die eigene Potenziale für ihre Entscheidungen und Handlungen und ein persönliches Interesse an der Kursteilnahme und an Weiterentwicklung haben.

Die angebotenen Interventionen und Übungen sollten immer zum Entwicklungsstand und zu den aktuellen persönlichen Themen in der Gruppe passen. Sie sind Hilfestellungen, um die Bemühungen der Klienten zu unterstützen, ihnen positive Erfahrungen von Bestätigung und Selbstwirksamkeit zu ermöglichen und um sie gerade so weit zu fordern, dass daraus weitere positive Erfahrungen von Selbstwirksamkeit resultieren. Diese Haltung hat auch psychohygienische Aspekte für den Kursleiter, der sich einiges an Veränderungs- und Helferdruck ersparen kann, gleichwohl impliziert sie auch, dass er sich bei einem gelingenden Beratungsprozess selbst überflüssig macht.

Der Kursleiter unterstützt die Teilnehmer immer wieder bei der Formulierung ihrer Probleme, indem er geduldig auf die **Konkretisierung** von Problem- und Lösungsbeschreibungen beharrt und diese im Sinne systemischer oder verhaltensanalytischer Kurzinterviews in überschaubare Einheiten zerlegt. Er stellt sein Wissen, seine Erfahrung, seine Beobachtungen zur Verfügung für die Selbsterfahrung der Klienten. Anleitung zur genauen Wahrnehmung und Beschreibung kann nicht als theoretischer Vortrag erfolgen. Sie gelingt am besten mit einem Kursleiter als Modell, der sich für die alltäglichen, unspektakulären »hassles« interessiert und es wagt, Hoffnungen auf Rezepte und schnelle Lösungen zu enttäuschen.

Die Wahrscheinlichkeit, dass jemand bereit ist, eingefahrene Denk- und Verhaltensmuster zu hinterfragen und womöglich zu verändern, steigt mit dem Maß seiner **affektiven Entspannung.** Ein Kursleiter, der mit emotionszentrierten Methoden arbeitet, sollte selbst keine Angst vor (starken) Emotionen haben und mit eigenen Emotionen gut umgehen können. Das klingt für Therapeuten und Berater selbstverständlich, ist aber in Supervisionen ein häufiges Thema: Dass Kursleiter (unbewusst) Emotionen vermeiden wollen oder umgekehrt meinen, dass schon die Erzeugung intensiver Emotionen therapeutisch wirksam sei. Intensives emotionales Erleben aber kann kontraindiziert sein, zum Beispiel wenn es um traumabezogene Inhalte geht – und ist hier auch sonst nicht intendiert, zumal es sich nicht um eine Gruppentherapie handelt. **Erlebensorientierun**g beginnt damit, dass der Kursleiter Resonanz bzgl. der Gruppeninteraktion, aber auch bzgl. mimischer, gestischer oder sprachlicher Gefühlsbekundungen (z. B. Zeichen von Müdigkeit, Langeweile, Ärger) einzelner Teilnehmer gibt, die Relevanz solcher Gefühle betont und dazu einlädt, dass sie ausgedrückt werden. Damit fordert er die Gruppenmitglieder, ohne sie bloßzustellen, und widersteht selbst der Versuchung einer Rationalisierung emotionaler Inhalte. Dies schließt selbstverständlich die Bezugnahme der Teilnehmer auf Verhaltensweisen des Kursleiters mit ein.

Vom Patienten wahrgenommene **Empathie** i. S. nicht wertender Einfühlung und Verstehenwollen und eine gute Beziehung ist per se ein universeller therapeutischer Wirkfaktor, der Selbstgefühl und -akzeptanz verbessert (Strauß 2009). Deshalb sollte die Gruppenleitung auch sorgsam auf Störungen des Klimas und der Empathie zwischen den Gruppenmitgliedern achten.

Der Aufbau von stabiler Änderungsmotivation durch Gesundheitsförderungsmaßnahmen (bzgl. gesundheitsgefährdender Verhaltensweisen) ist umstritten. Angst vor Krankheit, Strafe oder Ausgrenzung scheint keine hinreichende Voraussetzung für den Aufbau gesundheitsförderlicher Verhaltensweisen zu sein. Andererseits zeigt die Forschung, dass die Veränderung von kognitiven, affektiven, körperlichen und Verhaltensmustern bis ins hohe Alter prinzipiell möglich ist. Allerdings scheint diese Veränderung angesichts langjähriger Stabilisierungstendenzen nur dann zu erfolgen, wenn mehrere Erlebens- und Verhaltensmuster gleichermaßen angesprochen, labilisiert und durch bedeutsame, korrigierende Erfahrungen im Hier und Jetzt neu »gebahnt« werden.

Was heißt das für Kursleiter von Gesundheitsmaßnahmen? Hier ein kleines **Vademecum** zur Aktivierung von Lernprozessen (s. a. Hüther 2010):

- Zeit ist deine wertvollste Ressource, vor allem unter Zeitdruck. Sei immer wieder Modell dafür, Prozesse zu verlangsamen.
- Sei zurückhaltend mit Belehrungen und Tipps. Sie werden oft erbeten, aber selten umgesetzt. Stattdessen erwecke Interesse und persönliche Bedeutsamkeit.
- Sage und tu nur, wovon du selbst überzeugt bist.
- Ermögliche neue Erfahrungen unter Einbeziehung möglichst vieler Sinneskanäle.
- Gib unmittelbares Feedback, im besten Fall verknüpft mit herausfordernden, positiven Emotionen.
- Vermeide (emotionale) Reizüberflutung.
- Sorge für eine gute Kombination von Vertrautem und Neuem – ohne Überreizung und Druck.
- Ermögliche ausreichende Wiederholungen und Bestätigung der neuen Erfahrungen.

Die zentrale Herausforderung für den Kursleiter ist es also, den Gruppenprozess so zu steuern, dass die Motivation erhalten bzw. gefördert und eine gute Mischung von »Verstörung und Anregung« (Schlippe und Schweitzer 1996, S. 123) erzeugt wird. In seinem Verhalten pendelt er zwischen Empathie, Neutralität, humorvoller Respektlosigkeit und Konfrontation und versucht, den Teilnehmern ihre Mitverantwortung am Gruppengeschehen und an ihrem Belastungserleben deutlich zu machen. Sein Umgang mit Druck, Emotionen und Widerständen aus der Gruppe, mit unvorhergesehenen Problemen und anderen gruppendynamischen Prozessen ist Indikator für seine eigene Stresstoleranz – und die wächst u. a. mit der Erfahrung in der Leitung von Gruppen.

4. Ziele

Im Gegensatz zu gängigen Thesen der Gesundheitsindustrie und immer neuer Gesundheitsmärkte ist die hier vertretene Auffassung von Gesundheit nicht, dass diese willkürlich zu erhalten oder (wieder-)herstellbar sei, wenn man nur die passenden Mittel, Strategien oder Helfer hat. Deshalb geht es auch nicht um von außen festgelegte Ziele und um standardisierte Rezepte, sondern um die Förderung von Selbstregulationsprozessen auf körperlichen, psychischen und sozialen Prozessebenen. Stresstoleranz wird als **dynamische Anpassungsleistung** an wechselnde Anforderungen verstanden, für deren Bewältigung im günstigen Fall ein breites Repertoire an instrumentellen und regenerativen Strategien zur Verfügung steht, das die Person flexibel und situationsadäquat zu nutzen weiß. Dazu gehört auch der angemessene Umgang mit Situationen, die sich nicht ändern, und mit Zielen, die sich (noch) nicht oder nicht mehr realisieren lassen.

Die Teilnehmer erhalten einen »Strauß an Möglichkeiten« zur besseren Stressbewältigung und -prophylaxe, die sie im Kurs kennenlernen und erproben und im Alltag anwenden. Prinzipiell kann zwischen **problembezogenen** (instrumentelle, verhaltensorientierte, interpersonelle) und **emotionsbezogenen** (intrapsychische, mentale, regenerative) Strategien unterschieden werden. Erstere zielen auf Veränderungen der Person-Umweltbeziehung und auf subjektiv als kontrollier- und veränderbar erlebte Stressoren, Letztere vor allem auf die intrapersonelle Verarbeitung von Situationen, besonders wenn diese zum gegebenen Zeitpunkt als tendenziell unveränderbar eingeschätzt werden. Für die Teilnehmer können diese unterschiedlichen Bewältigungsarten gut anhand des Leitsatzes der Anonymen Alkoholiker erläutert werden: »Gott gebe mir die Gelassenheit, die Dinge hinzunehmen, die ich nicht ändern kann, den Mut, die Dinge zu ändern, die ich ändern kann, und die Weisheit, das eine vom anderen zu unterscheiden« (R. Niebuhr, CD-01).

Im Folgenden werden die übergreifenden Prinzipien und heuristischen Ziele für die Programmdurchführung zusammengefasst, die sich in der Konzeption jedes Bausteins wiederfinden (CD-02). Die ersten beiden Punkte beziehen sich auf die differenziertere Wahrnehmung und Einschätzung von Stressoren und Ressourcen, die anderen beiden auf individuelle Veränderungsstrategien und ihre Umsetzung in den Alltag.

Zuwendung, Wahrnehmung

- Achtsamkeit gegenüber organismischen und Umweltsignalen
- Wahrnehmung von physiologischen, kognitiven, affektiven und verhaltensmäßigen (Re-)Aktionen und deren Wechselwirkungen
- Verbesserung der Introspektionsfähigkeit, der Fremd- und Situationswahrnehmung

- Unterscheidung zwischen eigenen und fremden Anteilen am Stresserleben
- Wissen um intrapersonelle, interpersonelle, externe und transpersonale Ressourcen

Würdigung, Annahme

- Akzeptanz und achtsamer Umgang mit körperlichen Empfindungen, Gedanken und Gefühlen
- Realistische Einschätzung von Anforderungen und eigenen Bewältigungskompetenzen
- Toleranz gegenüber individuellen Belastungsgrenzen und Schwächen bei sich selbst und bei anderen

Problem- und emotionsbezogene Strategien für den Umgang mit alltäglichen Belastungen

- Verbesserung der Sachkompetenz bzgl. gesundheitsrelevanter Themen
- Selbstwirksamkeitserleben, mit alltäglichen Anforderungen, Belastungen und Symptomen ohne Fremdhilfe umgehen zu können
- Befähigung, situationsabhängig persönliche Bewältigungsstrategien zu finden und einzusetzen
- Verbesserung sozial-kommunikativer Kompetenzen
- Veränderungsstrategien für physiologische, kognitive, emotionale und verhaltensbezogene (Stress-)Reaktionen
- Strategien der Selbstregulation für den kurzfristigen Einsatz in Alltagssituationen
- Ausbau regenerativer Fähigkeiten und Ressourcen

Flexible Umsetzung des Wissens in die individuelle Praxis

- Individueller Transfer der im Kurs geübten Strategien in den Alltag
- Flexibler Einsatz des Verhaltensrepertoires im Umgang mit Belastungen
- Ausbau stressantagonistischer Aktivitäten
- Selbstverantwortung bezüglich eigener Motivationen, Ziele und Werte

Kapitel II

Praxis des Kursprogramms

In diesem Kapitel werden Hinweise zur Organisation und Durchführung des Kursprogramms gegeben. Zunächst geht es um Anwendungsbereiche, danach werden die allgemeinen Rahmenbedingungen und (in standardisierter Form) der Ablauf der Sitzungen vorgestellt. Es folgen Anmerkungen zur Arbeitsmethodik, zum Einsatz von verschiedenen Materialien und zu Möglichkeiten der kursbegleitenden Verlaufs- und Effizienzdiagnostik.

1. Anwendungsbereiche

Das ISP ist zielgruppenunspezifisch sowohl für die therapeutische Anwendung im ambulanten und stationären Bereich als auch für präventive Maßnahmen zur Gesundheitsförderung und sogenannte Stressmanagementkurse geeignet.

An Gesundheitskursen der Krankenkassen oder an (betrieblichen) Gesundheitsförderungsmaßnahmen nehmen Personen teil, die ihre täglichen Belastungen besser bewältigen möchten **(primäre Prävention).** Im therapeutischen Kontext wird das ISP bei Patienten mit unterschiedlichen Hauptdiagnosen als Begleitmaßnahme der Behandlung **(sekundäre Prävention)** oder zur Rückfallprophylaxe **(tertiäre Prävention)** eingesetzt. Im stationären Setting wird es am besten parallel zu störungsspezifischen Gruppen oder zur Einzeltherapie angeboten und kann diese sinnvoll ergänzen. Strauß (2009) führt manualisierte Gruppenpsychotherapien zu ausgewählten Störungsbildern auf, diese können durch Module aus dem ISP erweitert werden. Umgekehrt können im Verlauf einer Stressbewältigungsgruppe Hinweise auf eine spezifische Störung, z. B. eine Posttraumatische Belastungsstörung (PTBS), auftreten, die eine neue Indikationsklärung und/oder eine störungsspezifische Therapie zur Bearbeitung der individuellen Lebenssituation empfehlenswert machen. Patienten mit einer PTBS sind zum Beispiel erheblich stressvulnerabel und brauchen Hilfen zur Stress- und Angstreduktion, gleichzeitig besteht bei Konfrontation mit traumaassoziierten Stressoren die Gefahr der Überflutung und Retraumatisierung. Orientierungshilfen für das Erkennen von traumatischem Stress und Hinweise für ein traumaadaptiertes Vorgehen in der Gruppe und spezifische Interventionsmöglichkeiten finden Sie bei Reddemann (2009).

Kursaufbau und Flexibilität in der Methodenkombination machen es leicht, die inhaltliche Gestaltung an das spezifische Klientel und die zeitlichen Erfordernisse anzupassen.

2. Rahmenbedingungen

2.1 Gruppe oder Einzel?

Die Kursbeschreibung in diesem Manual bezieht sich auf die Durchführung einer Gruppe. Mit Ausnahme der Kontakt- und Aufwärmübungen sind viele Übungen auch in der Einzelberatung und -therapie sowie im Coaching einsetzbar.

Das Gruppensetting bietet außer (zeit-)ökonomischen auch inhaltliche Vorteile. Allein durch das In-der-Gruppe-Sein scheinen settingspezifische Wirkfaktoren und ein therapeutisches Milieu von Gruppe zum Tragen zu kommen, unabhängig von der theoretischen und methodischen Ausrichtung des Kursleiters und unabhängig von der Patientenpopulation (Mattke 2009). Folgende allgemeine Gruppenwirkungsprinzipien sind in unserem Zusammenhang besonders hilfreich:

- Positive soziale Interaktionen (Austausch untereinander, wechselseitige Unterstützung) werden angeregt. Wenn Einzelne sich vor anderen zeigen und sich als wichtig erleben, führt dies zur Etablierung neuer (sozialer) Verhaltensweisen (»**shared attention**«).
- In Arbeitsgruppen und in Einzelarbeiten innerhalb der Großgruppe kann neues Verhalten miteinander geübt, verstärkt und korrigiert werden (**interpersonelles Lernen**).

- Selbsthilfepotenziale der TeilnehmerInnen können in der Gruppe gezeigt, gewürdigt und gefördert werden (Erleben von **Selbstwirksamkeit**).
- Einzelarbeiten in der Gruppe geben die Möglichkeit zum »Trittbrett fahren« und geben Anregungen für die eigenen Themen **(Modelllernen)**.

2.2 Gruppengröße und -zusammensetzung

Die optimale Gruppengröße beträgt 8 bis 12 Personen. Bei mehr Teilnehmern ist der Kursleiter stärker gefordert, um die Aufmerksamkeit aller aufrechtzuerhalten.

Bei der Gruppenzusammensetzung sollten im Idealfall keine großen Unterschiede bezüglich Bildungsstand, Alter und Geschlechtsverteilung bestehen. Bei Patientengruppen sind anamnestische Vorgespräche und die Einbettung der Stressbewältigungsgruppe in einen individuellen Behandlungsplan von Vorteil. Bei einer gewissen Homogenität bzgl. der Hauptdiagnosen (z. B. Essstörungen, Herz-Kreislauf-Probleme, Schmerzsymptomatik) können die Kursbausteine um Module ergänzt werden, die für diese Patientengruppen sinnvoll sind, zum Beispiel euthyme Verfahren, Wissensbausteine über Ernährung, Ergonomie, Schmerzgeschehen etc. Ein Vorteil symptomheterogener Gruppen ist, dass einer negativen Fixierung auf die gemeinsamen Probleme entgegengewirkt wird.

In Volkshochschul- und Präventionskursen der Krankenkassen sind manchmal Teilnehmer mit psychischen oder psychosomatischen Beschwerden anzutreffen, die eigentlich spezifische therapeutische Hilfe benötigen. Hier sollten überhöhte Erwartungen vorsichtig relativiert und auf weitere Hilfsangebote hingewiesen werden. Letztlich werden die Entscheidungen bzgl. der Gruppenzusammensetzung pragmatisch je nach organisatorischen und institutionellen Möglichkeiten getroffen.

2.3 Kurs- und Sitzungsdauer

Der zeitliche Aufwand für das ganze Kursprogramm und die einzelnen Bausteine hängt von den Zielkriterien und von äußeren Rahmenbedingungen ab.

Ein ambulanter Kurs dauert 8 bis 12 Sitzungen à 90 Minuten wöchentlich. Im stationären Kontext können die Sitzungen auch zweimal in der Woche angesetzt werden, um dadurch die Kursdauer zu verkürzen. Hier ist es optimal, wenn die Teilnehmer parallel noch einen Entspannungskurs besuchen können. Andernfalls müssen die Entspannungsmethoden (Body Scan, Progressive Muskelrelaxation) im Rahmen des Stressbewältigungskurses vermittelt werden. Dafür sollten zwei bis drei zusätzliche Sitzungen veranschlagt werden.

Betriebliche Kompaktkurse finden meistens in einem Tagungshotel statt und dauern zwei, im optimalen Fall drei ganze Tage. Bei diesem Kursformat ist ein sog. Follow-Up-Treffen nach etwa einem halben Jahr empfehlenswert. Es dient dazu, die Kursinhalte aufzufrischen, zu vertiefen und sich über die Umsetzung im Alltag auszutauschen.

2.4 Räumliche Voraussetzungen

Die Räumlichkeit sollte einerseits Gelegenheit zum Schreiben, andererseits auch eine kreisförmige Sitzanordnung ohne Tische ermöglichen. Letztere ist wichtig für die Körperwahrnehmungs- und Entspannungsübungen. Liegemöglichkeiten sind nicht erforderlich: Wenn die Entspannung im Sitzen eingeübt wird, wird sie im Liegen auch beherrscht. Es ist vorteilhaft, im Raum die gemeinsam erstellten Arbeitsblätter aufzuhängen, im optimalen Fall können sie da verbleiben oder werden als Fotoprotokoll verteilt. Dadurch können Sie sich immer wieder darauf beziehen und den roten Faden aufnehmen. Bei größeren Teilnehmerzahlen sind für die Kleingruppenübungen zusätzliche Räume erforderlich.

3. Struktur und Gestaltung der Sitzungen (CD-03)

Folgende Elemente sind Bestandteil fast jeder Sitzung während des Kursverlaufs: Blitzlicht/Rundenarbeit, Wahrnehmungs- und/oder Entspannungsübungen, erlebnisaktivierende Einzel-, Zweier- und Gruppenübungen, Bewegungsübungen (gekennzeichnet mit Ü), Wissensbausteine (W), Seminartagebuch (CD-04).

Auf Struktur und Gestaltung der Sitzungen wird hier besonders hingewiesen, weil eine vorbereitete und pünktliche Kursleitung Sicherheit, Rahmung und Respekt vermittelt und weil von den Teilnehmern besonders zu Gruppenbeginn der Umgang des Kursleiters mit Fehlen, Zuspätkommen, früher Gehen besonders registriert wird. Der Kursleiter ist Modell dafür, wie sich ein achtsamer Umgang mit sich selbst und anderen positiv auf das allgemeine Stresslevel auswirkt. Allerdings sei auch vor einem mechanistischen »Durchziehen« des vorgeschlagenen Ablaufs gewarnt. Bei Störung, Kritik, gruppendynamischen Vorgängen hat der Prozess Vorrang vor dem Plan.

Sie finden in jedem Kursbaustein eine Auswahl von Vorgehensweisen und Übungen, aus denen Sie je nach Zeit und Gruppeneigenschaften Ihr Programm zusammenstellen können. Wie immer Sie die Sitzungselemente kombinieren: Achten Sie auf ein stimmiges Verhältnis von Übungen mit der Großgruppe, Kleingruppen und Inputs. Im Folgenden wird auf alle Bestandteile kurz erläuternd eingegangen.

3.1 Blitzlicht und Rundenarbeit

Blitzlichtrunden dienen dazu, durch kurze Rückmeldung der Teilnehmer deren aktuelles Befinden und Bedürfnisse zu erkunden. Hier erfolgt in der Regel kein Kommentar von anderen Teilnehmern oder vom Kursleiter.

Bei der Rundenarbeit handelt es sich um Kurzdialoge zwischen Kursleiter und einzelnen Teilnehmern, bei denen vor der Gruppe exemplarisch auf ein bestimmtes Problem eingegangen wird.

3.2 Wahrnehmungs- und Achtsamkeitsübungen

Wahrnehmungsübungen werden für alle Themenbereiche in unterschiedlichen Varianten für die Großgruppe, für Kleingruppen und als Einzelübungen vorgeschlagen.

Im Baustein »Körper« üben die Teilnehmer nicht nur, wie sie effektiv entspannen können, sondern sie werden eingeladen, sich grundlegende Vorgänge und Funktionen ihres Organismus bewusst zu machen und sich für muskuläre und vegetative Signale, zum Beispiel für die Unterschiede von Verspannung und Entspannung, zu sensibilisieren (Sensory awareness, Body Scan).

Im kognitiven Teil wird eine wache und bewusste Wahrnehmung der eigenen Gedanken und der Äußerungen anderer gefördert. Dabei wird von der Annahme ausgegangen, dass negative Gedanken erst problematisch werden, wenn man sie »heiratet«.

Besondere Bedeutung für Psychohygiene und soziale Kompetenz wird der Wahrnehmung und dem Ausdruck von Gefühlen beigemessen. Im Gruppenprozess werden die Selbst- und Fremdwahrnehmung in sozialen Situationen und das Bewusstwerden dafür angeregt, wie wir für Personen unserer beruflichen und privaten Umgebung manchmal selbst zum Stressor werden.

3.3 Entspannungstraining

In jedem Kurs zur Stressbewältigung sollten Entspannungsübungen fester Bestandteil der Kursinhalte sein. Übliche Ziele sind die willkürliche Herbeiführung von muskulärer Entspannung und längerfristig die positive Beeinflussung vegetativer und mentaler Funktionen. Hierzu eignen sich Übungen aus der Progressiven Muskelrelaxation (Jacobson 1996) besonders gut: Sie sind im Sinne einer Technik relativ einfach vermittel- und lernbar und werden als »aktives« Entspannungsverfahren meistens auch von kritischen Klienten gut akzeptiert. Die Übungen werden am besten im ersten Kursdrittel komplett vermittelt und dann im Kursverlauf immer wieder zur Kurzentspannung eingesetzt und geübt. In diesem Manual wird eine Kurzform der Progressiven Muskelentspannung in Kombination mit spezifischen Körperwahrnehmungsübungen vorgestellt (Kap. III, 2.4).

3.4 (Erlebensaktivierende) Einzel-, Zweier- und Gruppenübungen

Und Neugier nur beflügelt jeden Schritt.
J. W. von Goethe

Die Übungen stammen aus unterschiedlichen Therapie- und Beratungsrichtungen und haben sich in vielen Jahren Seminarerfahrung bewährt. Sie werden mit ausführlichen, zum Teil wörtlichen Anleitungen wiedergegeben (nicht zum Ablesen, sondern als »Reminder« für Ausbildungskandidaten) und reichen von einfachen, stark strukturierten Formen der (Selbst-)Beobachtung bis zu interaktiven Gruppenübungen, Fantasiereisen und Gestaltungsvorschlägen mit bildnerischen Mitteln. Sie können in der Großgruppe vom Kursleiter angeleitet oder in den Kleingruppen von Gruppenteilnehmern durchgeführt werden, dadurch werden Selbstverantwortung, Hilfe zur Selbsthilfe und Expertenunabhängigkeit gefördert.

Die Einbeziehung erlebensaktivierender Elemente zieht sich durch das ganze Manual. Grundlegend für Erlebensaktivierung sind Fragen des Kursleiters, zum Beispiel wenn jemand sehr abstrakt und Ich-fern spricht (*Können Sie eine Beispielsituation nennen? Wie geht es Ihnen damit?*) oder wenn er eine Veränderung in Körperhaltung, Bewegungsverhalten oder Gesichtsausdruck bemerkt: *Was spüren Sie gerade? Wie geht es Ihnen damit? Was geht in Ihnen vor?* Diese Fragen, die sich auf alle Erlebensebenen beziehen, verdichten den Dialog und intensivieren die Selbstwahrnehmung und das affektive Erleben.

Eine Generalisierung der geübten Strategien und ihre Übertragung in den Alltag ist umso wahrscheinlicher, je besser sie auf reale Stresssituationen übertragbar sind und je häufiger sie im Alltag angewandt werden. Deshalb beziehen sich die meisten Einzel- und Gruppenübungen auf Beispiele aus dem Teilnehmerkreis und können auch zwischen den Sitzungsterminen eigenständig angewendet werden. Die Bereitschaft, neues Verhalten auch außerhalb der Gruppensituation anzuwenden, steigt, wenn die Klienten dieses Verhalten in vertrauensvoller Atmosphäre gezeigt haben und es sich affektiv »gelohnt« hat.

3.5 Aktivierungs-, Bewegungs- und Körperübungen

Bewegung dient der körperlichen und geistigen Auflockerung und Aktivierung. Das spielerische Erproben von Bewegungselementen sollte immer dann erfolgen, wenn nach einem Abschnitt der Konzentration und/oder längerem Sitzen ein Wechsel der Aufmerksamkeit und Aktivität sinnvoll erscheint. Dadurch werden die Teilnehmer angeregt, auch in ihrem (Arbeits-)Alltag auf einen Wechsel von Aktivierung und Entspannung zu achten.

Im therapeutischen Sinn dienen Körperübungen dem vertieften Selbsterleben und der Selbsterfahrung. Sie bieten einen direkten Zugang zu Gefühlen und die Möglichkeit, Gefühlsausdruck spielerisch zu erproben.

3.6 Wissensbausteine

Wissensbausteine beinhalten theoretische Grundlagen und Informationen zu den im Kurs vorkommenden Themen. Sie sollten nicht in trockener Vortragsform, sondern im Austausch mit den Teilnehmern mittels Abbildungen und Handouts kommuniziert werden. Wie ausführlich und anspruchsvoll die Informationen sind, ist auf das Gruppenniveau und die Interessen der Teilnehmer abzustimmen. Bewährt hat sich auch ein Ordner mit aktuellen Zeitschriftenartikeln, die in den Pausen gesichtet und bei Interesse kopiert werden können.

3.7 Pausen

Pausengestaltung ist ein eigenständiges Thema während des Kurses (Kap. III, 5.2.1), deshalb sollten die Pausen exemplarisch eingehalten und gestaltet werden – je nach Sitzungslänge nach der Hälfte der Zeit, mindestens jedoch alle 90 Minuten. Gerade in Blockkursen oder Tagesseminaren kann gezeigt werden, dass man bei angemessener Aktivitätsverteilung auch über einen langen Zeitraum angeregt arbeiten kann, ohne am Abend erschöpft zu sein. Phasen der Konzentration sollen sich deshalb mit Kleingruppenübungen, Austausch im Plenum und Bewegungs- oder Entspannungsmomenten abwechseln.

3.8 Arbeitsmaterial, Dokumentation

Als Anschauungs- und Informationsmaterial dienen Folien bzw. Abbildungen, gemeinsam erstellte Flipchart-Blätter, mitgebrachte Artikel über bestimmte Themen und Arbeitsunterlagen für die Teilnehmenden.

Es hat sich bewährt, während des Kurses an Metaplanwänden und auf Flipchart sogenannte Memo-Blätter zu erstellen und diese chronologisch zum Kursverlauf im Raum aufzuhängen. Deshalb sind außer einem Overheadprojektor/Beamer mit Projektionsfläche und ein bis zwei Flipcharts auch ein Moderatorenkoffer und Stellwände zum Einsatz der Metaplantechnik von großem didaktischen Vorteil. Auf einer solchen Wand können im Seminarverlauf auch Kommentare, Sprüche, Stimmungen und offene Fragen festgehalten werden (»Briefkasten«).

Solche visuellen (selbst gestalteten) Hilfsmittel unterstützen die verbale Kommunikationsebene und ermöglichen es, kurz und prägnant bisherige Kursinhalte ins Gedächtnis zu rufen. Außerdem kann immer wieder auf den »roten Faden« und auf vorangegangene Themen verwiesen werden. Wenn möglich, werden die gemeinsam erstellten Arbeitsblätter fotografiert und allen zur Verfügung gestellt.

Wenn sich die Teilnehmer von Anfang an einen Ordner anlegen (oder einen solchen von der Kursleitung erhalten), in dem sie Adressen, Arbeitsmaterialien, Notizen, eigene Ideen und Artikel sammeln, entsteht mit der Zeit ein persönliches Stressbewältigungsmanual. Bei den Kursmaterialien finden Sie auch die Vorlage für ein Seminartagebuch (CD-04), das nach den Sitzungen ausgefüllt werden kann. Erfahrungsgemäß wird auf diese persönlichen Unterlagen später viel häufiger zurückgegriffen als auf ein »fertiges« Manual.

4. Begleitdiagnostik

Im Kurs findet eine **prozessorientierte Evaluation** statt: Die individuellen Ziele jedes Teilnehmers werden in der Einführungsphase möglichst gut operationalisiert, notiert und während des Kurses immer wieder aufgegriffen. Wenn ein Follow-up-Treffen geplant ist, werden am Kursende von jedem Teilnehmer noch einmal persönliche Verhaltensziele festgelegt, die er bis zum vereinbarten Termin erreichen möchte. Dieses prozessdiagnostische Vorgehen dient der Evaluation von und Sensibilisierung für Veränderungen.

Wenn Eingangs- und Verlaufsdiagnostik über die mündlichen Rückmeldungen der Teilnehmer hinaus und in standardisierter Form erwünscht sind, kann auf empirisch überprüfte Instrumente zur Befindlichkeitsmessung oder Stressbewältigung zurückgegriffen werden. Allerdings stellt sich die Frage der zu erhebenden Befindensaspekte (körperliche Beschwerden, Deprimiertheit, Wohlbefinden etc.). Für die Evaluation psychologischer, präventiver Maßnahmen liegen im Vergleich zur Erforschung explizit psychotherapeutischer Interventionen bisher wenig methodisch anspruchsvolle Arbeiten vor (siehe z. B. Büchner et al. 1996, Kaluza 1998, 1999 a, 1999 b).

Exemplarisch seien hier einige gängige, standardisierte Messverfahren genannt:

- Trierer Inventar zum chronischen Stress (TICS, Schulz et al. 2004),
- für körperliches Befinden: die Skala »Beschwerdedruck« des Gießener Beschwerdebogens (GBB) von Brähler und Scheer (1995),
- für Stressverarbeitung und Coping: der Stressverarbeitungsbogen (SVF) von Janke et al. (1985), die Befragungsvorschläge von Perrez (1988) und der Fragebogen zur Erfassung des individuellen Coping von Bodenmann et al. (1999),
- zur Klärung einer eher medizinischen oder psychologischen Kausal- und Kontrollattribution bei Klienten mit psychophysiologischen Symptomen: der Attributionsbogen von Gerber et al. (1989),
- für die Erhebung alltäglicher Belastungen: Skala »Beanspruchung« des Freiburger Persönlichkeits-Inventars (FPI-R; Fahrenberg et al. 1989; Alltagsbelastungsfragebogen [ABF] von Traue et al. 2000),
- TRUST Resilienz-Fragebogen (Diegelmann und Isermann 2011).

Kapitel III

Durchführung des Kursprogramms

In diesem Kapitel wird die praktische Durchführung des Kursprogramms dargestellt. Dabei werden die einzelnen Bausteine (Warming up, Körper, Gedanken, Gefühle, Leistung und Beziehungen leben, Ernte und Abschied) anhand konkreter Anleitungen und Beispiele ausführlich erläutert.

1. Warming up
(CD-05)

1.1 Überblick und Ziele

Wenn man etwas haben will, was man noch nie gehabt hat,
muss man etwas tun, was man noch nie getan hat.

Der erste Kursabschnitt geht über die übliche, meistens kurz gehaltene Gruppeneröffnung hinaus und stellt einen eigenständigen Baustein im Programm dar, und zwar aus folgenden Gründen:

- Die Vorbereitung von Patienten/Klienten für eine Gruppe gilt als einer der am besten gesicherten Prädiktoren für die Effektivität von Gruppentherapie (Mattke 2009). Eine solche Vorbereitung ist jedoch je nach Kontext unüblich oder gar nicht möglich, und meistens treffen sich die Teilnehmer bei der ersten Sitzung auch zum ersten Mal als Gruppe. Viele haben noch wenig konkrete Vorstellungen darüber, was sie in diesem Kurs erreichen können und was sie erwartet. Außerdem bestehen Unsicherheiten und Befürchtungen, wie stark man sich persönlich einbringen will oder muss.
- Die Anfangsphase ist besonders wichtig in Gruppen mit »geschickten« Personen, die sich von sich aus für die Teilnahme nicht entschieden hätten. Gerade in betrieblichen Seminaren kann die

Teilnahme an einem Stressseminar als Offenlegung einer persönlichen Schwäche gelten, und/oder sie wird als »Pflaster« für strukturelle Mängel im Betrieb abgetan. Wenn auch noch Kollegen oder sogar Vorgesetzte anwesend sind, besteht meistens verständlicherweise keine Bereitschaft, persönliche Belange anzusprechen. Solche Probleme und Befürchtungen sollten auf jeden Fall schon bei der Seminarplanung berücksichtigt und – bei Bedarf – zu Gruppenbeginn thematisiert werden.

- TeilnehmerInnen fühlen sich oft als Opfer der Umstände und gehen nicht selbstverständlich davon aus, dass sie selbst einen Einfluss auf diese Umstände haben könnten. Die Bedeutung äußerer Faktoren und struktureller Bedingungen wird im ersten Baustein angesprochen, gleichzeitig wird als Kursziel benannt, die eigenen Spielräume und Möglichkeiten unter den gegebenen Bedingungen auszuloten.
- Für die Anwendung emotionsfördernder Übungen sind die affektive Rahmung und die Schaffung eines vertrauensvollen Klimas die wichtigste Voraussetzung. Je besser die Beziehungsgestaltung gelingt, desto mehr Selbstöffnung und Veränderungsbereitschaft ist möglich.

Inhalte und Ziele des ersten Kursabschnitts sind:

- Sichkennenlernen, Klärung von organisatorischen Fragen
- Schaffung einer strukturierten, wertschätzenden und interessierten Gruppenatmosphäre
- Klärung der Erwartungen und Befürchtungen gegenüber dem Kurs (Anliegenklärung)
- Vermittlung eines Rahmenmodells für den Kurs
- Erstellung eines subjektiv nachvollziehbaren Stressmodells und Etablierung einer differenzierten Auffassung von Stresserleben als individuellem, veränderbarem Phänomen
- Einführung einer Haltung der Introspektion und Achtsamkeit gegenüber inneren und äußeren Ereignissen
- Operationalisierung von Problemen und Zielen.

1.2 Vorstellung und Kennenlernen

- Ü Positionsskulptur
- Ü Bewegte Skulptur
- Ü Ballwerfen

1.3 Wünsche der Teilnehmer an den Kurs

- Ü Meta-Planung
- Ü Die Wunderfrage
- Ü Mein Zielbild

1.4 Klärung von Gruppenregeln und von organisatorischen Fragen

- Ü Meine Erfahrungen mit Gruppe

1.5 Begriffsklärungen

- Ü Mein Stress und wie ich darauf reagiere (1)
- Ü Mein Stress und wie ich darauf reagiere (2)
- Ü Manchmal bin ich völlig uncool, manchmal bin ich völlig cool
- Ü Stimmungsbilder
- W Über das Zusammenspiel von Umwelt, Körper, Gedanken und Gefühlen
- Ü Kleine Übungen über das Zusammenspiel von Körper, Gedanken und Gefühlen
- W Stressoren, Stressreaktionen und Flow
- W Wissen, welche Arten von Bewältigung es gibt
- Ü Flow?
- Ü Was ist eigentlich Gesundheit?

1.6 Zuwendung, Wahrnehmung, Annahme als Voraussetzung für Veränderung

- W Was ist mit »Achtsamkeit« gemeint?
- Ü Der innere Zeuge
- W Kann Geistesgegenwart geübt werden?

1.7 Problemanalyse und persönliche Zielbestimmung

- Ü Problemanalyse: Zuwendung zur Situation
- Ü Zielanalyse: Zuwendung zur erwünschten Zukunft
- Ü Imaginationsübung »Es geht mir gut«

1.2 Vorstellung und Kennenlernen

Es gibt eine Vielzahl von Möglichkeiten, eine Gruppe zu eröffnen (siehe z. B. Broich 1991, Görlitz 2001), und jeder erfahrene Kursleiter hat seinen persönlichen Stil entwickelt, wie er in ein Kursprogramm einführt. Hier werden zur Auswahl einige Übungen zum »Anwärmen« und zur Erwartungsklärung vorgestellt, die schon vor einer Vorstellungsrunde ein lockeres Kennenlernen untereinander ermöglichen.

Die Kursleiterin begrüßt kurz alle, stellt sich selbst vor und gibt die wichtigsten Informationen zu den Rahmenbedingungen (Zeiten, Pausen, Material) nach dem Motto: *Immer wenn ich selbst ein bisschen aufgeregt bin, fange ich am besten mit Organisatorischem an.* Die Teilnehmer erhalten einen Ordner mit den Materialien für die erste Sitzung und werden eingeladen, die Kursmaterialien und weitere Informationen zu sammeln, um sich so ihr eigenes Stressmanual zusammenzustellen. Statt mit einer Runde wird gleich mit einer ersten Übung gestartet.

Ü Positionsskulptur

Skulpturen eignen sich sehr gut als Einstieg bei größeren Gruppen, wenn Sie lange Vorstellungsrunden vermeiden möchten und/oder wenn genug Zeit für die Warming-up-Phase vorhanden ist. Bei dieser Methode positionieren sich die Teilnehmer nach wechselnden, vom Kursleiter vorgegebenen Kriterien im Raum und tauschen sich in den dadurch entstehenden Kleingruppen untereinander aus. Durch verschiedene Aufteilungskriterien kommen sie in wechselnden, kleinen Konstellationen ins Gespräch, ohne sich gleich vor der Gesamtgruppe und dem Kursleiter äußern zu müssen.

Hier ein Beispiel:

Statt der üblichen Vorstellungsrunde möchte ich Ihnen vorschlagen, dass wir uns erst einmal im Wortsinn »ein Bild« von der Gruppe und voneinander machen. Wir stehen alle auf ..., und ich werde Ihnen verschiedene Vorschläge machen, nach denen Sie sich hier im Raum positionieren können.
Wir beginnen mit einer ***aktuellen Energielinie.*** *Bitte halten Sie kurz inne und spüren Sie, wie fit (bzw. wie erschöpft) Sie sich jetzt, in diesem Mo-*

ment, gerade fühlen. Auf einer gedachten Linie durch den Raum repräsentiert ein Ende die maximale Erschöpfung (0 % Energie), das andere Ende optimales Wohlbefinden. Positionieren Sie sich auf der gedachten Linie zwischen den beiden Punkten und in Beziehung zu den anderen Teilnehmern …
Sagen Sie uns ganz kurz, warum Sie sich auf diesen Punkt der Linie gestellt haben …
Nun lösen wir die Linie auf, verteilen Sie sich wieder frei im Raum …
Lassen Sie nun innerlich ***Ihre Belastungen im letzten halben Jahr*** *Revue passieren … Vergleichen Sie Ihr Belastungserleben in dieser Zeit mit dem ein halbes Jahr davor: Fühlen Sie sich in den letzten sechs Monaten mehr oder weniger belastet als in der Zeit davor, oder ist der Belastungsgrad im ganzen vergangenen Jahr konstant geblieben?*

Die Teilnehmer werden aufgefordert, sich nach diesen drei Kriterien (weniger – mehr – gleich) in Gruppen zusammenzustellen. Wenn unterschiedlich große Gruppen entstehen, können diese für den Austausch nochmals in Kleingruppen von 3 – 5 Personen aufgeteilt werden. Jeder erzählt den anderen in drei bis vier Sätzen, warum er sich dieser Gruppe zugeordnet hat. Achten Sie schon hier darauf, dass nicht gleich ein Gespräch entsteht, sondern dass sich jeder in wenigen Sätzen äußert und die anderen zuhören. Danach werden die Kleingruppen wieder aufgelöst, und es folgt die nächste Frage mit Bildung neuer Gruppen.

Wenn Sie an Ihre aktuellen Belastungsgefühle denken: Wer würde den ***Hauptanteil seiner Belastungen*** *eher im Privatbereich, wer eher im beruflichen Bereich platzieren und wer würde sagen, in beiden Bereichen gleichermaßen belastet zu sein?*

Auch darüber tauschen sich die Mitglieder der drei neu gebildeten Untergruppen aus.

Die nächste Frage betrifft Ihren Umgang mit alltäglichen Belastungen: Wer von Ihnen übt derzeit gezielt eine Technik oder Tätigkeit zur ***Stressbewältigung*** *aus, wer praktiziert nichts Spezifisches, hat dies aber früher einmal getan, und wer hat eher allgemeine, unsystematische Strategien?*

Hier könnte es für die Gesamtgruppe und den Kursleiter von Interesse sein, dass jeder kurz der ganzen Gruppe mitteilt, was er speziell oder allgemein zum Spannungsausgleich praktiziert (hat).

Und schließlich wird schon zu diesem Zeitpunkt die Motivation für den Kurs angesprochen:

Eine Gruppe formiert sich aus denen, die ein eher allgemeines Interesse an besserer Stressbewältigung haben, eine weitere aus Personen, die schon ein ganz konkretes Anliegen oder spezielle Fragen mitgebracht haben, und je nach Zuweisungskontext könnte sich noch eine Gruppe mit Personen formieren, die noch etwas misstrauisch sind und/oder die hier sind, weil sie geschickt wurden (von der Ehefrau, vom Stationsarzt, vom Betriebsleiter). Jede dieser Untergruppen erhält ein Flipchart-Blatt mit Stift und unterschiedliche Fragen, die kurz diskutiert und beantwortet werden sollen:

Gruppe mit allgemeinem Interesse: *Was möchten Sie hier in diesem Kurs auf keinen Fall? Was würde Ihnen die Freude am Mitmachen vermiesen?*
Gruppe mit konkreten Fragen/Anliegen: *Bitte notieren Sie diese Anliegen.*
Gruppe mit Vorbehalten: *Was müsste hier in diesem Kurs geschehen, dass Sie trotz Ihrer Vorbehalte froh sein werden, teilgenommen zu haben?*

Am Ende dieses Übungsteils werden die Blätter aufgehängt und gemeinsam gesichtet.

Je nach Gruppenzusammensetzung und Intentionen des Kursleiters gibt es noch andere Unterteilungskriterien und Clustermöglichkeiten für die Kleingruppen, zum Beispiel nach Geburtsort und heutigem Wohnort, nach Familienstand, Kinderzahl, eigener Geschwisterzahl oder -position usw.

Ü Bewegte Skulptur

Bei dieser Übung versetzen sich die TeilnehmerInnen in unterschiedliche »Aggregatszustände« von Begegnung und Sichkennenlernen. Die Übung eignet sich auch gut zum Wiedereinstieg nach einer längeren Pause.

Suchen Sie sich einen Platz im Raum, schauen Sie sich um, nehmen Sie die Umgebung wahr, die anderen Personen hier, und bereiten Sie sich darauf vor, sich in bestimmte Situationen zu versetzen – mental, gefühlsmäßig und körperlich …, z. B., dass Sie zu Fuß in einer Großstadt unterwegs sind, morgens bei Berufsverkehr, gemeinsam mit Hunderten anderer Passanten, die wie Sie so schnell wie möglich die U-Bahn erreichen möchten …

Alle setzen sich in Bewegung und werden aufgefordert, sich so schnell wie möglich ihren Weg zu bahnen …

Und suchen Sie sich wieder einen Platz im Raum, kommen Sie zur Ruhe …
Nun haben Sie sich fein gemacht für ein Geschäftstreffen (z. B. für ein Jubiläum oder eine Weihnachtsfeier), Sie gehen umher, schauen sich um, grüßen freundlich, indem Sie bewusst aufeinander zugehen, sich die Hand geben, Ihren Namen sagen und weitergehen …
Die nächste Szene ist ein Treffen im Sportclub: Gehen Sie aufeinander zu und »klatschen« Sie sich zur Begrüßung mit der rechten Hand ab …
Und schließlich befinden Sie sich auf einer Party: Manche kennen Sie schon, andere vom Sehen, manche eben nicht – gehen Sie ganz bewusst auf jemanden zu, unterhalten Sie sich ein bis zwei Minuten, und gehen Sie weiter …

Diese Sequenz ist beendet, wenn jeder mindestens mit drei Personen kurz gesprochen hat.

Die Übung kann um weitere Szenarien erweitert werden, z. B. Schlendern an der Strandpromenade, FKK-Strand etc.

Ballwerfen

Ü

Bei dieser Einstiegsübung geht es um das Erlernen der Namen und eine erste Annäherung an das Thema. Die Kursleiterin beginnt durch Zuwerfen eines Balls und gibt verschiedene Satzanfänge vor, zum Beispiel:

Ich heiße Diana, und ich bin hier, weil …
Ich komme unter Stress, wenn ich …
Ich erkenne Stress daran, dass ich …
Andere merken, dass ich unter Stress bin, weil ich …

Bei Stress hilft mir, wenn ich ...
Ich kann mich gut entspannen, wenn ich ...
Andere merken, dass ich entspannt bin, weil ich dann ...
usw.

Vorstellungsrunde

Nach den Kennlernübungen reicht eine kurze Namens- und Vorstellungsrunde, bei der die Teilnehmer sagen können, in welchen Zusammenhängen sie leben, wie sie zu diesem Kurs gekommen sind und was sie zu den vorangegangenen Übungen ergänzen möchten. Die Namen untereinander werden am schnellsten gemerkt, wenn jeder die Namen aller seiner Vorredner noch einmal wiederholt.

1.3 Wünsche der Teilnehmer an den Kurs

Zu viele Therapeuten gehen mit einem aus zum Essen und sagen einem dann, was man bestellen soll. Ich gehe mit einem Patienten zu einem psychotherapeutischen Essen und sage: Bestellen Sie selbst.
M. Erickson

Ü Meta-Planung (Abb. B1)

Arbeitsmaterial: Eine Stellwand, pro Teilnehmer je 3 rote und grüne Karten, Nadeln oder Klebstreifen zum Fixieren der Karten, Filzschreiber

Auch diese Übung eignet sich gut zum »Anwärmen«. Es geht um die schriftliche Äußerung der Wünsche, Zielvorstellungen und Vorbehalte gegenüber dem Kurs.
Version 1: Jeder Teilnehmer erhält einen Filzstift und 3 rote (Metaplan-)Karten. Auf diesen beantwortet er die Frage: *Was ich in diesem Seminar auf keinen Fall will* (oder: *Worauf ich hier verzichten kann*, oder: *Das Seminar bringt mir nichts, wenn ...*). Die Karten werden mit Nadeln oder Klebstreifen an der dafür vorbereiteten Stellwand angebracht.

Auf den grünen Karten wird dann die Frage beantwortet: *Was ich in diesem Seminar will* (oder: *Ich wünsche mir hier ...*). Auch diese Karten werden auf der Stellwand fixiert. Nun können die Karten gemeinsam gesichtet, sortiert und geclustert werden.

Version 2: Es werden die Wünsche für die Arbeitssituation und die Wünsche für die Privatsituation auf getrennten Karten erfasst.

Wenn möglich, bleibt diese Stellwand über den Kurs hinweg stehen, oder die Ergebnisse werden (z. B. fotografisch) dokumentiert. So können weitere Anliegen und Kommentare ergänzt werden. Außerdem handelt es sich um ein hilfreiches Instrument zur Prozessevaluation, auf das Sie im Kurs immer wieder eingehen können.

Die Wunderfrage

Uns allen fällt erfahrungsgemäß eine Problembeschreibung leichter als die Orientierung auf das Gelingen hin. Dabei geraten die Ressourcen und das, was funktioniert (hat), leicht aus dem Blickfeld. Fragen nach Kompetenzen, Fähigkeiten, schon einmal erreichten und erstrebten Zielen sind bei der Anliegenklärung besonders hilfreich und stellen selbst schon eine effektive Interventionsmöglichkeit in Richtung Veränderung dar. Außerdem sind sie erheblich anregender als das (kollektive) Versinken in immer neuen Varianten eines Problems.

Diese Übung ist ein Standardinstrument in der lösungsorientierten Kurztherapie (siehe z. B. de Shazer 1989). Sie kann als schriftliche Einzelübung, als Rundenarbeit oder als Aufgabe für zu Hause angeboten werden.

Nehmen wir an, dieses Seminar wird für Sie ein voller Erfolg (das »Wunder«):

1. *Woran werden Sie selbst das merken? (Hilfsfragen: Was werden Sie anders machen als jetzt? Wie werden Sie sich körperlich fühlen? Werden Sie andere Gedanken haben, und wenn ja, welche? usw.)*
2. *Woran werden Personen aus Ihrer Umgebung merken, dass das Wunder eingetreten ist? (Hilfsfragen: Wer aus Ihrer Umgebung wird am meisten von der Veränderung betroffen sein? Woran wird diese Person das merken? Gehen Sie in Gedanken Personen in Ihrem Privatbereich und an der Arbeitsstelle durch und beschreiben Sie, woran diese das Wunder bei Ihnen erkennen werden.)*

*Bitte schildern Sie die Veränderungen an ganz konkreten Beispielen, sodass die Zuhörer sich diese Veränderungen vor ihrem inneren Auge vorstellen können (**Videotechnik**). Je genauer Ihre Beschreibungen sind,*

Abbildung B 1: Meta-Planung

Was will ich nicht?

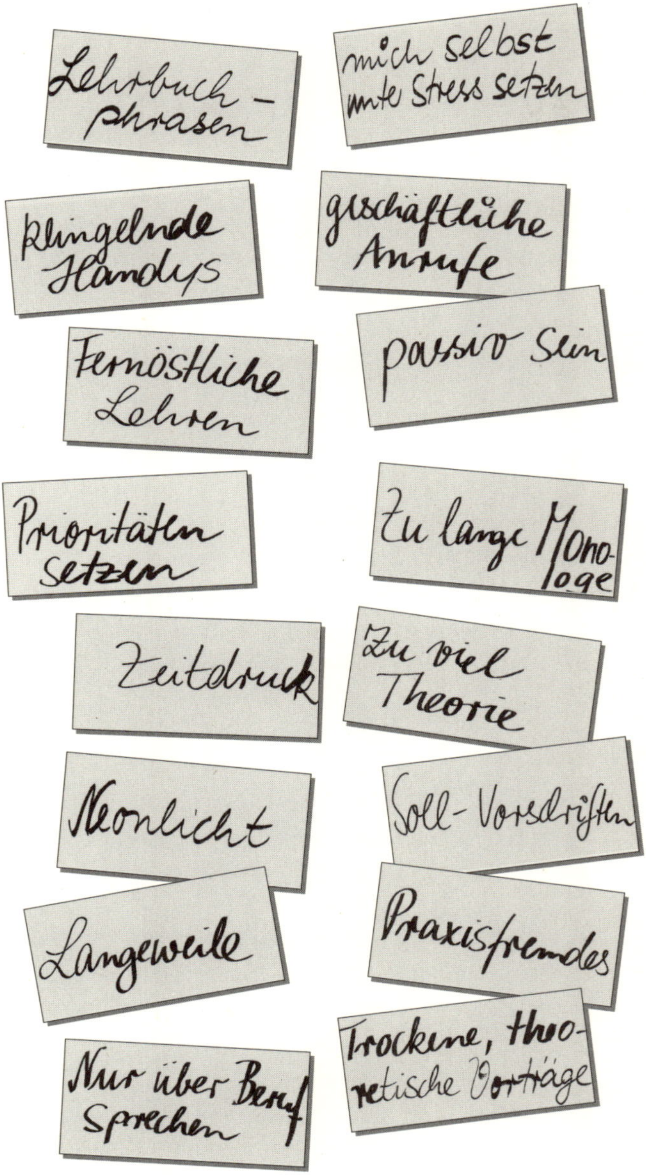

umso klarer wird auch Ihnen selbst, was Sie verändern möchten und in welchen Bereichen Sie sich Hilfestellungen wünschen. Außerdem können Sie im Kursverlauf prüfen, ob Sie bezüglich Ihrer Ziele tatsächlich weitergekommen sind.

Erfahrungsgemäß fällt die Beschreibung von Problemen viel leichter als die von Zielen. Der Kursleiter lädt deshalb durch Nachfragen immer wieder zur Operationalisierung bzw. Konkretisierung der anfangs meistens allgemeinen Zielvorstellungen ein.

Beispiel: *»Wenn das Wunder passiert, geht es mir besser« – Woran merken Sie am ehesten, wenn es Ihnen besser geht? … Wird sich das eher körperlich oder in Ihrem Verhalten auswirken? Wird man Ihnen das ansehen oder werden nur Sie selbst das bemerken? Woran? usw.*

Dieses Nachfragen mag mühsam und »kleinlich« erscheinen, aber auch Berater erliegen häufig der Versuchung, vermeintlich zu wissen, was Klienten mit relativ abstrakten Formulierungen wie »besser gehen«, »weniger gestresst sein« oder »glücklich sein« meinen. Die genaue Beschreibung eigener Befindlichkeiten und die Formulierung von nachvollziehbaren, erstrebten Unterschieden zum Jetzt-Zustand setzt einen gemeinsamen Suchprozess in Gang, der schon eine erste Veränderung darstellt.

»Positiv«, konkret, selbstverantwortlich denken

Durch das Versprechen, etwas nicht zu tun,
wird man am sichersten dazu gebracht, es gerade zu tun.
M. Twain, Die Abenteuer von Tom Sawyer

Die Wunderfrage wird oft mit Negationen beantwortet: *Ich bin weniger gestresst, ich habe keine Kopfschmerzen mehr, mir fallen meine Aufgaben nicht mehr so schwer* usw. Der Kursleiter wird darauf immer wieder geduldig mit der Gegenfrage reagieren: *Wenn die Schmerzen weg sind, was ist dann stattdessen da? Wie werden Sie Ihre Aufgaben im Unterschied zu jetzt erledigen?* Mit »positiv denken« ist hier keine Wertung im Sinne von »gut«, sondern die Ausrichtung auf ein existierendes Ziel gemeint. Diese Vergegenwärtigung und Formulierung von Zielen ist wie Probehandeln im Kopf und stellt einen Hauptbestandteil mentaler Trainingsformen (z. B. beim Leistungssport) dar, bei denen verschiedene Phasen einer Situation und der dafür erforderlichen Bewegungsabläufe bis ins Detail gedanklich vergegenwärtigt und durchgespielt werden.

Bei den »Wunderantworten« werden oft auch Veränderungen bei anderen Personen gewünscht, zum Beispiel: »*Wenn das Wunder passiert, wird mein Partner freundlicher zu mir sein.*« *Natürlich ist der Wunsch berechtigt, dass Ihr Partner freundlicher zu Ihnen ist. Er ist jedoch hier nicht anwesend. In diesem Kurs geht es um Ihre Möglichkeiten, persönlich Einfluss zu nehmen. Da sind die besten Lösungen die, bei denen sich andere möglichst wenig ändern müssen. Ihre Ziele können sich nur auf Aspekte beziehen, die Sie selbst in der Hand haben. Wir können zum Beispiel gemeinsam Ideen darüber entwickeln, was Ihr Beitrag sein könnte, dass Ihr Partner mehr Bereitschaft zeigt, sich zu ändern.*

Die konsequente Fokussierung auf realistische und ausschließlich im eigenen Einflussbereich liegende Ziele wird in den Teilnehmern anfangs einige Widerstände, aber letztlich intensive Suchprozesse auslösen, um den eigenen Kompetenz- und Veränderungsraum auszuloten und zu erweitern. Diese sind erfolgversprechender als Appelle oder Bemühungen, andere Personen ändern zu wollen.

Mein Zielbild

(Einzel-, Zweierübung, ca. 20 Min.)

Arbeitsmaterial: Weiße Blätter, Wachskreiden

Nun haben wir schon viel über Ihre Wünsche und Ziele für diesen Kurs gesprochen. Ich möchte Sie nun einladen, ein Wunschbild anzufertigen für Ihre Kursziele. Nehmen wir an, der Kurs wird sich für Sie gelohnt haben, wie sieht dieses Bild dann aus?

Wenn Sie möchten, können Sie das Bild auch mit einem Begriff ausstatten, der das Ziel besonders gut ausdrückt. Versehen Sie Ihr Bild auf der Rückseite mit Ihrem Namen oder einem Zeichen, das Sie wiedererkennen.

Wer fertig ist, legt das Blatt vor sich auf den Boden.

Suchen Sie sich eine Person, die ebenfalls fertig ist, und tauschen Sie sich über die Ziele aus.

Die Kursleiterin sammelt die Blätter ein – sie werden in der Schlusssitzung noch einmal gesichtet.

1.4 Klärung von Gruppenregeln und von organisatorischen Fragen

Am Ende dieses Kursabschnitts sind noch die Gruppenregeln und organisatorische Fragen zu klären. Der Kursleiter weist auf die Wichtigkeit jedes Einzelnen und seiner Beiträge für den Gruppenprozess hin und informiert über seine eigene Rolle in diesem Prozess.

Die Ergebnisse der Sitzungen sind immer ein »Gesamtwerk« der Gruppe. Dabei ist jeder für sich selbst verantwortlich und dafür, was er beitragen und mitnehmen will. Manchmal werde ich Beiträge Einzelner oder Diskussionen abkürzen oder unterbrechen. Dies geschieht nicht, um Sie zurechtzuweisen oder zu provozieren, sondern um das Interesse der Gesamtgruppe aufrechtzuerhalten. Wir können in diesem Rahmen nicht jedes Problem ausführlich besprechen, sondern jedes Mal nur Beispiele in der Großgruppe oder in Kleingruppen bearbeiten. Sie können sich auch in Einzelübungen mit persönlichen Problemen beschäftigen, ohne diese im Plenum veröffentlichen zu müssen. Hierfür wird es Materialien zur Einzelbearbeitung geben. Ich empfehle Ihnen, einige der Übungen auch zu Hause zu machen, vor allem die Entspannungsübungen. Neue Erfahrungen etablieren sich am besten durch bewusste Wiederholung dieser Erfahrungen. Die Haltung der Achtsamkeit zum Beispiel braucht längere Übung, bis sie in Fleisch und Blut übergeht. Sie werden auch verschiedene Hilfsmittel erhalten, um Ihre Erfahrungen im Gedächtnis zu ankern und sich im Alltag daran zu erinnern: Sie haben Ihren persönlichen Ordner, wir führen ein Seminartagebuch, für die Entspannungsverfahren gibt es ein Übungsprotokoll, und in jeder Sitzung werde ich Sie nach Ihren Erfahrungen zu Hause befragen.

Wenn genug Zeit ist, kann vor der Besprechung von Gruppenregeln ein Austausch in Kleingruppen erfolgen:

Ü

Meine Erfahrungen mit Gruppen

(Stilleübung und/oder Kleingruppen mit 3 Personen, ca. 30 Min., CD-06)

Wir werden hier gemeinsam Zeit miteinander verbringen, und jeder hat Wünsche, Ziele, vielleicht auch Befürchtungen gegenüber der Gruppensituation. Nehmen Sie sich kurz Zeit, sich an frühere Gruppenerfahrungen zu erinnern:

- *Wo haben Sie erste Lernerfahrungen in einer Gruppe gemacht?*
- *Welche Bedeutung hat seitdem das Lernen in Gruppen für Sie gehabt?*
- *Welche positiven und negativen Erinnerungen haben Sie an Gruppen?*
- *Was hat Sie besonders beeinflusst und geprägt?*
- *Worauf möchten Sie bei der anstehenden Gruppe besonders achten?*

Nach einigen Minuten Bearbeitungszeit tauschen sich die Teilnehmer über Gemeinsamkeiten und Unterschiede aus.

Daran anschließend werden die Gruppenregeln besprochen und für alle sichtbar aufgehängt. Wenn Regeln häufig nicht beachtet werden, wird vom Kursleiter thematisiert, womit das zu tun hat und wie damit umgegangen werden soll.

Gruppenregeln (CD-07):

- *Über persönliche Informationen herrscht gegenüber Dritten Schweigepflicht*
- *Sage »ich« statt »man«*
- *Sei dein Chairman: Du bist verantwortlich dafür, wann du redest und wann du schweigst*
- *Teile schwierige Gefühle wie Unmut, Ärger, Betroffenheit so früh wie möglich mit*
- *Erleichtere das Ansprechen persönlicher Themen durch gegenseitigen Respekt*
- *Störung hat Vorrang: »Ich möchte eine Störung anmelden«*
- *Richte Rückmeldungen direkt an den Betroffenen selbst*
- *Jederzeit ist ein »Nein« zu Übungen möglich*
- *Sage möglichst frühzeitig Bescheid, wenn du fehlst oder früher gehen musst.*

Je nach Setting bleibt es der Festlegung durch den Leiter oder der Gruppenentscheidung überlassen, ob eine Teilnehmerliste mit den Adressen kopiert wird, wie mit dem Fehlen Einzelner umgegangen werden soll und ob in jeder Sitzung abwechselnd ein Kurzprotokoll verfasst und an alle verteilt wird. Anders als in psychotherapeutischen Gruppen üblich, hat es sich hier in manchen Fällen bewährt, wenn sich Gruppenmitglieder auch außerhalb der Sitzungen treffen. Rückmeldungen zufolge bleiben solche »Selbsthilfetreffs« manchmal noch lange nach Kursende bestehen. Auch die Einbeziehung von Bezugspersonen bei einem Follow-up-Treffen ist Hilfe zur Selbsthilfe und erleichtert den Transfer der Kursinhalte ins Bezugssystem der Teilnehmenden.

1.5 Begriffsklärungen

Im Folgenden geht es um die Einführung der wichtigsten Begriffe, die im Kursverlauf immer wieder benutzt werden. Außerdem wird ein einfaches Stressmodell vorgestellt, aus dem sich logisch auch der Kursablauf ableiten lässt. Erfahrungsgemäß lassen sich alle der von den Teilnehmern geäußerten Wünsche und Erwartungen mit diesem Rahmenmodell vereinbaren.

Ü Mein Stress und wie ich darauf reagiere (1, Abb. B 2)

Arbeitsmaterial: Stellwand oder Flipchart zur Erarbeitung des Stressmodells, Filzschreiber in verschiedenen Farben

Der Kursleiter hat eine Stellwand mit der Überschrift »Stress« vorbereitet. Darauf befinden sich zunächst nur die Rahmen für die zu sammelnden Begriffe.

Kaum ein Fachausdruck ist so in die Umgangssprache eingegangen wie das Wort »Stress«. Wenn jemand sagt, »ich bin im Stress«, scheinen zwar alle zu wissen, was gemeint ist, letztlich hat jedoch jeder seine ganz persönlichen Vorstellungen und Erfahrungen. Deshalb sollten wir zunächst klären, was Sie eigentlich unter dem Begriff »Stress« verstehen und wie er zu definieren ist, damit wir uns auf eine gemeinsame Sprachregelung einigen können.

Die Kursleiterin notiert die von den Teilnehmern zugerufenen Begriffe, was denn »Stress« oder »stressig« für sie sei. Sie selbst beteiligt sich an der Begriffssammlung, indem sie zur Erweiterung des Diskussionsspektrums »polare« Begriffe zu den genannten einbringt. Zum Beispiel *Überlastung – Langeweile, Lärm – Stille, Termindruck – keine Termine* etc.

An der Begriffssammlung lässt sich leicht zeigen, dass es individuell sehr unterschiedliche, stressauslösende Faktoren (Stressoren) gibt. An-

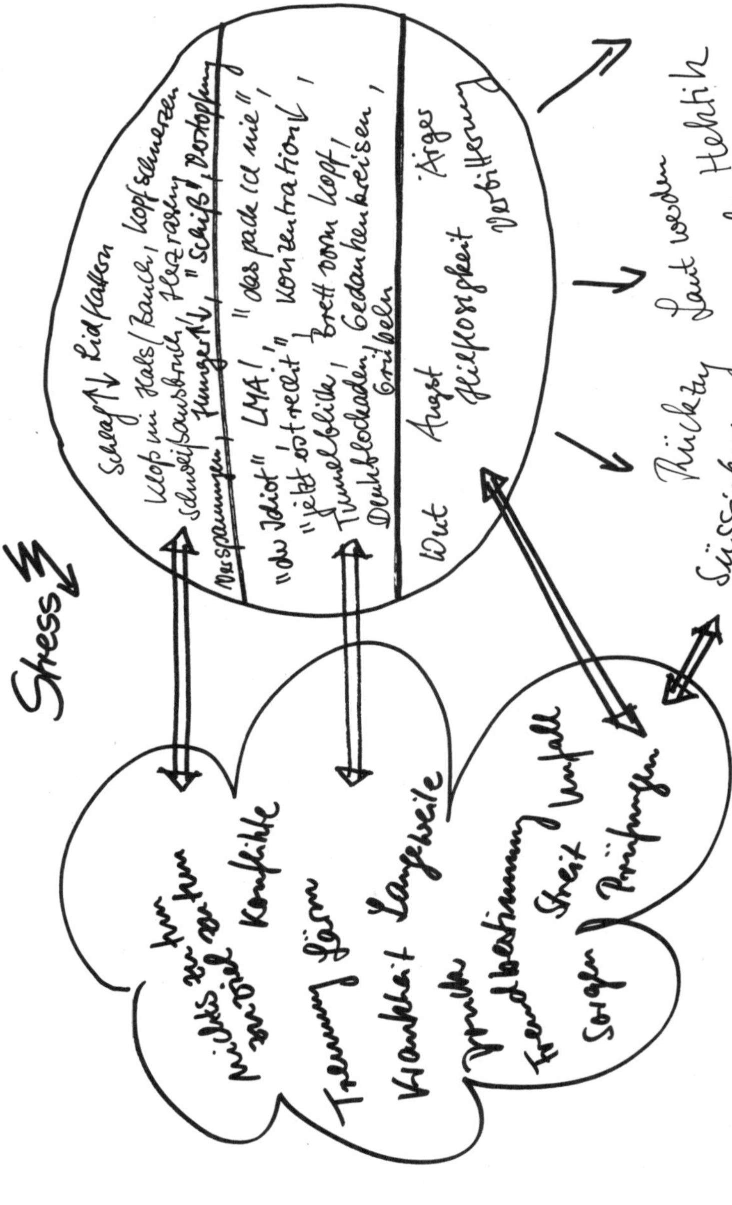

Abbildung B 2: Stressmodell

hand des Schweregrads kann man Stressoren in traumatische Ereignisse (z. B. Unfall, Gewalterfahrung), kritische Lebensereignisse (z. B. Trennung, Arbeitsplatzverlust) und alltägliche Belastungen (daily hassles) unterteilen. Traumatische Ereignisse müssen nicht, können aber eine Posttraumatische Belastungsstörung zur Folge haben. Für solche Patienten wird eine spezifische Einzeltherapie oder eine traumaadaptierte Gruppenbehandlung empfohlen (Reddemann 2009). Auch bei kritischen Lebensereignissen und Krankheitssymptomen sollte die Notwendigkeit spezifischer Interventionen abgeklärt werden. Gesundheitsrelevant scheinen aber auch und gerade alltägliche Belastungen zu sein – seien dies Konflikte, Sorgen, Über- oder Unterforderungsgefühle –, um diese geht es hier im Kurs.

Ich schlage als Definition für ***Stress*** *vor, dass es sich um ein subjektiv erlebtes Zuviel an Belastung handelt – was immer das für den Einzelnen ist* ***(Mein Stress gehört mir)****.*

Auf diese Arbeitsdefinition kann immer dann verwiesen werden, wenn Kursteilnehmer das Belastungserleben von anderen bagatellisieren oder herunterspielen wollen *(das ist doch kein Stress).*

Als Nächstes werden die Teilnehmer eingeladen, eine oder mehrere typische Stresssituationen der letzten Tage innerlich noch einmal intensiv Revue passieren zu lassen: *Woran merken Sie überhaupt, wenn Sie gestresst sind? Was sind Ihre* ***Stressreaktionen?***

Der Kursleiter sortiert die zugerufenen Sätze und Begriffe in die drei Abschnitte des vorgezeichneten Kreises (= Organismus), die er aber noch nicht vor der Gruppe benannt hat (Körperreaktionen, Gedanken, Gefühle), unten außerhalb des Kreises trägt er Verhaltensweisen ein (*Rauchen, Weinen, Türe knallen, Schreien* etc.). Auch hier gibt er Anregungen durch Nachfragen und macht eigene Vorschläge. Erfahrungsgemäß werden die meisten Begriffe im Bereich »Körperreaktionen« und »Verhalten« genannt, die wenigsten bei »Gefühlen«. Ähnlich wie bei den Stressoren wird es auch bei den Stressreaktionen individuelle Unterschiede und z. T. konträre Reaktionen auf allen Erlebensebenen geben (*z. B. immer bin ich schuld vs. diese Idioten;* sich zurückziehen vs. diskutieren usw.).

Die gemeinsam erstellte Übersicht enthält zusammengefasst alle Themenbereiche, denen wir uns im Kurs widmen werden. Es gibt individuell unterschiedliche Belastungsfaktoren, die sich auf verschiedenen Ebenen in unserem Organismus niederschlagen. Einige Stressoren können wir verändern oder gar abstellen (instrumentelle Stressbewältigung, z. B. Zeiteinteilung, delegieren, Hilfe suchen), *mit anderen müssen wir uns abfinden oder damit umgehen lernen.*

Der erste Schritt sind immer die Zuwendung zur Situation und die Wahrnehmung dessen, worum es geht ***(erkennen statt verdrängen)****. Eine Veränderung kann dann auf verschiedenen Ebenen geschehen: körperlich, gedanklich, gefühlsmäßig oder im Verhalten. Wir werden uns mit jeder dieser Ebenen befassen, Ideen zur Veränderung und Strategien zur besseren Belastungsbewältigung sammeln, wohl wissend, dass letztlich alle Erlebensebenen eng miteinander verwoben sind und sich ständig gegenseitig beeinflussen* ***(Wissen, welche Arten von Bewältigung es gibt)****. Jeder wird im Alltag selbst Erfahrungen machen, welche Form der Bewältigung in welcher Situation für ihn geeignet ist* ***(Umsetzen von Wissen in Handeln)****.*

Mein Stress und wie ich darauf reagiere (2)

Ü

Die direkte Stressexposition stellt eine Alternative zur vorangehenden Übung dar. Auch hier wird das oben beschriebene, vorbereitete Blatt ausgefüllt, jedoch nachdem unmittelbar vorher eine Stressinduktion in der Gruppe erfolgte. Die sichtbaren oder inneren Reaktionen der Teilnehmenden können als Beispiele dafür herangezogen werden, dass im Alltag aufgrund von Vorannahmen und Befürchtungen körperliche, gefühls- und verhaltensbezogene Reaktionen ausgelöst werden, ohne dass man sich direkt in dieser Situation befinden muss (**Stress findet im Kopf statt**).

Berücksichtigen Sie bei der Wahl dieser konfrontativen Variante, dass einzelne Teilnehmer hier möglicherweise deutliche Verhaltensreaktionen zeigen (Ärgerbekundungen, Übungsabbruch, Verlassen des Raums) und dass dies eventuell eine erste Bewährungsprobe für die (therapeutische) Beziehung ist. Deshalb ist die Nachbesprechung hier besonders wichtig.

Bei der folgenden Übung werde ich am Beispiel von einigen Teilnehmern hier demonstrieren, welche unterschiedlichen Stressreaktionen es gibt. Ich möchte Sie bitten, sich für diese Erfahrung ganz auf die Übung einzulas-

sen (schon diese Einleitung kann bei einigen Teilnehmern Stress erzeugen).

Schließen Sie die Augen, konzentrieren Sie sich ganz auf Ihr inneres Erleben. Bitte sprechen Sie nicht und machen Sie die Augen erst nach Aufforderung wieder auf … Ich werde jetzt den Kreis hier abschreiten, und ich werde nur wenige Minuten brauchen, um jemanden zu finden, an dem ich mit Sicherheit eine starke Stressreaktion vor der Gruppe demonstrieren kann. Ich werde den- oder diejenige bestimmen, indem ich meine Hand auf die Schultern lege …

Der Kursleiter durchschreitet hörbar die Reihen, bleibt immer wieder stehen und berührt schließlich möglichst mehrere Gruppenmitglieder gleichzeitig an den Schultern. Er fordert alle auf, die Augen zu öffnen, und – erklärt die Übung hiermit für beendet. Nun findet ein Austausch darüber statt, wie es den Einzelnen ergangen ist, welche Körperreaktionen, Gedanken und Gefühle sie erlebt haben und wie die Situation innerlich und verhaltensmäßig bewältigt wurde. Die Nennungen werden auf dem Arbeitsblatt eingetragen.

Ü Manchmal bin ich völlig uncool, manchmal bin ich völlig cool

(Zweierübung, 20 Min.)

Bei dieser Übung wird im Zweiergespräch noch einmal deutlich, wie individuell unterschiedlich Belastungserleben ist.

Wenden Sie sich kurz Ihrem Nachbarn / Ihrer Nachbarin zu und berichten Sie, welche Kleinigkeiten des Alltags Sie »auf die Palme« bringen (im Haushalt, im Büro, im Urlaub, beim Autofahren, beim Einkaufen, im Kontakt mit Menschen). Nach fünf Minuten wechseln Sie.

In der zweiten Runde berichten Sie jeweils fünf Minuten über Kleinigkeiten, die andere Personen in Ihrer Umgebung auf »180« bringen, die aber Sie selbst völlig cool lassen.

Bitte achten Sie darauf, dass immer einer der Aufnehmende, Nachfragende und der andere der Aktive ist und dass Sie nicht unwillkürlich in ein Gespräch verfallen.

Stimmungsbilder

(Einzel- und Kleingruppenübung, ca. 45 Min.)

Ü

Arbeitsmaterial: Für jeden Teilnehmer mindestens zwei Blätter Zeichenpapier und Malfarben

Die Übung lädt dazu ein, Belastungserleben und Wohlbefinden nonverbal »auszudrücken«.

Denken Sie an eine typische Stresssituation der letzten Zeit und malen Sie ein Bild Ihres Befindens in dieser Situation. In der Wahl der Bildgröße, der Farben und der Gestaltung sind Sie völlig frei. Sie können ein abstraktes oder ein ganz realistisches, ein symbolisches oder ein Kritzelbild malen. Achten Sie nicht auf zeichnerische Qualität, sondern versuchen Sie, Ihre Stimmung in dieses Bild zu legen. Sie haben dafür 10 Minuten Zeit …

Nun legen Sie alles beiseite und versetzen sich innerlich in eine Situation aus der letzten Zeit, in der Sie sich sehr wohl, entspannt und locker gefühlt haben. Lassen Sie sich Zeit, diese Situation noch einmal vor Ihrem inneren Auge vorbeiziehen zu lassen, und wenn ein inneres Bild dazu entsteht, geben Sie es auf dem zweiten Blatt wieder. Sie haben wieder etwa 10 Minuten Zeit …

Setzen Sie sich nun in Kleingruppen (zu dritt) zusammen, am besten mit Personen, die Sie noch nicht gut kennen. Jeweils einer legt seine beiden Bilder nebeneinander, die anderen teilen ihre Eindrücke und Assoziationen mit, zunächst ohne dass der Protagonist diese kommentiert. Wenn noch Zeit bleibt, können Sie sich über das Erlebte austauschen.

Über das Zusammenspiel von Körper, Gedanken und Gefühlen

W

Bei der Sammlung von Stressoren und Stressreaktionen (Abb. B 2) haben wir gesehen, dass wir es beim Stressgeschehen nicht mit einfachen Ursache-Wirkungs-Mechanismen, sondern mit komplexen Wechselwirkungen zu tun haben. Körpersymptome können die Folgen von Stresserleben sein. Sie können jedoch auch selbst, besonders wenn sie länger andauern, zu einem Stressor werden, und das Stressgeschehen verstärkt sich dann in einem Teufelskreis. Umgekehrt kann die

Entschärfung des Belastungserlebens (manchmal) durch die Veränderung des Stressors erfolgen oder aber – wenn dies nicht möglich ist – durch eine andere Reaktion auf den Stressor.
Die gemeinsam erstellte Übersicht enthält alle Themenbereiche, denen wir uns im Kurs widmen werden. Wir haben hier die körperliche, gedankliche, Verhaltens- und Gefühlsebene getrennt dargestellt, um ein sehr kompliziertes Thema übersichtlicher zu machen. Tatsächlich hängen alle Ebenen eng miteinander zusammen, beeinflussen sich gegenseitig und lassen sich im Alltag oft gar nicht voneinander trennen. Jeder von uns weiß z. B., dass sich Befinden und Gedanken im Körperausdruck niederschlagen. Und umgekehrt kann eine Veränderung der Körperhaltung oder des Gesichtsausdrucks das ganze Erleben verändern. Ich werde Ihnen dazu im Lauf des Kurses immer wieder interessante Erkenntnisse aus der Forschung vorstellen, und – was noch interessanter ist – wir werden immer wieder Selbstversuche dazu machen.

Ü Kleine Übungen über das Zusammenspiel von Körper, Gedanken und Gefühlen

Mit den folgenden Übungen kann den Teilnehmern auf einfache Art der wechselseitige Einfluss körperlicher, gedanklicher und emotionaler Vorgänge verdeutlicht werden, im anschließenden Gespräch werden sicher persönliche Erfahrungen darüber auftauchen.

Ü1: Nehmen Sie sich etwas Zeit, um über ein aktuelles Problem nachzudenken, das Sie zur Zeit sehr beschäftigt, und gehen Sie beim Überlegen durch den Raum … Nach zirka zwei bis drei Minuten: *Jetzt, gerade wo ich das sage, wird Ihnen wahrscheinlich bewusst, dass Sie sich viel langsamer als gewohnt bewegt haben – der Versuch, die Gedanken zu ordnen, hat Sie auch körperlich einen Gang zurückschalten lassen* (nach Mücke 2004).

Ü2: Setzen Sie sich entspannt auf Ihrem Stuhl zurecht, … und wenn Sie möchten, schließen Sie die Augen und versetzen sich für kurze Zeit gedanklich zu sich nach Hause, in Ihre Küche … Sie stehen vor einer Arbeitsfläche, haben eine Zitrone in die Hand genommen. Sie lag schon etwas länger im Korb, ist dünnhäutig und prall …, und Sie rollen diese Zitrone auf einem Holzbrett mit sanftem Druck hin und her, damit sie weicher wird … Nun nehmen Sie eines Ihrer schärferen Küchenmesser … und schneiden die Zitrone durch … Sie nehmen eine Hälfte in die Hand, drücken sie zusammen, bis Sie einige Tropfen auf der Oberfläche sehen … und wenn Sie wollen, lecken Sie diese ab … Und nun kommen Sie wieder an diesen Ort und in diese Zeit hier zurück … Ist Ihnen die Vorstellung dieser Situation geglückt und haben Sie irgendwelche körperlichen Reaktionen bemerkt?

Ausgehend von diesem Beispiel des konditionierten Speichelreflexes können noch andere Erfahrungen zu diesen Lernmechanismen gesammelt werden.

Die folgende Übung kann im Sitzen oder im Stehen durchgeführt werden:

Ü3: Versetzen Sie sich in eine Situation in Ihrem Leben, wo Sie sich über sich selbst geärgert haben, wo Sie mit sich, Ihrem Verhalten, Ihren Fähigkeiten gehadert haben … Was ging Ihnen damals durch den Kopf? Sagen Sie diese Sätze noch einmal innerlich ganz bewusst … und nehmen Sie die Körperhaltung ein, die zu diesen Sätzen passt … Bleiben Sie in Gedanken bei dieser Situation und achten Sie darauf, wie Sie dasitzen/-stehen, … auf Ihre Kopf- und Körperhaltung, Ihre Mimik, … achten Sie darauf, wie Sie atmen … und jetzt gehen Sie ganz bewusst wieder aus dieser Problemphysiologie heraus: Richten Sie sich auf, atmen Sie tief durch, bewegen Sie sich … Was hat sich bei Ihnen körperlich verändert bei den Gedanken an diese unangenehme Situation? Haben sich Ihre Gedanken verändert durch die Veränderungen in der Körperhaltung?

Ü4: siehe Ü3 für eine Situation, in der sich die Teilnehmer voller Zuversicht und Selbstvertrauen gefühlt haben.

Stressoren, Stressreaktionen und Flow

W

In den 50er-Jahren bezeichnete der Mediziner Hans Selye **Stress** als Reizimpulse von innen oder außen, auf die der Körper mit einer Anpassungsleistung reagieren muss. Diese Aktivierung ist herausfordernd, aber per se nicht belastend – sie hält den Organismus sogar in Schwung

und ist Voraussetzung für Entwicklung und Leistungsfähigkeit, wenn wir die Belastung für bewältigbar halten und wenn sie nicht zu lange anhält. Im allgemeinen Sprachgebrauch hat sich für **»Stress«** die negativ getönte Bedeutung des Wortes als ein subjektiv empfundenes Übermaß an Belastung durchgesetzt.
Für eine als positiv erlebte Anspannung hat sich in der Fachsprache der Begriff **»Eustress«** (Selye 1981) eingebürgert.
Wenn die Fähigkeiten eines Individuums optimal zu den Herausforderungen einer Tätigkeit »passen«, wenn die aufgewendete Zeit wie im Flug vergeht und das Gefühl entsteht, fast eins mit dieser Tätigkeit zu werden, dann wird diese Beschäftigung immer wieder gesucht und geht mit einer Hochstimmung und mit Glücksgefühl einher. Dieses lustvolle Aufgehen im Augenblick wird als **Flow** (Csikszentmihalyi 1992) bezeichnet und ist vergleichbar mit dem selbstvergessenen Spiel von Kindern. Flow ist am ehesten erreichbar, wenn die Herausforderungen selbst gewählt sind, wenn Kontrolle über die Lage besteht und wenn realistische, d. h. bewältigbare, persönliche Ziele formuliert wurden.
An unserer Begriffssammlung sehen wir, dass es ganz unterschiedliche innere und äußere Belastungsfaktoren (sog. **Stressoren**) gibt. Es gibt physikalische und chemische Stressoren wie Hitze, Kälte, Lärm, Vergiftung etc., körperliche Stressoren wie Hunger, Schmerz, Krankheit, soziale Stressoren wie Konkurrenz, Auseinandersetzungen, aber auch besondere Lebensereignisse (Tod, Scheidung, Ortswechsel etc.).
Belastend wird ein Ereignis durch die subjektive Einschätzung des Betroffenen. So mag es für den einen die tägliche Arbeitsbelastung erträglicher machen, wenn er jeden Abend in die Disco geht, ein anderer müsste sich von solch einem Besuch erholen. Manche können Langeweile nicht ertragen, andere müssen immer wieder Pausen machen. Auch eindeutig schwer wiegende Lebensereignisse wie z. B. Trennung werden je nach Bedeutungsgebung und je nach Bewältigungskompetenzen des Einzelnen sehr unterschiedlich verarbeitet. Stresserleben ist also eine sehr persönliche Sache, und ich schlage vor, die von den anderen Teilnehmern genannten Belastungen nicht infrage zu stellen oder zu bagatellisieren *(das ist doch kein Stress)*, sondern als subjektive Empfindung zu respektieren **(Stress ist für jeden etwas anderes)**.
Wie Sie aus eigener Erfahrung wissen und einige auch bei den

Übungen gemerkt haben, ist es für die Auslösung von Stressreaktionen nicht notwendig, dass wir uns real in der Belastungssituation befinden. Schon die lebhafte Imagination kann dafür völlig ausreichen **(Stress findet im Kopf statt)**. Unser Stresserleben hängt also ganz wesentlich von den Einschätzungen und Bewertungen ab, die wir über bestimmte Ereignisse haben. Dies soll natürlich nicht darüber hinwegtäuschen, dass es objektiv schwierige Arbeits- und Lebensbedingungen gibt, für deren Veränderungen wir uns einsetzen sollten, soweit es in unserer Macht steht.

Wie aus unserer Sammlung ersichtlich, ist beim Stresserleben unser ganzer Organismus beteiligt **(wir reagieren mit der ganzen Person)**: mit Körperreaktionen, Gedanken, Gefühlen und Verhaltensweisen. In vielen Fällen sind uns diese vielfältigen Reaktionen jedoch gar nicht (mehr) bewusst: Wir haben es gelernt, nicht mehr auf sie zu achten, weil sie den Alltagsablauf eher stören. Manche merken erst, wie verspannt die Muskeln sind, wenn sie schmerzen, die wenigsten achten bewusst darauf, welche Gedanken ganz »automatisch« ihre Handlungen begleiten, und auf der Verhaltensebene haben wir uns bestimmte Risikoverhaltensweisen (Zigaretten, Alkohol, Kaffee, Bewegungsmangel) oder konfliktreiche Umgangsformen (Rückzug, cholerische Ausbrüche usw.) zugelegt. Deshalb wird ein wichtiger Bestandteil dieses Kurses sein, uns diese Erlebensebenen bewusst zu machen, bevor Veränderungsmöglichkeiten erprobt werden.

Wissen, welche Arten von Bewältigung es gibt

W

Wer nur einen Hammer hat, sucht überall nach Nägeln.

Um handlungsfähig zu sein, ist es von Vorteil, möglichst viele und unterschiedliche Strategien verfügbar zu haben. In diesem Kurs werden wir gezielt auf allen Erfahrungsebenen Methoden zur besseren Belastungsbewältigung erproben. Neue Verhaltensmuster werden am besten gestärkt, wenn wir sie auf allen Ebenen verankern: gedanklich, gefühlsmäßig, körperlich und im Verhalten. Mit der Zeit werden Sie einen Fundus an Strategien verfügbar haben, auf den Sie zurückgreifen können. Ein guter Handwerkskoffer ist am besten aufgehoben bei einem kundigen Nutzer: Dieser wird nicht einfach ausprobieren, sondern stimmig entscheiden, welches »Werkzeug« er einsetzen möchte. Sie selbst wissen und merken am besten, welche Form der Bewältigung in welcher Situation für Sie am ehesten geeignet ist. Manchmal wird es darum gehen, die (äußeren) Stressoren zu beeinflussen oder gar abzustellen (**instrumentelle Stressbewältigung**, z.B. bessere Zeiteinteilung, delegieren lernen, Hilfe suchen, seine Kommunikation verbessern), mit anderen müssen Sie sich vielleicht abfinden oder einen anderen Umgang damit finden **(intrapersonelle Stressbewältigung)**, gemäß dem Leitspruch der Anonymen Alkoholiker: Gott gebe mir den Mut, Dinge zu ändern, die ich ändern kann, die Gelassenheit, Dinge hinzunehmen, die ich nicht ändern kann, und die Weisheit, das eine vom anderen zu unterscheiden (CD-01).

Ü

Flow?

(Stilleübung u/o Gruppengespräch, CD-08)

Wenn Du ein Schiff bauen willst, so trommle nicht Männer zusammen,
um Holz zu beschaffen, Werkzeuge vorzubereiten, Aufgaben zu vergeben
und die Arbeit einzuteilen, sondern lehre die Männer
die Sehnsucht nach dem endlosen, weiten Meer.
Antoine de Saint-Exupéry

Die Übung lädt dazu ein, den Begriff »Flow« anhand persönlicher Beispiele zu reflektieren.

Nehmen Sie sich Zeit für eine kleine Stilleübung: Fallen Ihnen Situationen oder Phasen in Ihrem Leben ein, in denen Sie leidenschaftlich involviert waren, sich eingesetzt oder engagiert haben und in denen anhaltende Anstrengung für Sie selbstverständlich war? Womit hing das zusammen, wie kam es, dass Sie sich motiviert, vital und energisch gefühlt haben?

Danach Austausch in Kleingruppen.

Ich nehme an, dass Ihnen die Dinge, um die es ging, emotional zentral und wichtig waren, dass Sie das Gelingen als persönliche Herausforderung gesehen haben und dass Sie an Ihre Kompetenzen geglaubt haben. Trifft dies auch für Ihre Teilnahme an diesem Kurs zu?

Was ist eigentlich Gesundheit?

Ü

(Kleingruppen, ca. 45 Min.)

Die medizinische Forschung hat so enorme Fortschritte gemacht, dass es praktisch überhaupt keine gesunden Menschen mehr gibt.
A. Huxley

In der Definition der WHO wird Gesundheit nicht nur durch die Abwesenheit von Beschwerden, sondern auch als subjektives Wohlbefinden definiert. Nun wird gemeinhin davon ausgegangen, dass dieses Wohlbefinden mit einer »objektiven« Gesundheitsbeschreibung der Fachleute identisch ist, und auf dem boomenden Gesundheitsmarkt wird so getan, als seien sich alle darüber einig, was denn »gesundes« oder gar »richtiges« Leben sei. Dies ist jedoch nicht der Fall. Menschen mit außerordentlich ungesunden Verhaltensweisen können sich sehr gut fühlen, und umgekehrt gibt es Menschen, die sehr viel für ihre Gesundheit tun, gesundheitsbewusst leben und den gegenteiligen Effekt erzielen, nämlich sich immer kränker fühlen. Nicht selten reagieren sie schon auf leichtere Störungen mit übertriebener Sorge und ihre Behandler mit Therapie. Gerade Menschen im »Gesundheitswahn« verlieren das Vertrauen in ihren Körper und fühlen sich bedroht, wenn Unbehagen, Beschwerden oder altersbedingt zu erwartende körperliche Veränderungen eintreten. Dörner (2004) bezeichnet das Paradox von Höchstleistungen der Medizin und zunehmenden Krankheitsängsten als »Fortschritts- und Gesundheitsfalle«, die immer höhere Ansprüche im Sinne eines beschwerde- und leidensfreien Lebens produziere.

Die Teilnehmer tauschen sich zunächst in Kleingruppen darüber aus, was sie unter »Gesundheit« verstehen. Die Gruppenaufteilung kann auch nach vorgegebenen Kriterien, z. B. Ältere – Jüngere, Männer – Frauen, erfolgen. Unter Anleitung eines selbst gewählten Moderators soll versucht werden, sich auf eine Definition von »Gesundheit« zu einigen *(Gesundheit ist: …, gesund ist jemand, der …,* 20 – 25 Min.*)*. Leitfragen können sein: *Was fällt mir zu Gesundheit ein? Welche weiteren Begriffe sind für mich mit »Gesundheit« verbunden? Wann und wie fühle ich mich gesund? Wann gelte ich in meiner täglichen Umgebung als gesund? Gibt es hier Diskrepanzen?*

Je ein Gruppenvertreter stellt das Diskussionsergebnis in der Großgruppe vor.

Bei den Ergebnissen der Kleingruppen tauchen erfahrungsgemäß vor allem drei Aspekte auf: Gesundheit als »Schweigen der Organe«, als subjektives Wohlbefinden und als Funktionsfähigkeit.

Das **»Schweigen der Organe«** entspricht am ehesten der Definition der naturwissenschaftlichen Medizin. Nach dieser Auffassung ist Gesundheit nicht verlässlich spür- oder beschreibbar, sie ist lediglich da als Negation von Kranksein. **»Subjektives Wohlbefinden«** wird häufig verbunden mit »vital«, »lebenslustig«, »genussfähig«, »innere Zufriedenheit«, »körperliche und geistige Energie«, »Körpervertrauen« etc. Bei Gesundheit als körperlicher und geistiger **Leistungsfähigkeit und Fitness** scheint es am meisten um gesellschaftliche Rollenerwartungen, Normativität, Gesundheit als »Kapital« zu gehen.

Die verschiedenen Sichtweisen können, müssen aber nicht in Widerspruch zueinander stehen. Wohlergehen kann durchaus an »Funktionieren« gekoppelt sein, es kann aber auch damit kollidieren. Die Kursleiterin sollte sich diesen Widersprüchen in der Diskussion nicht entziehen, zum Beispiel,

- dass Gesundheit vor allem in beruflichen Kontexten mehr denn je erwartet und verlangt, dass sie aber auch zugunsten von Erfolg manchmal geopfert wird,
- dass es Situationen gibt, in denen individuelles Glück und »Funktionieren« nicht mehr in Einklang zu bringen sind,
- dass im Gegensatz zur weitverbreiteten Meinung der gewonnene Kampf gegen Krankheit oder Beschwerdefreiheit noch lange nicht Gesundheit bedeutet,
- dass schwer Erkrankte berichten, wie sie durch ihr Leiden wachgerüttelt worden seien, sich endlich um »das eigentlich Wichtige« zu kümmern, und dass sie sich seelisch gesünder fühlten als vor ihrer Krankheit.

In der Diskussion können auch Alters- und Geschlechtsunterschiede im Verhältnis zu Körper und Gesundheit angesprochen werden. Statt einer moralisierenden Aufklärung darüber, was sowieso alle wissen, wird hier die Auffassung einer nicht normativen, subjektiven Gesundheitsdefinition empfohlen, die auch sogenannten gesundheitsschädigenden Verhaltensweisen einen systemisch sinnvollen, wenn auch teuer erkauften Platz im Sinne einer Anpassungsleistung gibt. Als Arbeitsthese wird Gesundheit als eine Art **persönliche Stilfrage** gesehen, in die private Vorstellungen von körperlicher und geistiger Leistungsfähigkeit, von Genuss und sozialem Eingebundensein eingehen.

Ähnliches gilt auch für Belastungsbewältigung: Die einen sehen zunächst als einzige Chance, so wenig wie möglich zu spüren, zu vermeiden oder auszuhalten, andere strengen sich noch mehr an bis zur Selbstaufgabe. Ich empfehle Zurückhaltung in der Beurteilung, welches Verhalten »zweckmäßig« oder »angemessen« ist – zugunsten gemeinsamen Forschens, wie es zu solchen Verhaltenstendenzen kam und ob es Alternativen dazu gibt.

1.6 Zuwendung, Wahrnehmung, Annahme als Voraussetzung für Veränderung

When nothing is special, everything can be.
C. Y. Beck

Was ist mit Achtsamkeit gemeint?

W

Stresserleben hat eine biologisch wichtige Funktion, es ist ein sicheres Anzeichen dafür, dass Handlungsbedarf besteht, um dem Organismus langfristig nicht zu schaden. Für einen bewussten Umgang mit uns selbst und unseren Belastungen ist also weder das Übergehen noch Übertreiben der Situation günstig.

Achtsamkeit meint, uns selbst und unsere Umgebung aufmerksam wahrzunehmen, unsere Gefühle und Gedanken zu registrieren, möglichst ohne Urteil und ohne schnell etwas verändern zu wollen. Diese Zuwendung zu den inneren und äußeren Gegebenheiten macht uns bewusst, was sowieso da ist, was wir sonst jedoch ausklammern, übergehen oder verallgemeinern. Das hilft uns dabei, uns nicht noch mehr hineinzusteigern.

In einer achtsamen Haltung schauen wir auf uns selbst, wie das ein wohlwollender Freund tun würde. Man kann auch von einem inneren Zeugen sprechen, der freundlich beschreibt, was jetzt gerade da ist. Wenn uns das gelingt, ist das, was wir erfahren, nicht mehr »mein« Gedanke, sondern »ein Gedanke« und ich habe ein Gefühl, aber »es« hat mich nicht. Das kann helfen, aus wiederkehrenden Grübel-, Ärger-

oder Angstgedanken auszusteigen und den Blick für andere Perspektiven zu öffnen.

Zuwendung und Wahrnehmung sind nicht selbstverständlich: Wir alle haben im Verlauf unseres Lebens und spätestens im beruflichen Alltag gelernt, unsere Aufmerksamkeit auf das vermeintlich Wesentliche zu lenken: Unangenehme (körperliche) Signale werden ignoriert oder verdrängt, oder man möchte sie so schnell wie möglich loswerden. »Nichts spüren« dient der Anpassung an die Umwelt und hat viele Vorteile, vor allem wenn es um schmerzliche Empfindungen geht. Umso bedrohlicher werden dann körperliche Symptome erlebt, wenn sie in stillen Momenten plötzlich bemerkt werden oder wenn sie irgendwann an Intensität zunehmen. Auch Gefühle können auf Dauer nicht unterdrückt werden: Irgendwann ist das Fass voll, und es passiert das, was man eigentlich vermeiden wollte: »Das Fass läuft über.« Einige haben sich auch bestimmte Ausweichstrategien in Stresssituationen angewöhnt: die Zigarette, eine weitere Tasse Kaffee, die nächste Packung Süßigkeiten. Mittelfristig wird die Laune dadurch selten besser, an der Situation ändert sich nichts. Schimpfen, Ausweichen, Verdrängen führen zu Stress mit dem Stress und letztlich in einen Teufelskreis von Missempfinden und schlechtem Gewissen.

Ziel unserer Übungen ist es, offen zu sein für das, was geschieht, sich ohne Übertreibung, aber aufmerksam den eigenen Erlebensweisen und denen der anderen zuzuwenden und diese realistisch einzuschätzen.

Damit jedoch nicht genug: Die nächste Herausforderung stellt das **Annehmen der aktuellen Situation** dar, wie sie nun einmal gerade ist, also die Akzeptanz Ihres Stresserlebens und der damit verbundenen Gefühle als schlichte Tatsache. Damit ist nicht gemeint, dass man sich »halt irgendwie mit der Situation abfinden« muss, im Gegenteil: Sie beißen sich nicht in wiederkehrenden Gedankenkreisen und belastenden Gefühlen fest – und schaffen so erst die Voraussetzung für bewusste Überlegung und für mehr Lebendigkeit.

Der innere Zeuge

Ü

(Imagination, nach Dirk Revenstorf)

Setze dich bequem zurecht, komme an auf dem Stuhl, spüre den Boden und den Kontakt der Füße auf dem Boden …,
und wenn du möchtest, alles wahrnehmen, was dir gerade in die Sinne kommt …
Das Licht, Geräusche, bestimmte Teile deines Körpers, dein Gewicht auf dem Stuhl, dein Atmen … Und schon während ich das sage, du mit deinem Atmen tiefer gehen und du weiter in den Stuhl hineinsinken kannst und vielleicht wahrnehmen, … Gedanken, Empfindungen oder ein Gefühl.
Und wenn das so ist, einfach dazu sagen: »Ich weiß, dass du da bist«,
und wenn etwas drängt, dazu sagen: »Ich kann darauf zurückkommen«,
und wenn da Zweifel sind, dazu sagen: »Ich höre dir zu« …
und dann zum Atem zurückkehren, vielleicht sogar länger und tiefer ausatmen und vielleicht sogar beginnen, mehreres gleichzeitig wahrzunehmen: die Füße, Beine, Oberschenkel, die Hände, …
und beim Ausatmen noch etwas mehr loslassen,
und wenn du so weit gekommen bist, ein Gefühl für den ganzen Körper entwickeln … Das Atmen, die Schwere, die Leichtigkeit gleichzeitig wahrnehmen, …
und einen inneren Zeugen haben, der alles registriert, was du wahrnimmst, die Körperempfindungen, Gedanken, Geräusche …
Und er kann sagen: »Das ist so.« Das Ticken der Uhr, die Autos draußen vor dem Haus, die Stimmen auf dem Gang (bitte aktuelle Geräusche verwenden) …
Und wenn du auf diese Weise innere Ruhe hergestellt hast, kann es sein, wie wenn der Zeuge auf einen See schaut mit glatter Oberfläche …
Und zum Abschluss dieser Übung zurückkommen mit deinen Gedanken –
In diesen Raum hier und in diese Zeit –
Jetzt.

Ⓦ Kann Geistesgegenwart geübt werden?

Achtsamkeit ist lern- und trainierbar. Je geübter Sie sind, desto leichter und schneller erkennen Sie, wenn Sie sich in etwas hineinsteigern, und können frühzeitig gegensteuern.
Sich selbst (und anderen) Aufmerksamkeit zu schenken, wird immer wieder Thema in diesem Kurs sein, und wir werden dazu in jedem Baustein Übungen machen. Sie erreichen auch einen Trainingseffekt, wenn Sie mehrmals am Tag bei Routinetätigkeiten für ein bis zwei Minuten in die Achtsamkeitshaltung wechseln: beim Kaffeetrinken, im Zug, beim Treppesteigen. Denken Sie dann nur an das, was Sie gerade tun. Anfangs kann es leichter sein, sich selbst zu erzählen, was man gerade tut: »Jetzt öffne ich die Tür ins Treppenhaus, lege die Hand aufs Treppengeländer, beginne mit dem rechten Bein nach oben zu steigen ... Und ich kann Sie auch jetzt, in diesem Moment, darauf aufmerksam machen, wie Sie gerade sitzen. Vielleicht merkt der eine oder die andere, dass sie sich bewegen möchte, um bequemer zu sitzen ... Sie spüren die Unterlage des Stuhles, die Hände auf den Oberschenkeln, und jetzt, wo ich es sage, auch die Füße und Ihre Schuhe ...

1.7 Problemanalyse und persönliche Zielbestimmung

»Eine Lösung hatte ich, aber die passte nicht zum Problem.«

Die Konkretisierung inneren Erlebens anhand von Situationsbeschreibungen mithilfe der Videotechnik ist ein Kernstück des Gesamtprogramms und Bestandteil jedes Kursbausteins. Auch bei den Diskussionen ist es hilfreich, wenn der Kursleiter immer wieder geduldig darauf beharrt, über konkrete Beispiele zu sprechen, damit die Gespräche nicht auf abstraktem Niveau »versanden«. Wie schon bei der »Wunderfrage« (Kap. III, 1.3) ist dieses Insistieren auf Konkretheit und Verbindlichkeit von Sprache für Kursleiter und Gruppenmitglieder eine Herausforderung.

Bisher wurde deutlich, dass sowohl Gesundheit und Wohlbefinden als auch »Stress« für jeden etwas anderes bedeuten. Um uns also darüber auszutauschen, ist es hilfreich, immer wieder an Beispielen zu verdeutlichen, was Sie gerade meinen, anstatt allgemein von »meinem Stress« zu sprechen. Je genauer ein Problem beschrieben wird, desto konkreter können die Handlungsvorschläge sein.

Die hier exemplarisch dargestellte Vorgehensweise einer Problemanalyse und der Erforschung von Verhaltensalternativen wird während des Kurses in unterschiedlichen Varianten – als Einzel-, Zweier- oder Gruppenübung – immer wieder durchgespielt.

Problemanalyse: Zuwendung zur Situation

Ü

Im Folgenden geht es um die Beschreibung von konkreten Stresssituationen. Die Teilnehmer machen die Übung zunächst schriftlich und jeder für sich, der Kursleiter vollzieht die einzelnen Schritte parallel an einem Flipchart anhand eines eigenen Beispiels mit (siehe Abb. B 3).

Bitte notieren Sie sich stichwortartig zwei bis drei Ihrer aktuellen Probleme. Sie brauchen diese später in der Großgruppe nicht bekanntzugeben, können die Aufgabe also ganz persönlich bearbeiten. Als Zeichen, dass Sie fertig sind, legen Sie einfach den Stift zur Seite …
Wählen Sie eines der Themen aus, mit dem Sie sich in den nächsten Minuten näher beschäftigen möchten (z. B. ***ich fühle mich ständig unter Druck****).*
Dieses Problem schlägt sich wahrscheinlich in unterschiedlichen, konkreten Situationen nieder. Beschreiben Sie nun eine dieser Situationen, in der Ihr Thema zum Tragen kommt, und zwar so genau, dass ich mir das Geschehen vor meinem inneren Auge vorstellen könnte, also mit Orts- und Zeitangabe, beteiligten Personen und Handlung (Wo, Wann, Wer, Was? ***Operationalisierung*** *des Problems).*
Beispiel: Gestern Abend saß ich um 22.00 noch am Schreibtisch. Mein Mann kam herein und fragte, ob ich mich noch ein wenig zu ihm setzen wolle. Ich sagte: »Vergiss es, sonst werde ich nie fertig.« Er verließ wortlos das Zimmer. Ich selbst arbeitete unkonzentriert noch eine Weile weiter und ging dann ins Bett.
Durch diese Beschreibung wird jedem Zuhörer klar, was Sie damit meinen, unter Druck zu stehen, und was das für Auswirkungen auch in Ihrer Umgebung hat. Diese möglichst genaue Form der Schilderung wird als

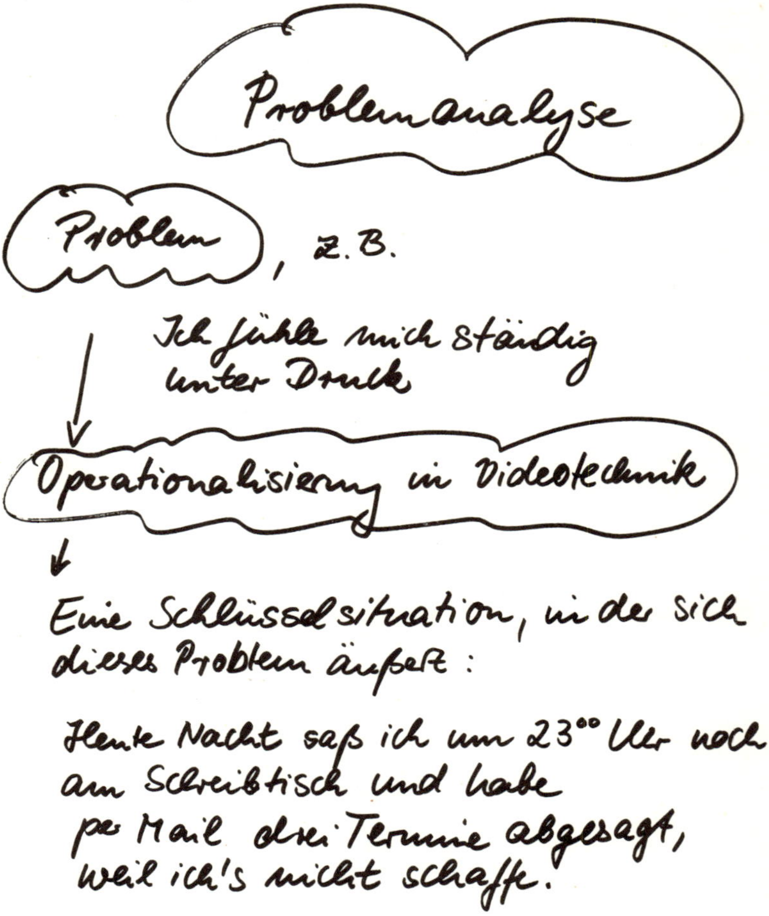

Abbildung B 3: Problemanalyse

***Videotechnik** bezeichnet, weil die Situation wie eine Filmszene und ohne Interpretation dargestellt wird.*
Wer früher fertig ist, kann noch eine zweite Schlüsselsituation beschreiben.
Möchte jemand den anderen sein Problem und seine Operationalisierung des Problems vorstellen?

Mithilfe eines Protokollbogens können die Teilnehmer üben, aktuelle Belastungssituationen systematisch zu beschreiben (CD-09). Mitgebrachte Beispiele können Grundlage für die weitere Bearbeitung in der Gruppe sein.

Zielanalyse: Zuwendung zur erwünschten Zukunft

Verhaltensalternativen können nach dem gleichen Prinzip wie die Problemanalyse diskutiert werden: Ein Problem wird operationalisiert, und am Beispiel einer konkreten Situation werden verschiedene Verhaltensoptionen durchgespielt. Am besten wird die Übung erst an einem Beispiel des Kursleiters und dann mit Teilnehmern in der Großgruppe durchgeführt.

Wenn wir Vorschläge für die Veränderung von Problemsituationen machen, empfehle ich ein ganz ähnliches Vorgehen wie bei der Problembeschreibung. Ich schlage Ihnen ein kleines Experiment vor: Wir nehmen uns noch einmal die konkrete Situation vor und überlegen kurz, wie wir im Nachhinein darüber denken, ob wir künftig in solchen Situationen etwas anders machen möchten. Wenn Sie möchten, können Sie mich ja zunächst bei meinem Beispiel beraten.
Beispiel: Gestern Abend saß ich um 22.00 noch am Schreibtisch. Mein Mann kam herein und fragte, ob ich mich noch ein wenig zu ihm setzen wolle. Ich sagte: »Vergiss es, sonst werde ich nie fertig.« Er verließ wortlos das Zimmer. Ich selbst arbeitete unkonzentriert weiter und ging dann ins Bett.
Möchten Sie mir Rückmeldungen oder Vorschläge für Verhaltensalternativen geben?

Beim Feedback muss es sich nicht nur um Verhaltensvorschläge handeln. Es sind auch Kommentare und Rückmeldungen möglich (*Mir fällt auf, dass …, ich fand gut, dass du …* etc.). Danach erfolgt beispielhaft die Gewichtung und Bewertung der Vorschläge durch den Kursleiter selbst und evtl. die Wahl einer Verhaltensalternative, die er am ehesten für realisierbar hält.

Dann wird die Übung mit einem Gruppenteilnehmer in der Großgruppe durchgeführt: Nach der Benennung des Problems und der Beschreibung einer Schlüsselsituation wird mit seinem Einverständnis die Gruppe einbezogen:

Möchten Sie Rückmeldungen, Eindrücke, Anregungen von den anderen hören? Sie lassen diese auf sich wirken, und wenn Sie möchten, halten Sie im Sinn eines Barometers (0 – 100) fest, welche Kommentare oder Vorschläge für Sie interessant/hilfreich waren.

Wenn der Klient für sich eine stimmige Verhaltensalternative findet, die er als Vorsatz für künftige, ähnliche Situationen nehmen möchte, sind noch folgende Fragen hilfreich: *Was könnte Sie an der Durchführung hindern? Wie wollen Sie dem begegnen? Gibt es vielleicht auch gute Gründe, das nicht zu tun?*

Eventuell ist es sinnvoll zu besprechen, wie der Vorsatz »geankert« werden könnte. Auf jeden Fall wird der Kursleiter den Teilnehmer nächstes Mal darauf ansprechen.

Zusammengefasst zielen diese Übungen darauf ab, sowohl Probleme als auch angenehme Zustände genauer wahrzunehmen und für andere nachvollziehbar zu beschreiben. Der Kursleiter lädt zu diesen Beschreibungen immer wieder neu ein: *Was heißt das für Sie, wenn Sie sich entspannt (vital, selbstsicher, kompetent usw.) fühlen? Woran merken Sie das am ehesten? Merken das auch andere oder nur Sie selbst? usw.*

Auf dieser Art der Situationsanalyse sind alle Übungen zur Problembearbeitung aufgebaut, Sie finden sie in jedem Kapitel in zunehmend differenzierter Form wieder.

- In diesem Baustein begannen wir mit einer Problem- und Zielanalyse,
- im Körperbaustein kommt die bewusste Wahrnehmung der Körperempfindungen dazu (Kap. III, 2.2),
- im Gedankenbaustein die Dokumentation von Kognitionen (Kap. III, 3.2),

- im Gefühlsbaustein werden Zusammenhänge zwischen der Situation und früheren Erfahrungen hergestellt, die über den unmittelbaren Situationsbezug hinausgehen (»wunder Punkt«, Kap. III, 4.2).

Imaginationsübung »Es geht mir gut«

Ü

(Imagination nach S. Signer-Fischer)

Material: Im Anschluss an die Übung kann ein Bild gemalt werden, für diesen Fall sollten Papier und bunte Stifte verfügbar sein.

Bei dieser Imagination werden die Teilnehmenden eingeladen, sich auf die innere Suche nach eigenen Fähigkeiten und Ressourcen zu machen, dabei wird besonders auf Körperempfindungen fokussiert.

Setzen Sie sich bequem auf Ihrem Stuhl zurecht, … wenn Sie wollen, können Sie die Augen gerne schließen …

Kann sein, dass du einiges loslassen willst, seien es Spannungen, seien es Sorgen, … und nur das behalten, was jetzt gerade richtig ist … Gedanken gehen lassen oder Bilder oder Geräusche … Und vielleicht spürst du, wie es in dir Raum gibt, Platz, … vielleicht auch Freiraum … Es kann sein, dass ein Teil hier zuhört, was gesagt wird, … und dass ein anderer Teil längst schon seine eigenen Wege geht, … und sich vielleicht auf die Suche macht nach etwas, was du gut kannst, ein Geschick oder eine Fähigkeit von dir, … sei das nun Fahrradfahren, Malen, Witze erzählen, Kochen, Geschichten ausdenken, andere unterhalten … oder etwas ganz anderes … Ich nehme an, du kommst bei verschiedenen Fähigkeiten vorbei, wo du denkst: Das kann ich gut …

Und wenn du willst, einfach eine auswählen und in den Vordergrund nehmen … Und dich erinnern an eine Situation, wo du diese Tätigkeit ausgeübt hast … Und wenn du diese Situation gefunden hast, diese Situation noch einmal durchleben, … in allen Einzelheiten oder in einigen, … und es ist möglich, manche Sequenzen langsam oder schneller zu wiederholen und gut zu achten, wie es aussieht dort, und gut zu achten, was du hörst … und gut zu achten, was zu riechen ist … und gut zu achten, wie sich das anfühlt …

Und es kann sein, dass du das Beste an dieser Situation herausfindest. Dieser Höhepunkt kann das sein, wo du genau spürst, wie es dir gut geht, wenn es gelingt … darauf achten, woran du das merkst, wie

sich das anfühlt, das Gut-Können, und wo im Körper du das besonders spürst … Manche spüren das an der Atmung, … andere vielleicht an einem Gefühl von Wärme, vielleicht in den Händen oder irgendwo im Körper, oder Frische oder an etwas ganz anderem … Und wenn du das spürst, darauf achten, wie sich das anfühlt, diese Qualität: … warm, … frisch, … leicht, … fest, wie Seidenstoff oder wie Wolle oder sonst etwas … ob eine Farbe dazu passt oder eine Melodie, ein Wochentag oder eine Zahl …
Es kann auch sein, dass du von diesen Körperempfindungen ein Foto machst oder das Bild festhalten willst … und darauf achten, wie du Körperempfindungen gut stärken kannst und, wenn du willst, einen Zugang dazu hast, eine Gedächtnisspur legst …
Und dann die Situation abschließen, sodass es stimmt, und dich von dem Ort und der Zeit verabschieden und zurückkommen an diesen Ort und in diese Zeit …
Wenn Sie möchten, können Sie jetzt ein Bild, eine Zeichnung, eine Skizze machen, die zu diesem Körpergefühl passt …
Und wenn alle damit fertig sind, zeigen Sie Ihr Bild Ihrem Nachbarn oder Ihrer Nachbarin und tauschen sich kurz darüber aus, was Sie mit dieser Zeichnung tun könnten und was Sie wohl am ehesten damit tun werden.

2. Körper

2.1 Überblick und Ziele

(CD-10)

In diesem Baustein geht es um die zentrale Rolle des Körpers für das tägliche Befinden. Anhand von Erfahrungsaustausch, Übungen und Wissenselementen wird gezeigt, wie Denken, Fühlen und Handeln im Körper beheimatet sind und wie über den Körper darauf positiv eingewirkt werden kann. Es wird Grundwissen über die Stress- und Entspannungsphysiologie vermittelt, die wichtigsten psychobiologischen Mechanismen werden zweimal beschrieben: ausführlich als Hintergrundwissen für die Kursleiterin (2.3.1 – 2.3.4) und als didaktisch aufbereitete Wissensbausteine für die Teilnehmer (2.3.5).

Der praktische Teil beginnt mit Übungselementen zur (Selbst-) Aufmerksamkeit und zur **(Körper-)Wahrnehmung,** die dann um Übungen aus der **Progressiven Muskelrelaxation** (PMR, Jacobson 1996) erweitert werden. Mit dem Einüben einer Langform der Achtsamkeitsschulung (Body Scan) und Entspannung (PMR) und dem kontinuierlichen Üben dieser Methoden über den Kursverlauf hinweg werden die Senkung eines dysfunktional erhöhten Erregungsniveaus und eine verbesserte Erholungsfähigkeit angestrebt.

Kurzformen dieser Methoden und differenzielle Einzelübungen können individuell mit den TeilnehmerInnen abgestimmt werden, um im Alltag situativ körperlichen Stresssymptomen entgegenwirken zu können und Möglichkeiten kurzfristiger Erregungskontrolle zu kennen.

Außerdem werden Anregungen für **Augenübungen** (z.B. für Bildschirmarbeiter), für **Aktivierungs- und Bewegungselemente** und Tipps zur **Pausengestaltung** gegeben. **Erlebnisaktivierende Elemente**, bei denen Ausdruck, Bewegung und Handlung integriert sind, ermöglichen Erfahrungen, die mit sprachlich orientierten Methoden sonst nicht unmittelbar zugänglich sind. Bei homogenen Patientengruppen kann dieser Baustein um passende Zusatzelemente und Wissensbausteine ergänzt werden, zum Beispiel um Informationen und Übungen zu Herz-, Kreislaufsystem, Verdauung, Schlaf usw.

Die Ziele sind:

- Sensibilisierung für körperliche Belastungs- und Entspannungssignale
- Kenntnis der physiologischen Zusammenhänge bei Stress und Entspannung
- Erlernen von Übungen zur Körperwahrnehmung (Sensory Awareness, Body Scan)
- Erlernen einer (Kurz-)Entspannungsmethode
- Einsatz differenzieller Techniken zur Regulierung von Spannung und Erregung im Alltag.

2.2 Zuwendung und Wahrnehmung: Der Körper ist immer dabei

- Ü Körperliche Stressmerkmale
- Ü Unser Körper im allgemeinen Sprachgebrauch
- Ü Sensory Awareness: Mit dem Körper sehen
- Ü Reise durch den Körper (Body Scan), Langfassung

2.3 Psychobiologische Mechanismen des Stressgeschehens

2.3.1 Nervensystem

2.3.2 Hormonsystem

2.3.3 Immunsystem

2.3.4 Veränderungen der Körperfunktionen unter Stress und unter Entspannung

2.3.5 Wissensbausteine zu psychobiologischen Mechanismen des Stressgeschehens

- W Die körperliche Stressreaktion
- W Was macht Stress zum Problem?

2.4 Einüben einer Entspannungsmethode (PMR)

- Ü Körperliche Entspannungsmerkmale
- W Die große Bedeutung von Entspannungsfähigkeit im Alltag
- W Informationen zur Progressiven Muskelrelaxation (PMR)

2.4.1 Hände, Arme, Schultern

- Ü Wahrnehmungsübung »Hände, Arme, Schultern«
- Ü PMR »Hände und Schultern«

2.4.2 Kopf und Gesicht

- Ü Wahrnehmungsübung »Kopf«
- Ü Wahrnehmungsübung »Gesicht«
- Ü Sensory Awareness und PMR »Gesicht«

2.4.3 Atmung

- Ü Wahrnehmungsexperiment »Atmung«

2.4.4 Gesäß, Beine, Füße

2.5 **Augenübungen**
Ü Yoga für die Augen
Ü Palmieren
Ü Fantasiereise »Baum«

2.6 **Bewegung und Aktivierung bei der Belastungsbewältigung**

2.6.1 **Aktivierungs- und Bewegungsübungen für zwischendurch (Gruppe)**
Ü Ameise und Elefant
Ü Energetisierung
Ü Stuhljagd
Ü Sprechgesang: Jetzt und Hier
Ü Hysterisch sein

2.6.2 **Aktivierungs- und Bewegungsübungen für zwischendurch (Einzel)**

2.7 **Was tun, wenn's brennt?**
W Der Körper als Spiegel der Seele und die Seele als Spiegel des Körpers
Ü Kurzentspannung
Ü Sich auf den Boden der Tatsachen stellen
Ü Gazelle
Ü Der Löwe

2.2 Zuwendung und Wahrnehmung: Der Körper ist immer dabei

In diesem Übungsabschnitt erfolgt eine erste Erweiterung des Aufmerksamkeitsfokus auf körperliche Stressmerkmale in belastenden (Schlüssel-)Situationen. Mit den **Körperwahrnehmungsübungen** werden die Teilnehmer eingeladen, sich ihrem Körper in offener, achtsamer Weise zuzuwenden unter dem Motto: Voraussetzung für Veränderung ist das Spüren dessen, was da ist. Sie werden dafür sensibilisiert, dass sowohl Belastungserleben als auch Wohlempfinden mit einer Vielzahl an inneren und äußeren körperlichen Reaktionen verknüpft ist, und sie werden ermutigt, sich diesen körperlichen Veränderungen bewusst zuzuwenden und sie angstfrei wahrzunehmen. Dieses Ansinnen steht erst einmal im Widerspruch zu den Wünschen einiger Teilnehmer, die eigentlich *nichts spüren und denken* möchten, weil dies für sie mit negativen Erfahrungen verknüpft ist. Auf diese Vorbehalte wird ausführlich bei der Einführung des Body Scan eingegangen.

Sie finden hier verschriftet eine Langform zur Körperwahrnehmung **(Body Scan)**, aus der auch kurze Übungselemente entnommen werden können. Die Übungen zur **Progressiven Muskelentspannung** werden einzeln vorgestellt, jeder Übung ist eine Anleitung zur Körperwahrnehmung vorangestellt.

Die Übungen entfalten ihre Wirkung am besten dann, wenn die Therapeutin die damit verbundenen Intentionen selbst »verkörpert«: Sie wird im Gruppenverlauf zurückmelden, wenn sie eine Veränderung in Körperhaltung, Bewegungsverhalten oder Gesichtsausdruck bemerkt, zum Beispiel: *Sie haben gerade die Stirn gerunzelt. Möchten Sie sagen, was Sie gerade gedacht haben?* Sie kann dann sogar dazu auffordern, das Spannungsniveau in einer bestimmten Muskelgruppe noch zu verstärken – um zu spüren, ob sich ein Gefühl dazu einstellt und/oder um die Spannung dann ganz loszulassen.

Die Übungen und Interventionen zur Körperwahrnehmung können in diesem Rahmen die Tür zu einem besseren Kontakt mit sich selbst vielleicht nur ein Stückchen öffnen – aber dies kann ein entscheidender Anfang sein. Gelingt es, die Teilnehmer in Kontakt mit dem eigenen Körpererleben zu bringen, haben sie auch leichter Zugang zu ihren Gefühlen. An dieser Stelle sei noch einmal nachdrücklich darauf hingewiesen, dass aus guten Gründen Körperpsychotherapien nicht manualisiert vorliegen: Körpertherapeutische Interventionen liest man nicht aus Büchern ab. Die Mindestvoraussetzung des Kursleiters ist, dass er den Body Scan und die PMR selbst beherrscht. Übungen aus der körpertherapeutischen Gruppenpraxis stellen eine Bereicherung des Programms dar, wenn er Erfahrung mit solchen Interventionen hat.

Körperliche Stressmerkmale

Diese Übung könnte an eine Problemanalyse (siehe Kap. III, 1.7) anschließen, nachdem ein Teilnehmer eine Belastung geschildert hat, oder alle Teilnehmer werden wieder aufgefordert, sich eine typische Belastungssituation vorzustellen und darauf zu achten, ob sie bei Imagination dieser Belastungssituation Körperempfindungen wahrnehmen oder sich an Körperempfindungen erinnern (CD-11). Ohne auf die Situation selbst eingehen zu müssen, sammelt der Kursleiter die zugerufenen Nennungen körperlicher Belastungszeichen am Flipchart (zum Beispiel: *Verspannung der Schultern, Druckgefühl im Bauch, Kloß im Hals, Schwitzen, feuchte Hände, Zittern etc.*, siehe Abb. B 4). Auf die Nennungen wird im Wissensbaustein zu Mechanismen des Stressgeschehens ausführlich eingegangen.

Unser Körper im allgemeinen Sprachgebrauch

(Kleingruppen à 4 – 5 Personen oder Einzelübung, ca. 20 Min.)

Arbeitsmaterial: Für jede Kleingruppe ein Flipchart-Blatt und ein dicker Stift

Wie tief greifend die Zusammenhänge von Befindlichkeit und Körperreaktionen sind und wie diese sich in unseren Sprachgewohnheiten etabliert haben, wird bei der folgenden Übung deutlich.

Für einen Körperbereich beziehungsweise für ein Organ (z. B. »Atmung«, »Herz«, »Kopf«, »Bauch«) werden umgangssprachliche Redewendungen gesucht, in denen diese Körperteile vorkommen. Bei genauerem Nachdenken lässt sich eine Fülle solcher Bezeichnungen finden, die sich manchmal sogar sympathikotonen oder vagotonen Reaktionsweisen zuordnen lassen (z. B. *das Herz springt bis zum Hals, steht still oder rutscht in die Hosentasche; jemand »hat Schiss« oder »etwas liegt wie ein Stein im Magen«, die »Laus läuft über die Leber«, etwas »geht mir an die Nieren« etc.*).

Die Ergebnisblätter werden im Raum aufgehängt und gemeinsam gesichtet (siehe Abb. B 5).

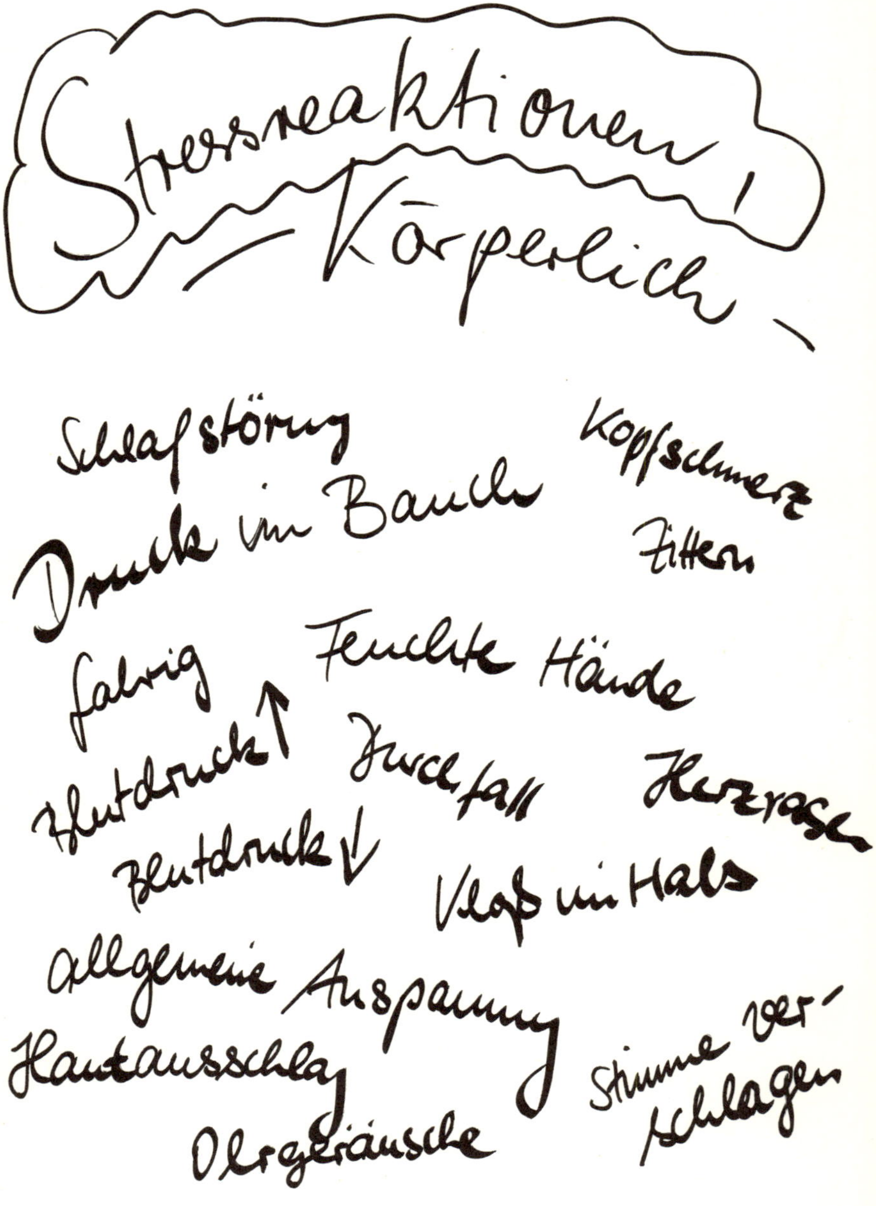

Abbildung B 4: Körperliche Stressmerkmale

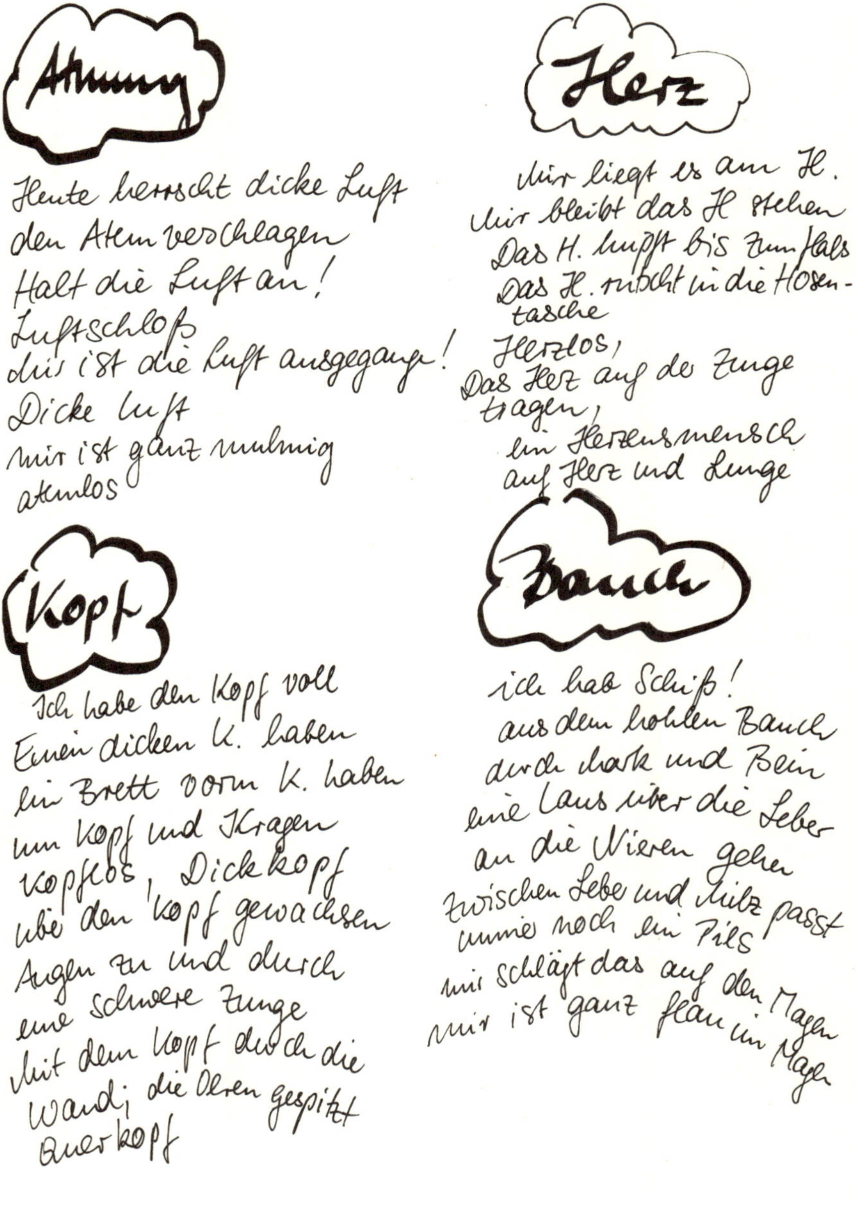

Abbildung B 5: Körper im allgemeinen Sprachgebrauch

Ü Sensory Awareness: Mit dem Körper sehen

(Gesamtgruppe, 5 – 10 Min., nach Brooks und Selver 1991)

Die folgende Körperwahrnehmungsübung ist auch ein einfaches Experiment über die Bedeutung, die visuelle Wahrnehmung für uns hat. Die meisten von uns wurden ja von Kindheit an dazu aufgefordert, genau hinzusehen, die Augen offen zu halten, aufzupassen, sodass sie sich die kinästhetische Wahrnehmung zugunsten der visuellen weitgehend abgewöhnt haben.

Für diese Übung ist es empfehlenswert, die Schuhe auszuziehen.
Suche dir einen Platz im Raum und komme bewusst zum Stehen. Achte einfach darauf, wie du stehst, … und wenn du möchtest, kannst du den Zugang nach außen schließen und die Augen zumachen … du brauchst deine Augen ja nicht zum Stehen, du kannst einfach spüren …
Worauf du stehst …, die Struktur, die Temperatur, den festen Boden … Stehst du mit beiden Füßen oder mehr auf einem, spürst du jeweils den ganzen Fuß oder Teile, stehst du eigentlich auf den Füßen oder auf dem Boden? …
Und wenn du möchtest, kannst du mit deiner Aufmerksamkeit nach oben wandern, zu den Knien, … und weiter zum Becken … Wie hoch ist das Becken vom Boden entfernt, was spürst du vom Bauch, vom Gesäß? …
Und wenn du möchtest, lege die Hände auf den Kopf, spüre deine Haare, die Kopfhaut, die Begrenzung durch die Hände und Füße: Was ist dazwischen lebendig? Irgendwo tritt Luft ein und aus, das Körpergewicht verteilt sich von Knochen zu Knochen, von Muskel zu Muskel, Flüssigkeiten zirkulieren, Stoffwechselvorgänge und Nerven sind aktiv …
Wenn du nun möchtest, kannst du ein Bein seitlich anwinkeln und in Kniehöhe an die Innenseite des anderen Beins aufstützen … Kannst du die Augen noch geschlossen halten oder brauchst du sie dafür? Lass dir Zeit, wieder zum Stehen zu kommen, dann kannst du es auch mit dem anderen Bein versuchen …
Und zum Schluss wieder zum ruhigen Stehen kommen … Und die Augen öffnen.

Manche werden mit Erstaunen feststellen, dass schon das Stehen mit geschlossenen Augen gewöhnungsbedürftig ist und dass ihnen das einbeinige Stehen, anders als in der Kindheit, nur schwer gelingt.

Reise durch den Körper (Body Scan)

Langfassung

Ü

Viele meinen: »Ein gesunder Körper schweigt« und nichts zu spüren sei ein Zeichen von Gesundheit. Das ist verständlich, vor allem, wenn jemand zum Beispiel unter anhaltenden Schmerzen leidet. Die Beseitigung der unangenehmen Gefühle steht dann so im Vordergrund, dass er andere, möglicherweise entlastende, Gefühle gar nicht mehr wahrnehmen kann und dass er sich aus Angst womöglich noch mehr verspannt – was meistens zu einer Verschlimmerung der Symptome beiträgt.
Manche sehen den Körper wie eine Maschine, die funktionieren muss und um die man sich erst kümmert, wenn sie »ausfällt«. So kommt es auch bei schwerwiegenden Erkrankungen vor, dass die Diagnose die Betroffenen wie »aus heiterem Himmel« trifft, denn sie haben davor keine oder nur unspezifische Symptome wahrgenommen.
Beim Body Scan geht es zunächst gar nicht um Entspannung im eigentlichen Sinn, sondern darum, den Körper »abzuscannen«, um zu spüren, was gerade »da ist« – denn wenn Sie gar nicht merken, wenn Sie die Luft anhalten oder sich verspannen, können Sie auch keine Gegenmaßnahmen ergreifen.

Der Body Scan wird hier in einer Langfassung vorgestellt und kann während des Kurses in verkürzter und/oder abgewandelter Form immer wieder eingesetzt werden. Er eignet sich besonders als Einstimmung vor oder in Ergänzung zu den PMR-Übungen. Man verwendet dann Ausschnitte für die Körperteile, die in der PMR gerade eingeübt werden.

Die Teilnehmer werden jedes Mal aufgefordert, sich mit genügend Abstand voneinander im Kreis auf Stühle zu setzen und eine bequeme Sitzhaltung einzunehmen. Der Kursleiter teilt kurz mit, welche Art der Übung (Körperwahrnehmung, PMR, beides) und mit welchem Fokus er durchführen möchte. Beim ersten Mal zeigt er auch, wie (in Zukunft immer) die **Aktivierung nach den Übungen** erfolgt, nämlich: *Bewegen Sie die Fingerspitzen, Arme anziehen, tief atmen, Augen auf.*

Setzen Sie sich bequem hin, die Hände liegen locker auf den Oberschenkeln. Einige wollen vielleicht jetzt schon die Augen schließen, andere fixieren einfach einen Punkt vor sich, zum Beispiel auf dem Boden. Früher oder später gehen die Augen oft ganz von allein zu …

Ich möchte Sie einladen zu einer Reise durch den Körper. Dabei geht es lediglich darum, in Gedanken den Körper durchzugehen und aufmerksam darauf zu achten, ob und wie Sie bequem sitzen. Und wenn Sie in Gedanken auf diese Reise mitgehen wollen, gehen Sie jetzt mit Ihrer Aufmerksamkeit zu Ihren Händen …,

… achte darauf, wie die Hände auf den Oberschenkeln aufliegen …, manche Stellen sind wahrscheinlich wärmer, andere kühler … Achte darauf, wie sich der Stoff anfühlt, auf dem sie liegen und wo sie keine Berührung mit der Unterlage haben …, bleibe mit deiner Aufmerksamkeit ganz bei den Händen …

Und jetzt geh in Gedanken weiter, die Unterarme entlang, über die Ellenbogen zu den Oberarmen und zu den Schultern. Achte darauf, wie sich Oberarme und Schultern anfühlen, ob sie auch wirklich locker herabhängen …,

und nun zum Nacken und zum Kopf … Achte darauf, wie du eine bequeme Haltung für den Kopf findest, und wenn du etwas verändern willst, tue das mit kleinen Bewegungen …

Und geh mit deiner Aufmerksamkeit zur Stirn …, achte darauf, wie deine Stirn sich anfühlt, die Augen …, lass die Augen dahin fallen, wo es am angenehmsten ist, achte darauf, wie die Wangen sich anfühlen, die Lippen, achte auf die Lage der Zunge im Mund …, die Stellung der Lippen, … und lass immer wieder los, wenn du etwas Festes, Angespanntes spürst …

Geh weiter mit deiner Aufmerksamkeit zur Brust und zum Rücken, achte darauf, wo du die Stuhllehne berührst und ob du auch wirklich bequem sitzt …, achte auf das Gesäß und darauf, wo du dein Gewicht am meisten spürst, eher auf der rechten oder auf der linken Seite, … achte darauf, was du von deinen Oberschenkeln spürst, außer da, wo die Hände auf den Oberschenkeln aufliegen, und lass immer wieder los, wenn du etwas Festes, Angespanntes spürst …

Achte auf die Knie, die Waden, die Füße, … bis in die Zehenspitzen …

Und diese Übung, das erzähle ich dir schon jetzt, kann sogar schon eine wirksame Form der Entspannung sein: Dich einfach hinzusetzen oder hinzulegen und in Gedanken den Körper durchzugehen, … und immer wieder loslassen, wenn du etwas Festes, Angespanntes spürst. Und vielleicht merkst du sogar schon jetzt, dass du beim Ausatmen immer noch etwas mehr loslassen kannst …

Und nun geh mit deiner Aufmerksamkeit dahin, wo es für dich am angenehmsten ist …, ich weiß nicht, wo du am ehesten spürst, dass du loslassen kannst. Manche spüren es am Atmen …, wie du beim Ausatmen noch mehr loslassen kannst, andere spüren vielleicht ein Wärmegefühl, eine Schwere oder Leichtigkeit oder etwas ganz anderes …, und du wahrscheinlich längst deine eigene Art gefunden hast, wie du noch etwas mehr entspannen kannst …
Und um zurückzukommen, gehen Sie mit der Aufmerksamkeit wieder zu den Händen …
Bewegen Sie die Fingerspitzen, Arme ausstrecken, tief atmen, Augen auf.

Im Anschluss berichten die Teilnehmer, wie es ihnen ergangen ist und ob sie während der Übung (körperliche) Veränderungen angenehmer oder unangenehmer Art gespürt haben. Einige erleben vielleicht schon zu diesem Zeitpunkt tiefe Entspannungsgefühle und finden diese angenehm. Ihre Nennungen werden auf Flipchart mitgeschrieben mit dem Hinweis, dass einige davon typische physiologische Zeichen von Entspannung sind (zum Beispiel vermehrter Speichelfluss, häufiges Schlucken, Wärmegefühle, Schwereempfinden etc., siehe Abb. B 6). Andere äußern Ängste oder unangenehme Sensationen. Auch diese werden mit dem Hinweis positiv konnotiert, dass es bei der Übung vor allem um das Spüren von Unterschieden und noch nicht primär um Entspannung gehe. Durch diese Vorgehensweise werden die Teilnehmer und der Kursleiter von Leistungsdruck entlastet, der besonders beim Erlernen von Entspannung kontraindiziert ist.

Wenn wir unsere Aufmerksamkeit bewusst auf körperliche Vorgänge lenken, spüren wir diese natürlich deutlicher als sonst oder vielleicht sogar zum ersten Mal, und manche dieser Körperempfindungen können zunächst sogar unangenehm sein. Dass wir sie bemerken, ist jedoch eine Voraussetzung für ihre Veränderung. Es ist auch nicht notwendig, dass die Augen geschlossen sind – am besten lassen Sie die Augen dahin fallen, wo es für Sie am angenehmsten ist. Wenn Sie das Gefühl haben, die Kontrolle zu verlieren oder dass der Blutdruck »absackt«, können Sie jederzeit die Augen öffnen und die Fäuste schließen und loslassen (»pumpen«), um sich auf diese Weise kurz zu aktivieren. Wenn Sie möchten, steigen Sie dann bei der nächsten Übung wieder ein.

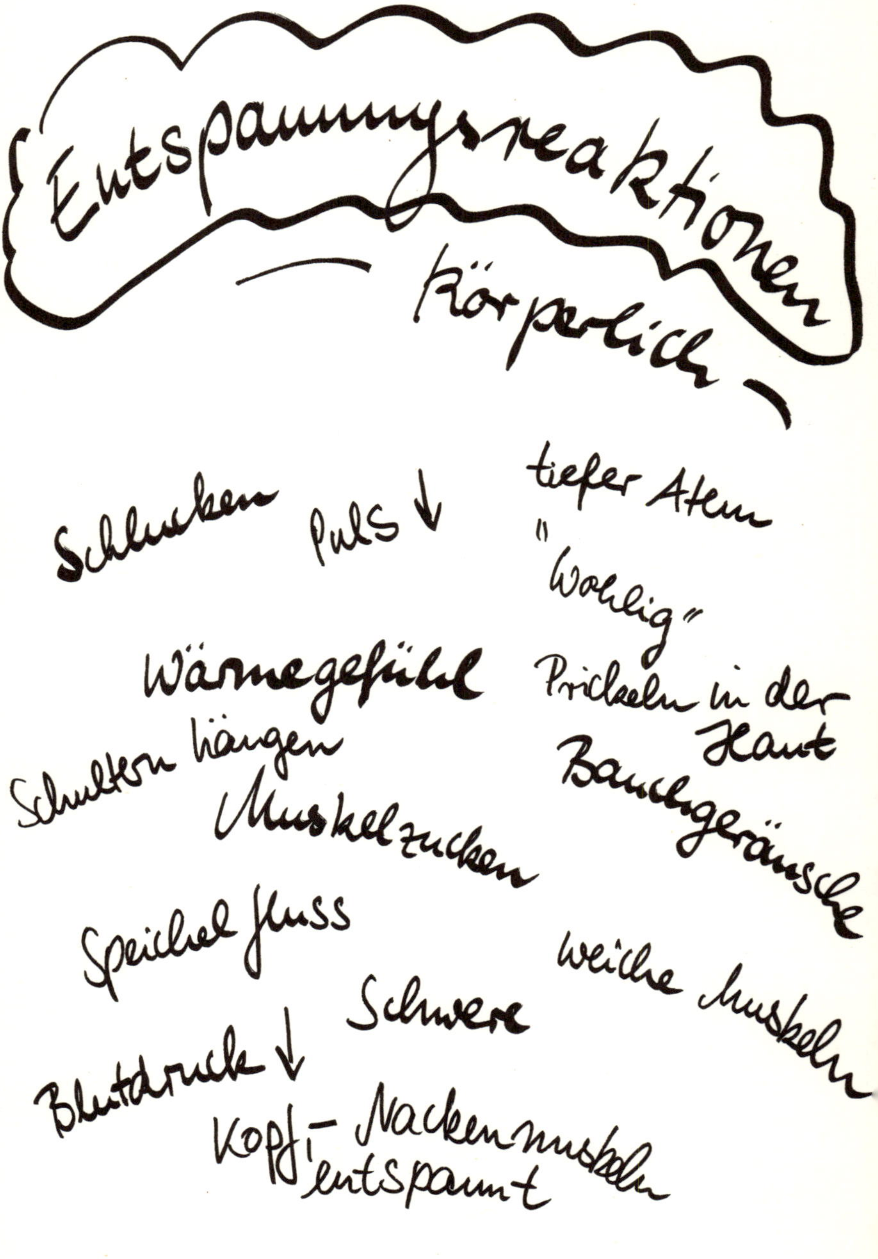

Abbildung B 6: Körperliche Entspannungsmerkmale

2.3 Psychobiologische Mechanismen des Stressgeschehens

Der große Wissenszuwachs der Neurowissenschaften ermöglicht ein erweitertes Verstehen von (Stress-)Erleben und liefert Belege, dass sich Veränderungen in Erleben und Verhalten auch in Veränderungen der Hirnfunktionen widerspiegeln und sogar strukturell nachweisbar sind. Die jüngere Forschung zeigt, dass Nervensystem, Hormonsystem und Immunsystem in sehr viel engerem Informationsaustausch stehen, als man bis vor einigen Jahren angenommen hat. Grundwissen um Anatomie und Funktionsweisen dieser Körperkreisläufe erleichtert dem Kursleiter und interessierten Patienten das Verständnis der hochkomplexen Zusammenhänge von körperlichen und psychischen Vorgängen und deren Bedeutung für Stressmechanismen und Wohlbefinden.

Im Folgenden werden nur die für unser Thema relevanten biologischen Subsysteme beschrieben (s. Schandry 2003, Sulz 2005, Damasius et al. 2009). Bitte beachten Sie, dass diese sich im lebenden Organismus nicht eindeutig als strukturelle und funktionelle Bereiche abgrenzen lassen. Eine Zusammenfassung als Wissensbaustein finden Sie unter 2.3.5.

2.3.1 Nervensystem

Das menschliche Nervensystem besteht im Wesentlichen aus zwei Teilen und deren hochkompliziertem Zusammenspiel:

- Zentrales Nervensystem (ZNS): Gehirn und Rückenmark,
- Peripheres Nervensystem (PNS): Alle Nervenstrukturen, die nicht im ZNS liegen, bestehend aus somatischem Nervensystem und vegetativem NS (autonomes NS, unwillkürliches NS). Das somatische Nervensystem ist für den Kontakt nach außen zuständig (Motorik und Sensorik), das vegetative NS für den Kontakt nach innen (Organe und Drüsen).

Zentrales Nervensystem: Gehirn und Rückenmark
(s. S. 110/CD-12)

Das **Großhirn** (Telencephalon) ist der größte Teil des menschlichen Gehirns und zuständig für die komplexesten Hirnfunktionen. Es ist in

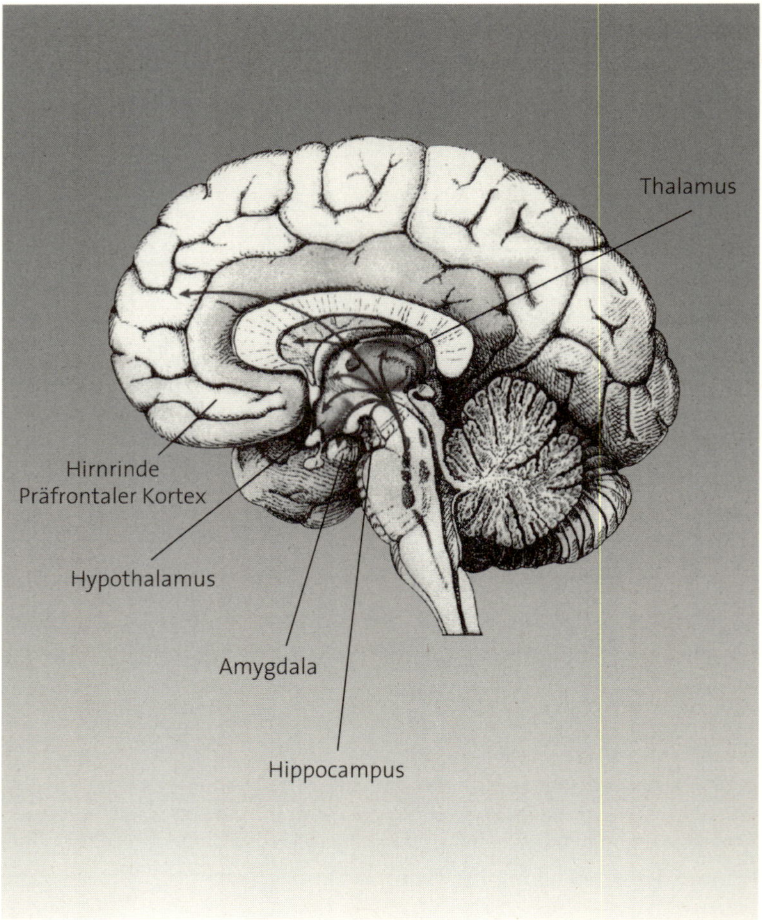

Abbildung CD-12: Das Gehirn

zwei Hemisphären unterteilt und besteht aus der stark gefurchten Hirnrinde, dem limbischen System und den Basalganglien. Eine weitere Unterteilungsform ist die in Stirn-, Scheitel-, Schläfen und Hinterhaupt-(Frontal-, Parietal-, Temporal-, Okzipital-)lappen, die jeweils verschiedene Sinnesmodalitäten (visuell, auditiv, rhinal, somatosensorisch) verarbeiten und von Assoziationsfeldern durchzogen sind, die hochkomplex interagieren und Informationen verarbeiten und integrieren.

Hirnrinde (Neokortex): Bewusstsein, Verstand und Vernunft

Die Hirnrinde ist die äußere, teilweise nur wenige Millimeter dicke Schicht des Großhirns und entwicklungsgeschichtlich der jüngste Teil des Gehirns. Sie ist zuständig für die schnelle und komplexe Verarbeitung großer Datenmengen und steuert alle willentlich beeinflussbaren Funktionen (bewusste Wahrnehmung, Denken, Sprechen). Hier befinden sich Milliarden von Nervenzellen (Neurone), die miteinander über unzählige Kontakte Nervengeflechte (neurale Netzwerke) bilden. Über die Verknüpfungen der Nervenzellen (Synapsen) kommunizieren diese miteinander mithilfe von Neurotransmittern.

Der **Präfrontale Kortex** (PFC, »Supervisory Attentional System, SAS«) gilt als oberstes Kontrollsystem für eine situationsangemessene Handlungssteuerung und ist zuständig für die Interpretation von Ereignissen, für Planung, Motivation und Handlungsentscheidungen. Schädigungen in diesem Bereich führen zum Unvermögen, die Relevanz von Ereignissen einzuschätzen, und zum Verlust von Handlungsspontaneität.

Limbisches System: Affekte, Emotionen, unbewusste Vorgänge

Limbische Strukturen sind anatomisch und funktional nicht allgemeingültig anerkannt definiert, sie durchziehen das ganze Gehirn. Wegen seiner nach wie vor hohen Gebräuchlichkeit wird der Begriff hier beibehalten. Das limbische System ist Bindeglied zwischen Kortex und älteren, tiefer liegenden Hirnregionen und vor allem beteiligt an der Verarbeitung von Emotionen und Steuerung von Motivationen. Es ist zuständig für Bewertungen im Sinne von gut/vorteilhaft/lustvoll oder schlecht/nachteilig/schmerzhaft.

In unserem Zusammenhang wichtige Strukturen sind Amygdala, mesolimbisches System, Hippocampus und Hypothalamus (Teil des Zwischenhirns, s. u.).

- **Amygdala (Mandelkern): emotionales, implizites Gedächtnis**
  Die Amygdala ist eine zentrale Verarbeitungsstation für externe Impulse und deren Gefährdungspotenzial mit Auswirkungen auf das gesamte hormonale und vegetative System. Sie ist mit allen wichtigen Teilen des Gehirns verbunden, vor allem mit dem Hippocampus. Hier erfolgen die emotionale Einfärbung von Informationen, die Verarbeitung von Geruchsinformationen einschließlich »sozial« wirkender Gerüche (Pherome) und assoziative Verknüpfungen von bedeutsamen Ereignissen mit Aspekten der Situation. Die Amygdala ist maßgeblich an Stress- und Angstreaktionen beteiligt. (Frühe) psychische Verletzungen führen zu strukturellen Veränderungen, sie »graben« sich im emotionalen Gedächtnis ein. Dadurch wird die spätere Anfälligkeit für Stress erhöht.
- **Hippocampus: bewusstseinsfähiges, deklaratives Gedächtnis**
  Im Hippocampus wird semantisches, also verbal kodiertes, Wissen gespeichert. Er ist zuständig für das episodische Gedächtnis (inhaltlich, räumlich, zeitlich konkrete Erlebnisse mit Bezug auf die eigene Person) und »organisiert« das Wissensgedächtnis (personen-, ort-, zeitunabhängige Tatsachen), dessen Informationen funktionsspezifisch in den verschiedenen Hirnarealen gespeichert werden. Er reagiert sensibel auf das Stresshormon Cortisol und ist anfällig für chronischen Stress und traumatische Erfahrungen.

  Amygdala und Hippocampus arbeiten bei Gefühlszuständen »arbeitsteilig«: Die Amygdala verursacht bei Gefahr die Angst- und Schreckempfindung und die entsprechenden vegetativen Reaktionen, der Hippocampus stellt die Verknüpfung zwischen Reiz und (Schreck-)Reaktion her.
- **Mesolimbisches System: Belohnungssystem**
  Dieses System ist maßgeblich an der Emotion »Freude« beteiligt. Es gilt als »Gegenspieler« der Amygdala. Wird eine Situation als herausfordernd, aber erfolgversprechend eingeschätzt, wird entsprechendes Verhalten aktiviert und wiederholt. Da die Stimulierung des mesolimbischen Systems als angenehm empfunden und gerne wiederholt wird, gilt es auch als wichtig bei der Suchtentstehung: Alko-

hol, Drogen oder Psychopharmaka können die natürliche Reizung dieses Systems ersetzen. Suchtverhalten erscheint danach als gesteigerter Bedarf, das mesolimbische System zu reizen.

Das **Zwischenhirn (Diencephalon)** ist die Schaltstelle zwischen Großhirn und Hirnstamm, bestehend aus Thalamus und Hypothalamus:

Thalamus (»Tor zum Bewusstsein«): Er bildet den größten Teil des Zwischenhirns und ist die wichtigste Zwischenstation für Signale aus dem Körper und dem Kortex.

Hypothalamus: Er ist die Steuerzentrale des vegetativen und endokrinen Systems und der Funktionen der inneren Organe und reguliert lebenswichtige Funktionen wie Hunger, Durst, Temperatur, Atmung, Kreislauf (Homöostase). Es bestehen enge Verbindungen zum limbischen System und Einflüsse über endokrine Systeme und deren Hormonausschüttung.

Vegetatives (autonomes) Nervensystem (ANS), s. S. 114/CD-13

Das vegetative Nervensystem als Teil des peripheren Nervensystems ist entwicklungsgeschichtlich viel älter als das ZNS und wurde deshalb auch als Reptilienhirn bezeichnet. Es besteht einerseits aus Hirnarealen, von denen vor allem der Hypothalamus im Zwischenhirn eine zentrale Rolle spielt, sowie aus Sympathikus und Parasympathikus und aus dem Darmnervensystem (enterisches System). Das ANS ist für alle Abläufe im Organismus zuständig, die »automatisch« ablaufen und einer willkürlichen Veränderung zunächst nicht zugänglich sind (Atmung, Verdauung, Herz-Kreislauf-System etc.).

Sympathikus und Parasympathikus (Vagus) sind zwei synergistisch wirkende Nervenstränge, die mittels elektrischer Impulse und Hormone die meisten Körperfunktionen steuern, also für das »innere Milieu« des Organismus zuständig sind. Der Sympathikus sorgt für Aktivierung und Energiemobilisierung, der Parasympathikus (Vagus) ist vorrangig bei Erholung, Entspannung und Regeneration aktiviert. Im Normalfall besteht ein ausgeglichenes Verhältnis von Aktivierung und Entspannung (»Homöostase«, Cannon 1929), das sich auch im Tag-Nacht-Rhythmus, in energetischen Tagesschwankungen, anatomischen Merkmalen und physiologischen Vorgängen (Anlage unserer Körpermuskulatur, Ein-, Ausatmung, Herzmuskeltätigkeit) niederschlägt. Das **Darm-(enterisches, intramurales)Nervensystem** innerviert die Mus-

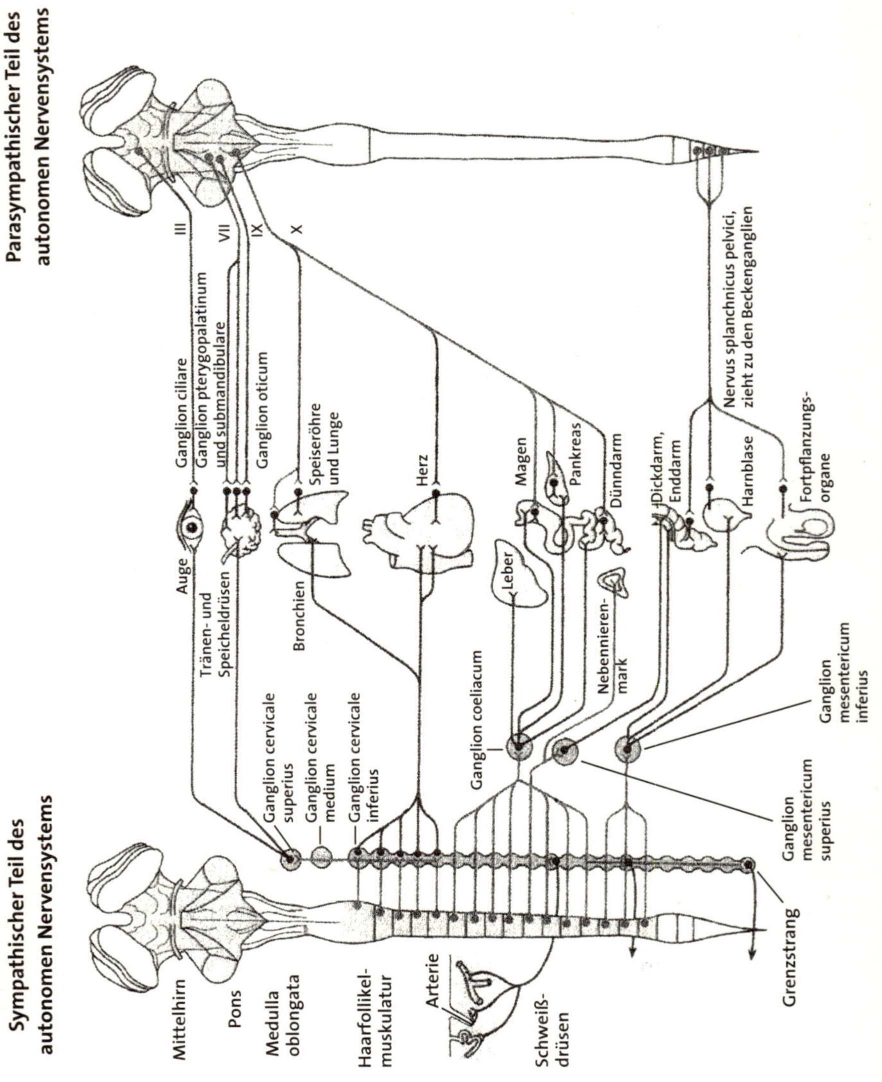

Abbildung CD-13: Anatomie des Nervensystems

keln des Gastrointestinaltrakts, Sympathikus und Parasympathikus können auf dieses modulierend einwirken.

2.3.2 Hormonsystem (endokrines System)

Hormone sind wie das Nervensystem an der Erhaltung des inneren Milieus beteiligt, zum Beispiel an Reproduktionsverhalten, Essen und Trinken, biologischer Anpassung an Stress. Sie stehen in Wechselwirkung mit psychischen Funktionen wie Stimmung, Aktivierung und Aufmerksamkeit. Steuerzentralen sind **Hypothalamus und Hypophyse.** Hormone werden von spezialisierten Drüsenzellen ans Blut abgegeben und erreichen über den Blutkreislauf ihre Ziele im Organismus. Je nach Zielort und Reifungsstadium des Körpers haben sie jeweils unterschiedliche Aufgaben und Wirkungen. Das Zusammenspiel unterschiedlicher Hormondrüsen wird als Hormonachsen beschrieben.

Die wichtigsten Stresshormone sind **Adrenalin, Noradrenalin und Cortisol**, als Belohnungs- oder Glückshormone gelten **Dopamin, Serotonin und die Endorphine**. Erfolg und Erfolgserwartung in herausfordernden Situationen geht einher mit hoher Dopaminausschüttung, Serotonin hat eine stimmungsausgleichende Wirkung und ist an der Regulation des Schlaf-Wach-Rhythmus beteiligt, Endorphine sind körpereigene Opioidpeptide, die unter anderem am Schmerz- und Hungerempfinden beteiligt sind. Bei selbst gewählten körperlichen Anstrengungen kann ihre Ausschüttung einen Glückszustand hervorrufen (runners high). Auf die für unser Thema relevanten Stressachsen wird weiter unten noch eingegangen.

In jüngerer Zeit gilt den beiden hypothalamischen Peptidhormonen Oxytocin und Vasopressin besonderes forscherisches Interesse. **Oxytocin** ist Wehen auslösend und regt den Milchfluss an, **Vasopressin** reguliert den Wasserhaushalt in den Nieren (antidiuretisches Hormon). Beide beeinflussen jedoch auch höhere Gehirnfunktionen wie Lernen und Gedächtnis sowie grundlegende soziale Verhaltensweisen. So gibt es Hinweise, dass Oxytocin eine wichtige Funktion für Bindungsverhalten hat und die stressprotektive Wirkung sozialer Unterstützung verstärkt. Oxytocin wird durch Berührung stimuliert und steht in Zusammenhang mit einer reduzierten symphatikotonen Aktivierung (Dawans et al. 2009).

2.3.3 Immunsystem

Entgegen früherer Annahmen ist auch das Immunsystem eng mit ZNS, PNS und Hormonsystem verknüpft. Seine Aufgabe ist das Aufspüren und Vernichten körperfremder Stoffe wie z. B. Krankheitserreger und die Erkennung und Zerstörung entarteter eigener Zellen. Das Immunsystem besteht aus **primären lymphatischen Organen** (Knochenmark und Thymus), **sekundären lymphatischen Organen** (z. B. Milz, Mandeln, Lymphknoten, Wurmfortsatz), **Lymphsystem und Blut**. In Knochenmark und Thymus werden aus Stammzellen die weißen Blutkörperchen gebildet **(Leukozyten)**, die Zellen des Immunsystems. Sie finden sich in besonders hoher Konzentration in den sekundären lymphatischen Organen und leisten dort lebenswichtige Erkennungs- und Abwehrleistungen. Die immunmodulatorischen Effekte von Stress sind noch nicht umfassend erforscht, aber es gibt Hinweise sowohl für immunsuppressive Effekte von chronischem Stress als auch für eine stressbedingte Stimulierung von Entzündungsprozessen.

2.3.4 Veränderungen der Körperfunktionen unter Stress und unter Entspannung

(s. Huether 1997, 2001, Kaluza 2011, CD-14)

Informationsverarbeitung

Über Sinnessysteme (Sehen, Hören, Riechen, Tasten, Schmecken, Gleichgewicht) nimmt der Organismus ständig Informationen aus der Umgebung auf. Dazu kommt die Registrierung von Veränderungen im Körperinnern. Die Sinnesreize werden über den Thalamus zu den sensorischen Arealen in der Großhirnrinde und an weitere, sekundäre Areale zur Verarbeitung weitergeleitet. Dort werden sinnesbezogene Erinnerungen gespeichert. Über Nervenimpulse, chemische Botenstoffe (Neurotransmitter) und Hormone können an alle Organe des Körpers Nachrichten übermittelt und aus diesen empfangen werden. Eine besondere psychologische Bedeutung für die Auswertung situativer Wahrnehmungen, Planung und Entscheidung, Zielvorstellungen und Motive kommt dem präfrontalen Kortex (PFC) zu. Für einen Vergleich der jetzigen Situation mit früheren Erfahrungen werden auch Informationen aus dem Hippocampus (»Wissensgedächtnis«) herangezogen. Da bei einer Handlungsentscheidung vor allem auch emotionale Kriterien wie Stimmigkeit, Angemessenheit und Bedeutung eine Rolle spielen, ist das limbische System ebenfalls eng in Entscheidungsfindungen einbezogen.

Unser Organismus befindet sich also in einem Fließgleichgewicht, das andauernd Veränderungen der äußeren und inneren Welt ausgesetzt ist und zu dessen Erhaltung er ständig Anpassungsleistungen erbringt.

Die Stressreaktion

Bei starken, plötzlichen und/oder überraschenden Veränderungen in der Umwelt oder im Organismus tritt eine Stressreaktion (»Notfallreaktion«, Cannon 1929) auf. Dies ist eine Abweichung der Körperfunktionen von der normalen Schwankungsbreite. Der Ablauf geht in etwa so: Im **Thalamus** laufen die ersten Informationen ein, werden in die Hirnrinde geleitet und bewertet. Bei »Gefahr im Verzug« werden sie auch in tiefere Hirnregionen geleitet. Im Mandelkern erhalten sie eine affektive Qualität (z. B. Angst), und der **Mandelkern** aktiviert über erregende Botenstoffe (Glutamat) die Ausschüttung von **Noradrenalin**. Dieses wiederum aktiviert den Sympathikus, der das Nebennierenmark stimuliert, **Adrenalin** freizusetzen. Dadurch werden Betriebsstoffe wie Glucose (Glukoneogenese) und freie Fettsäuren (Lipolyse) mobilisiert, Herztätigkeit und Atmung werden stimuliert, der Blutdruck erhöht, Gehirn, Lunge, Leber und Herz sowie Skelettmuskeln werden besser durchblutet. Umgekehrt verengen sich die Blutgefäße in der Haut und an der Körperperipherie. Auch die Verdauungsorgane drosseln ihren Energieverbrauch, und Hunger, Durst und Sexualtrieb werden unterdrückt **(Sympathikus-Nebennierenmark-Achse)**.

Herausforderung als Chance

Die Amygdala vermittelt dem präfrontalen Kortex Informationen über die Gefährlichkeit der Situation. Neue, aber erfolgversprechende oder angenehme Situationen bzw. Verhaltensweisen unter mittlerer Aktivierung gehen mit Dopaminausschüttung und Belohnungserleben einher und werden deshalb wiederholt aufgesucht bzw. wiederholt durchgeführt. Die daran beteiligten synaptischen Verschaltungen werden dadurch stabiler, die Handlungen zur Routine: Der Organismus hat gelernt.

Wenn keine Zeit zum Nachdenken ist …

Jeder Mensch hat in seinem Leben individuell bedrohliche Situationen erlebt und assoziativ abgespeichert. Je nachdem, wie stark die Amygdala »Gefahr« signalisiert, erfolgt die Aktivierung organismischer Schutzreaktionen unter Umgehung der Hirnrinde, also ohne dass wir nachdenken können. Alle Energie wird auf die instinktiven Kampf- oder Fluchtmechanismen konzentriert. Dies kann lebensrettend sein, erklärt aber auch emotionale und körperliche Kurzschlusshandlungen, die im Nachhinein betrachtet gar nicht nötig gewesen wären. Da diese Aktivierung über elektrische Impulse entlang der Nervenbahnen erfolgt und sehr schnell ist, spricht man hier auch von »trockenen Kommunikationswegen«.

Gefahr vorbei …

Möglicherweise ist inzwischen die Gefahr vorbei, oder es kommt zu einer raschen Kontrolle des Problems: Die sympathische Aktivierung wird beendet, Beruhigung tritt ein, die ausgeschütteten Stresshormone werden abgebaut. Hier kommt die Aktivierung des Parasympathikus zum Tragen. Sein Hauptnerv, der **Nervus Vagus**, dominiert bei Ruhe, Entspannung und Wohlbefinden. Die Vagusaktivität (der Vagotonus) hat schützende Funktion bei Belastungen und verhindert überschießende Reaktionen physiologischer Systeme. Sie wird mittels Herzratenvariabilität (HRV) erfasst. Je höher diese ist, desto besser ist der schützende Einfluss des Vagus am Herzen. Eine niedrige HRV stellt einen Risikofaktor für Erkrankungen des Herz-Kreislauf-Systems und des Immunsystems dar und ist mit dem Auftreten einiger chronischer Erkrankungen verbunden (z. B. Diabetes, bestimmte Krebserkrankungen, Thayer und Sternberg 2006).

Anhaltende Belastung

Hält der Stress an bzw. gelingt die Bewältigung nicht, bleibt die Aktivierung durch den Sympathikus erhalten, und es kommt noch eine Vielzahl hormoneller Reaktionen dazu: Noradrenalin wird weiter ausgeschüttet, das wiederum über aufsteigende Nervenbahnen rückwirkend auf limbisches System und Großhirnrinde für ausbreitende Erregung sorgt. Von dieser Erregung wird auch der Hypothalamus erfasst – und so wird die zweite Stressachse ausgelöst **(Hypothalamus-Hypophy-**

sen-Nebennierenachse, HHNA-Achse), die durch die Freisetzung verschiedener Stresshormone gekennzeichnet ist (Corticotropin-Releasing-Hormon, CRH, und adenocorticotropes Hormon, ACTH). ACTH gelangt über das Blut zur Nebennierenrinde und regt dort die Freisetzung von **Kortisol,** dem zweiten wichtigen Stresshormon, an. Kortisol bereitet den Organismus auf eine andauernde Belastung (z. B. durch weitere Bereitstellung von Blutzucker) vor. Da hier die Signalübertragung über Hormone erfolgt und viel langsamer ist als über Nervenbahnen, spricht man auch von nassen Kommunikationswegen.

Die Aktivierung dieser Stressachse passt den Organismus durch Erhöhung des Sollwerts an dauernde Anforderungen an (**Allostase**, McEwen 2003) und erhält dadurch die Homöostase aufrecht: Er stellt sich auf den erhöhten Energieaufwand ein und entwickelt zunächst eine Resistenz gegenüber dem ursprünglichen Stressor. Dafür benötigt er aber ein hohes Maß an Energie und wird gleichzeitig anfälliger gegenüber anderen Stressoren. Wenn diese Situation länger anhält, geht die Aktivierung nur langsam auf das normale Ruheniveau zurück, es kann nicht mehr auf Erholung umgestellt werden bzw. sie bleibt unvollständig.

Durch die anhaltende Ausschüttung von Kortisol kommt es zu komplexen physiologischen Veränderungen, z. B. im Immunsystem: Während bei kurzfristigen Belastungen das Immunsystem zunächst stimuliert wird und sich die Anzahl der Killerzellen im Blut erhöht, bewirkt Kortisol unter Einfluss der HHNA-Achse eine **Immunsuppression.** Es wirkt entzündungshemmend, verringert die körperlichen Abwehrreaktionen, blockiert die Wundheilung, verlangsamt die Heilungsvorgänge bei allen Erkrankungen, bei denen Entzündungen und das Immunsystem eine Rolle spielen (Diabetes, Hauterkrankungen, Rheuma, Tumoren). Es kommt zu erhöhter Krankheitsanfälligkeit infolge Hyperkortisolismus oder aber bei manchen Menschen schließlich zur Hemmung der Kortisolausschüttung mit überschießenden Abwehrreaktionen (Entzündungen, Allergien etc.). Solche Dysregulationen der HHNA (allostatic load) werden in Verbindung mit der Entstehung von koronaren Herzerkrankungen, dem metabolischen Syndrom oder Diabetesrisiko gebracht (Heinrichs und Gaab 2007, Beschreibung bei Kaluza, S. 24). Erste Befunde belegen auch, dass chronisch erhöhter Kortisolspiegel das Nervenwachstum im Hippocampus hemmt und in Zusammenhang mit Gedächtnisstörungen steht. Solche Veränderungen des Hippocampus konnten auch bei Personen mit posttraumatischen Stressstörungen nachgewiesen werden.

Auf der psychischen Ebene wird das psychovegetative Erschöpfungsstadium als Zustand von »Ausgebranntsein« (»Burnout«) oder Stressdepression (Benkert 2005) beschrieben. Für die Erfassung der HHNA-Aktivität gilt die Messung von Speichelkortisol als zuverlässige und nicht invasive Erhebungsmethode (Kirschbaum und Heinrichs 2006).

Stress moduliert Lernprozesse

Einerseits wird die hormonelle Stressreaktion vom Gehirn ausgelöst, gleichzeitig haben Adrenalin und Kortisol rückwirkend weitreichende Auswirkungen auf die neuronalen Verschaltungen, also die Funktionsweise des Gehirns. **Noradrenerge Aktivierung** bei kurzen, kontrollier- bzw. bewältigbaren Belastungssituationen führt im Gehirn zum Ausbau der Strukturen und Verhaltensweisen, die sich für die Bewältigung bewährt haben. Durch Wiederholung werden die neuen Netzwerke immer effizienter, bis die neuen Verhaltensweisen zur Routine werden **(Lernen)**.

Kortisolausschüttung ist mit unkontrollierbarem und/oder länger anhaltendem Stress verbunden – im Gehirn führt sie zur Hemmung, Destabilisierung und letztlich zum Abbau von neuronalen Schaltkreisen, die sich bei der Bewältigung nicht bewährt haben. So werden Verhaltensmuster gelöscht und Platz für neue gemacht. Dies kann auch der Beginn von Neuordnung und Herausbildung neuer Strukturen sein, die dann wiederum, bei erfolgreicher Nutzung, gebahnt werden.

Neuronale Plastizität

Neuronale Plastizität bezeichnet die Fähigkeit des Nervensystems, sich lebenslang den Erfordernissen anzupassen, indem Zellverbände erfahrungsabhängig ständig umgebaut werden. Lernen geschieht dadurch, dass die synaptische Datenübertragung zwischen bestimmten Neuronen intensiviert wird. Dadurch bilden sich neuronale Netzwerke heraus, werden reorganisiert und wachsen bei ständigem Gebrauch, überflüssige werden gehemmt oder sogar wieder aufgelöst.

Erfahrungen prägen schon während der Schwangerschaft die Hirnstrukturen, und eine sichere, frühkindliche Bindung zur Mutter wirkt wie ein Schutz bzgl. späterer Stresssensitivität. Frühe Trennung und Verunsicherung hingegen haben eine erhöhte Sensibilität der zweiten Stressachse und die Bahnung stärkerer Stressreaktionen zur Folge.

Eine alte Vorstellung war, dass die »Verkabelung« der Neuronen im Nervensystem schon kurz nach der Geburt abgeschlossen sei und sich von da an kontinuierlich abnutze. Die gute Nachricht jedoch ist, dass die neuronalen Strukturen lebenslang plastisch bleiben – dass also neue Erfahrungen die synaptischen Verschaltungen und sogar die Strukturen im Gehirn modifizieren können. Emotionale Beteiligung, neue, vertrauensfördernde Beziehungserfahrung und ausreichende Wiederholung der neu gelernten Verhaltensweisen sind besonders günstig für solche Prozesse. Somit kann der Nutzen von Psychotherapie inzwischen mit naturwissenschaftlichen Methoden (zum Beispiel mit bildgebenden Verfahren) objektiviert werden.

2.3.5 Wissensbausteine zu psychobiologischen Mechanismen des Stressgeschehens

Mit Blick auf die gesammelten körperlichen Stress- und Entspannungsmerkmale (Abbildungen B 4 und B 6) können Informationen zur Physiologie vermittelt werden mit dem Ziel, Körperreaktionen besser verstehen und einordnen zu können. Der folgende Text besteht aus Wissensbausteinen, in denen die oben beschriebenen Vorgänge aus didaktischen Gründen reduziert zusammengefasst sind.

Bei Bedarf wird kurz auf das menschliche Nervensystem eingegangen, die wichtigsten Begriffe und Funktionen werden erläutert (siehe Abb. B 7).

Die körperliche Stressreaktion

W

Unser Organismus befindet sich in einem Fließgleichgewicht, das andauernd den Veränderungen der äußeren und inneren Welt ausgesetzt ist und zu dessen Erhaltung er ständig Anpassungsleistungen erbringt. Bei starken, plötzlichen oder überraschenden Veränderungen in der Umwelt oder im Organismus meldet das Gehirn »Gefahr im Verzug«, und es tritt eine **Stressreaktion** auf. Dies ist eine Abweichung der

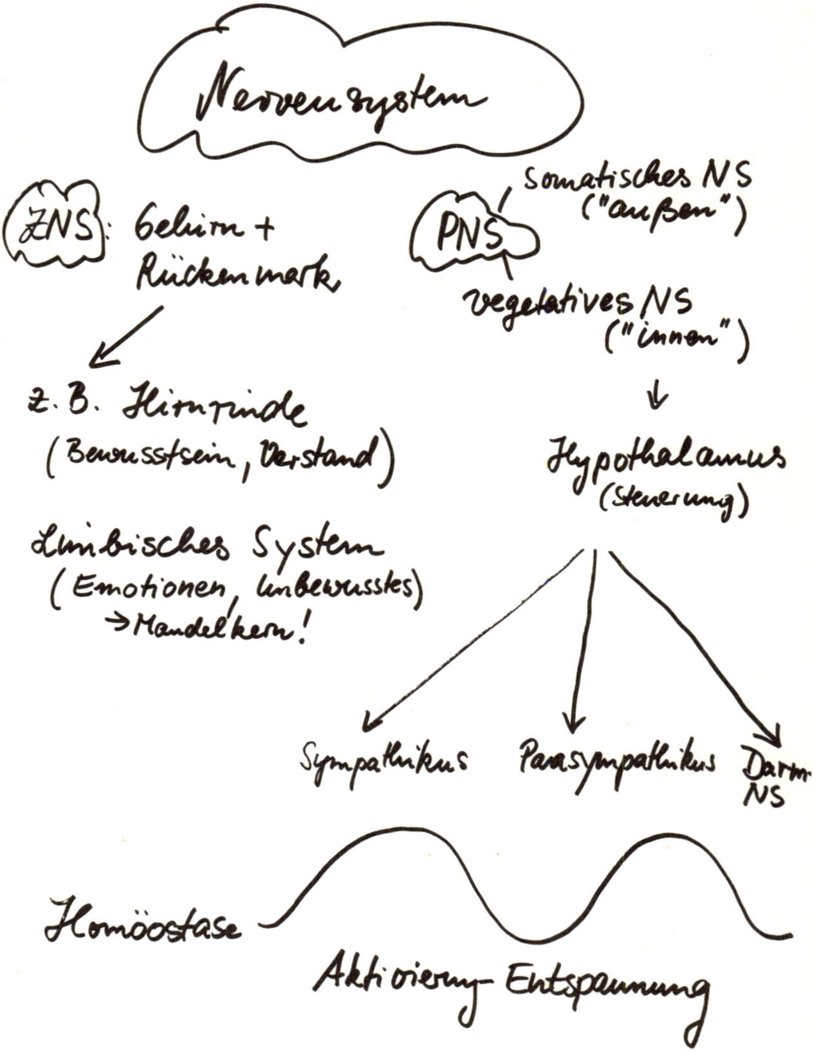

Abbildung B 7: Nervensystem

Körperfunktionen von der normalen Schwankungsbreite. Dabei werden **Adrenalin und Noradrenalin** ausgeschüttet.

Ein Beispiel: Nehmen wir an, ich wollte gestern Abend meine Unterlagen für diesen Kurs zusammenpacken und fand sie zu Hause im Büro nicht. Als ich das bemerkte, war ich zunächst kurzfristig reaktionsunfähig vor Schreck, und in kürzester Zeit setzte eine starke **Sympathikusaktivierung** ein. Ich selbst merkte das vor allem daran, dass der Puls anstieg, der Atem schneller wurde und ich mich ziemlich hektisch fühlte. Gleichzeitig ging mir alles Mögliche durch den Kopf, wo die Unterlagen liegen könnten.

Mit einer körperlichen Stressreaktion reagieren wir seit Jahrtausenden auf Gefahr: Sie dient dazu, den Körper auf schnelles Reagieren (Kampf oder Flucht) einzustellen, wenn unsere Bedürfnisse und Ziele gefährdet sind. Dabei erfolgt eine breite Palette von körperlichen Veränderungen, damit flexibles Reagieren möglich ist,

Hier die wichtigsten körperlichen Stressreaktionen (siehe CD-14), die gemeinsam (dia-)logisch erarbeitet werden:

- Blutversorgung: Umverteilung des Blutes von der Peripherie zur Körpermitte (Herz, Gehirn, Muskulatur)
- Muskulatur: Bessere Durchblutung, bessere Energieversorgung, schnellere Reflexe und erhöhte Muskelspannung
- Haut: Verengung der Blutgefäße und schlechtere Durchblutung von Haut bzw. Körperperipherie (kalte Hände und Füße)
- Stoffwechsel: Katabole Stoffwechsellage, d. h. Bereitstellung für Energieverbrauch. Freisetzung von Zucker aus der Leber, Freisetzung von Fettsäuren aus den Fettvorräten
- Verdauung: Funktionen werden abgeschaltet, dadurch evtl. Tonusverlust der Darm- und Blasenmuskeln und massiver Harn- oder Stuhldrang
- Atmung: Wird schneller und flacher, um eine bessere Sauerstoffversorgung zu gewährleisten
- Schmerzerleben: Kurzfristig verminderte oder fehlende Schmerzempfindlichkeit durch Ausschüttung von Endorphinen, längerfristig verminderte Schmerztoleranz, wenn die Endorphinspeicher leer sind
- Sexualität: Verminderte sexuelle Ansprechbarkeit, verminderte

Libido, geringere Durchblutung der Sexualorgane, Reduktion der Freisetzung von männlichen und weiblichen Sexualhormonen
- Immunsystem: Für kurze Zeit Anstieg der Killerzellen im Blut zur Abwehr von Fremdkörpern.

Mit diesem körperlichen Aktivierungsprogramm reagieren wir noch heute auf alles, was unser Organismus als Herausforderung oder Bedrohung einstuft wie auf den Löwen in der Savanne: Der Organismus stellt Energie bereit, um auf die Bedrohung zu reagieren. Gegenüber dem Löwen bedeutete dies: Fight or flight.

Je nach erlebter Intensität der Gefahr werden die Signale – unter Umgehung des Großhirns – direkt in tief liegende, »alte« Hirnregionen geleitet: Dann reagieren wir, bevor wir wissen, was überhaupt genau los ist. Diese blitzschnelle Reaktion hat das Überleben unserer Vorfahren gesichert – im heutigen Alltag tut sie uns hinterher oft leid.

Wenn es nicht um Überlebensfragen geht, wird natürlich auch das Großhirn aktiviert, um die Gefahr einschätzen und weitere Schritte planen zu können. Vom Ergebnis dieser Analyse hängt es ab, ob wir eine Situation als Herausforderung erleben und uns auf die Problemlösung konzentrieren oder ob sie uns ängstlich und hilflos macht.

Zurück zu unserem Beispiel: Womöglich eilte ich zu meinem Auto, um die erwähnten Unterlagen in der Praxis zu suchen: Hauptverkehrszeit, Arbeits-, Zeitaufwand – wir können vermuten, dass in dieser Zeit die Aktivierungsreaktion anhielt, d. h., ich befand mich, biologisch gesprochen, in andauernder Kampf- oder Fluchtbereitschaft. In dieser Phase tragen Nerven und stressabhängige Hormone die Information »Gefahr« in alle Körperregionen, um die Voraussetzungen für anhaltende Handlungsbereitschaft zu schaffen und um eine Stabilisierung der stressinduzierten Stoffwechselvorgänge zu erreichen. Der Organismus stellt sich durch Ankurbeln der Immunabwehr (Anregung der Produktion von weißen Blutkörperchen im Knochenmark), Betäubung des Schmerzempfindens und Produktion des entzündungshemmenden Hormons Kortisol auf eine längere Belastungsphase ein.

In der Regel halten Stressreaktionen und die damit verbundenen Gefühle nicht lange an. Vielleicht kam ich ja rechtzeitig nach Hause, habe meine Arbeiten noch erledigt und verbrachte einen geruhsamen Abend vor dem nächsten Arbeitstag. Vielleicht ging es nach meiner

Rückkehr aber gerade so weiter: Ich blieb bis in die Nacht am Schreibtisch »hängen«, sank irgendwann spät und völlig erschöpft ins Bett, konnte aber noch lange nicht schlafen, weil ich noch so viel im Kopf hatte. Am nächsten Tag früh raus und weitere Hektik …

Bleiben Belastungen über längere Zeit bestehen, passt sich der Organismus mithilfe des zweiten wichtigen Stresshormons **Kortisol** zunächst an die erhöhten Anforderungen an – unter hohem Energieaufwand. Die natürliche Homöostase geht verloren, und auch bei Reduktion der Belastung findet keine körperliche Erholung mehr statt. So wird aus Entspannung Erschöpfung. Der Erschöpfungsschlaf wird nicht als erholsam empfunden, und es kommen weitere **körperliche Symptome** hinzu. Bleibt die chronische Stressachse aktiviert, verlieren die Gefäßwände an Elastizität, Blutdruck und Muskelspannung sind erhöht, Erholung tritt verzögert und immer langsamer ein. Je länger die Stresshormone Kortisol und Noradrenalin ausgeschüttet werden, desto mehr werden auch Strukturen im Gehirn in Mitleidenschaft gezogen, die für die Verarbeitung von Belastungen bedeutsam sind: Es kommt zu Konzentrationsproblemen, man verliert den Überblick, weiß nicht mehr weiter.

Anhand der Liste der Körperfunktionen kann noch einmal gemeinsam rekapituliert werden, wie »Daueralarm« den Organismus systemisch schwächt und in direktem Zusammenhang mit Beschwerden, z. B. des Herz-Kreislauf-Systems, Muskel- und Skelettapparats und der Psyche, steht. Bei dieser Diskussion sollten persönliche Beispiele aus der Gruppe und die gesammelten Stress- und Entspannungssymptome der Teilnehmer berücksichtigt werden. Befindlichkeitsstörungen wie z. B. Mundtrockenheit, Erschöpfbarkeit, Verspannungen, Verdauungsprobleme oder ein labiler Hypertonus können nun als physiologische Auslenkungen im Rahmen chronischer Belastung besser verstanden werden. Speichelfluss, tränende Augen und die eigentlich als lästig empfundenen Verdauungsgeräusche während einer Entspannungsübung werden als willkommene Entspannungsreaktionen positiv konnotiert.

An dieser Stelle kommt häufig die Frage, warum Einzelne unter Belastung gerade entgegengesetzt reagieren, wie es bisher dargestellt wurde, nämlich mit Schwindel, abfallendem Blutdruck, Durchfall oder vermehrtem Harndrang. Offensichtlich reagieren sie (wahrscheinlich in

Zusammenhang mit biologischen, biografischen und kulturellen Faktoren) mit einer verlängerten parasympathischen Aktivierung. Personen mit diesen Reaktionstendenzen können auch auf Entspannungsübungen zunächst aversiv reagieren: Ihr ohnehin schon niedriger Blutdruck fällt noch mehr ab, sie kommen nach der Entspannung »überhaupt nicht mehr hoch« und fühlen sich eher müde als erfrischt. Ihnen wird empfohlen, die Entspannung im Sitzen zu machen und sich, im Sinne eines Kneipp'schen Prinzips, zur Wiederherstellung der Homöostase besonders intensiv zu aktivieren (zum Beispiel durch Bewegung, frische Luft).

W Was macht Stress zum Problem?

Körperliche Stressreaktionen sind sinnvolle, vormals lebensrettende Maßnahmen des Organismus, um bei Gefahr Energien für Kampf oder Flucht bereitzustellen. Ihr Ablauf ist heute noch der gleiche wie im Pleistozän – allerdings ist es sozial gesehen selten vorteilhaft, den Computer an die Wand zu werfen oder davonzurennen, im Gegenteil: Vordergründig fühlen wir uns sogar zu Höflichkeit, zumindest aber zum Stillhalten verpflichtet, und die bereitgestellten Energien (Zucker, Fett) finden keinen »Aus-druck«. Die Erregung wird **»verinnerlicht«**, statt in Aktivität umgesetzt zu werden.

Private und berufliche Belastungen sind heutzutage häufig **vielfältig und lang** anhaltend, sodass der Organismus physiologisch auf dem Widerstandsniveau verbleibt. Dazu kommt, dass die technischen Fortschritte des Maschinenzeitalters unseren Körper als Erzeuger von mechanischer Energie fast vollständig entlastet haben. Er besteht aber immer noch zu 40 % aus Muskeln. Die **körperliche Unterlastung** hat gravierende Auswirkungen: Muskelschwund, Muskel- und Skelettkrankheiten, Herz-Kreislauf-Erkrankungen. Diese zum Teil funktionellen Störungen bis hin zu Organerkrankungen werden deshalb auch als Zivilisationskrankheiten bezeichnet, sie sind durch Aktivität im Sinne von Bewegung bzw. körperlicher Aktivität aufzuhalten.

Die Zivilisation hat es außerdem mit sich gebracht, dass gerade unter Dauerbelastung eine Vielzahl von Verhaltensweisen zunimmt, die vorhandene Gesundheitsrisiken erhöhen: Essen, Alkohol, Rauchen etc. **(Risikoverhaltensweisen)**.

Es sind also nicht die kurzfristigen, oft nicht einmal dramatische Ereig-

nisse, die letztlich unsere Gesundheit beeinträchtigen, sondern anhaltende, als Belastung erlebte, alltägliche Probleme und damit einhergehend ein Zustand kontinuierlicher Erregung, der körperlich und seelisch nicht genügend abgebaut wird. Mit welchen (körperlichen) Reaktionsmustern jeder Einzelne »bevorzugt« reagiert, hängt sowohl von angeborenen und erworbenen Verletzlichkeiten als auch von den Eigenschaften sich wiederholender Stresssituationen ab. Die körperlichen Schemata kennenzulernen ist die Voraussetzung, um ihnen mit der Zeit etwas Neues entgegensetzen zu können.
Hilfreich ist auch die Fähigkeit, bei organismischer Erregung eine parasympathische Aktivierung bewusst und willentlich herbeiführen zu können. Dies erreichen wir mit der Einübung einer Entspannungsmethode.

2.4 Einüben einer Entspannungsmethode (PMR)

Entspannungsverfahren haben sich als die am häufigsten eingesetzten psychologischen Behandlungsverfahren überhaupt etabliert (Vaitl und Petermann 2004). Obwohl ihre körperlichen und psychischen Wirkungen wissenschaftlich vielfach belegt sind, gelten sie doch als »Aspirin« der Psychotherapie, da spezifische und differenzielle Wirkungen schwierig nachzuweisen sind. Neben konkreten psychophysiologischen Veränderungen durch Aktivierung des Parasympathikus sind langfristig intendierte Wirkungen die Flexibilisierung der Selbstaufmerksamkeit, Förderung der interozeptiven Wahrnehmung, der Transfer von Entspannungsfähigkeit in den Alltag sowie Gesundheitskontrollüberzeugung und Erwartung von Selbstwirksamkeit.

Warum PMR?

Dass in diesem Manual die PMR als Methode geübt wird, hat pragmatische Gründe:

- Es handelt sich um eine **aktive Entspannungsmethode:** Der Übende »tut« etwas, und das kommt vielen Anfängern in Entspannung entgegen. Dass auf muskuläre Prozesse fokussiert wird, macht das Vorgehen direkt nachvollziehbar – im Gegensatz zur Konzentration auf vegetative Funktionen wie im Autogenen Training.

- Im Vergleich zu anderen (aktiven) Methoden wie Tai-Chi, Chi Gong oder Yoga ist PMR in **kurzer Zeit** erlernbar und eigenständig durchführbar, und es gibt **keine Voraussetzungen bzgl. Hilfsmitteln**, Kleidung oder Örtlichkeit.
- In der Originalversion des Verfahrens (Jacobson 1933) ging es vor allem um die Wiederherstellung des »**Muskelsinns**« als Vermögen, minimale dysfunktionale Verspannungen wahrzunehmen und diesen durch situative Entspannung entgegenzuwirken sowie Muskelkraft ökonomisch und sinnvoll einzusetzen. Diese Intention kommt dem Prinzip der Achtsamkeit sehr nahe und wird deshalb in der hier vorgestellten Version besonders berücksichtigt.

Wie wird PMR in den Kurs integriert?

Aus der Gesamtversion der PMR werden hier die wichtigsten Übungen vorgestellt. Auf die Zusammenfassung verschiedener Einzelübungen wird verzichtet, da sich dadurch differenzielle Effekte von Anspannen und Loslassen bei Anfängern meistens wieder »verwischen«. Eine Verkürzung des Lern- und Übungsaufwands wird vielmehr dadurch erreicht, dass im Lauf des Kurses jeder Teilnehmer die für ihn relevanten **Einzelübungen** zusammenstellt und i. S. einer differenziellen Indikation praktiziert.

Jede PMR-Übung wird mit Hinweisen zur **Wahrnehmung der jeweiligen Muskelgruppen** eingeführt, unter der genauen Anleitung des Kursleiters besonders im Hinblick auf besseren Muskelsinn gelernt und beim Üben mit Sequenzen aus dem Body Scan kombiniert. Das lediglich technische Erlernen einer Entspannungsmethode impliziert nämlich nicht automatisch, dass der Proband es bemerkt, wann er verspannt ist und wann er also die Entspannung einsetzen sollte. Außerdem führt die allgemein gehaltene Aufforderung zur Anspannung bestimmter Muskelgruppen in vielen Fällen zu dysfunktionalen und übertriebenen »Aktionen« vonseiten der Übenden, die zu einem erhöhten Muskeltonus bis hin zu Symptomen (z. B. bei Schmerzen) und zu Motivationsverlust führen können.

Die Kursleiterin kann sich von den Teilnehmern das Einverständnis holen, am Beispiel Einzelner aus der Gruppe zu zeigen, woran Verspannungen auch von außenstehenden Beobachtern erkennbar sind. Mit einem Augenzwinkern stellt sie Vermutungen darüber an, wo jemand verspannt ist und eventuell Nacken-, Schulter- oder Rückenschmerzen hat. Wenn die Kursleiterin gut geschult ist und das Vertrauensniveau in der Gruppe es zulässt, kann sie Körperhaltungen und Spannungen durch Berührung und **Korrektur am Körper** verändern. Zur Veranschaulichung der einzelnen Muskelgruppen kann anatomisches Bildmaterial hilfreich sein (z. B. aus Sobotta und Posel 2004).

Die hier vorgestellte Version der PMR (CD-15) kann innerhalb der ersten drei Sitzungen komplett vermittelt und dann im Kursverlauf immer wieder geübt werden – entweder in der Langform oder in einer kürzeren Version in Form von Einzelübungen. Der Text wird hier in wörtlicher Rede wiedergegeben, um eine möglichst konkrete Vorstellung vom Vorgehen zu vermitteln. Es ist jedoch nicht hilfreich, den Text abzulesen. Jeder Kursleiter findet mit der Zeit seinen eigenen sprachlichen Rhythmus und eigene Formulierungen.

Die beste »Entspannerin« macht die Übungen selbst mit und ist danach selbst entspannt.

Hier einige Tipps zur Durchführung und zur Formulierung der Übungen:

- Zu Beginn vergewissern, wie nach der Übung aktiviert wird.
- Vorher ankündigen, welche Übung durchgeführt wird.
- Die Anspannung ankündigen: *Wenn ich gleich »jetzt« sage, bitte erst dann, spannen Sie an, indem Sie …* (um für alle die gleiche Anspannungsdauer zu gewährleisten) … »jetzt«.
- *Geh jetzt mit deiner Aufmerksamkeit zu …* (um eine organische Abfolge der Übungen zu erreichen).
- *Achte auf das Gefühl der Anspannung …, achte auf das Gefühl der Entspannung…*(zur Fokussierung der Aufmerksamkeit).
- »*Achte auf die Unterschiede zwischen …*« (zur Sensibilisierung der Wahrnehmung).

Zu Beginn jeder Gruppensitzung wird nach den Übungserfahrungen zu Hause gefragt. Für diejenigen, die ihre Übungserfahrungen festhalten möchten, kann ein Protokoll (zum Beispiel CD-16) zur Verfügung gestellt werden. Die Besprechung der Protokolle in der Sitzung kann sich motivierend auf die Übungshäufigkeit auswirken, wenn keine Assoziationen zu schulischem Druck und »Hausaufgaben« entstehen.

Körperliche Entspannungsmerkmale

Als Einführung ist es hilfreich, die Teilnehmer an ihre unwillkürliche und natürliche Fähigkeit zur Entspannung zu erinnern. Dies können Sie auf verschiedene Weise tun: Ähnlich wie bei der Übung »Körperliche Stressmerkmale« werden sie entweder angehalten, sich intensiv Situationen zu vergegenwärtigen, in denen sie sich völlig entspannt fühl(t)en, oder der Kursleiter bietet eine Entspannungsimagination an. Danach werden körperliche Entspannungsmerkmale gesammelt und – im Zusammenhang mit den Stresssymptomen – die physiologischen Zusammenhänge rekapituliert (siehe Abb. B 6).

Die große Bedeutung von Entspannungsfähigkeit im Alltag

Entspannungsfähigkeit ist uns angeboren und eine wesentliche Voraussetzung für geistige und körperliche Erholung. Die biologische Grundlage dafür ist der **Parasympathikus,** der als »Gegenspieler« des Sympathikus bei Ruhe und Erholung aktiviert ist. Er verhindert, dass der Sympathikus zu aktiv ist und den Organismus schädigt. Unter günstigen Bedingungen entsteht Entspannung wie von selbst bzw. ist leicht hervorzurufen. Wie aus unserer Sammlung ersichtlich, gibt es dafür psychische Kennzeichen, zum Beispiel ein Gefühl des Ausgeruhtseins, der Frische, geringere Ansprechbarkeit auf Außenreize oder Emotionen. Die körperlichen Kennzeichen entsprechen weitgehend den Reaktionen, die typisch für parasympathische Aktivierung sind (CD-14).
Jeder hat schon tiefe Entspannung erlebt – und jeder weiß, wie schwer es gerade unter Stressbedingungen sein kann, diesen Zustand bei Bedarf, willkürlich und in relativ kurzer Zeit herbeizuführen. Diese Fähigkeit zu schulen ist das Ziel von Entspannungsmethoden.

Informationen zur Progressiven Muskelrelaxation (PMR)

W

Es ist nicht genug, zu wissen, man muss auch anwenden,
es ist nicht genug, zu wollen, man muss auch tun.
J. W. von Goethe

Grundprinzipien

Die Methode der Progressiven Muskelrelaxation wurde in den Zwanzigerjahren von dem amerikanischen Arzt E. Jacobson entwickelt, zur gleichen Zeit, als J. H. Schultz in Berlin das autogene Training einführte. Der Unterschied zum Autogenen Training besteht vor allem darin, dass die Entspannung einzelner Muskelgruppen fortlaufend dadurch geübt wird, dass diese vorher angespannt werden **(aktive Entspannung)**. Die Verknüpfung beider Begriffe erscheint widersprüchlich, kann jedoch am besten mit der Funktionsweise eines Pendels verdeutlicht werden: Wird es zunächst in eine Richtung gezogen, setzt beim Loslassen eine entsprechend starke Gegenbewegung ein. Dementsprechend wird durch die Anspannung die nachfolgende Entspannung deutlicher empfunden.
Bei jeder Übung tun wir absichtlich, was uns sonst unbewusst »passiert«: uns anspannen. Indem Sie die Anspannungen bewusst vollziehen und gezielt wieder loslassen, werden Sie mit fortlaufender Übung im Alltag immer öfter spüren, wann Sie sozusagen den ersten Teil der Übung ausführen – und können dann jeweils loslassen **(differenzielle Entspannung)**. Mit zunehmender Übung wird also die vorherige Anspannung überflüssig, die **Vergegenwärtigung** und das bewusste Loslassen bestimmter Muskelgruppen reicht als **situative Entspannung** aus. Deshalb ist die PMR sehr gut geeignet, um in den Alltag integriert zu werden.
Die Bewusstmachung von An- und Entspannen einzelner Muskeln schult den **Muskelsinn**. Damit ist die Fähigkeit gemeint, muskuläre Anspannung sinnvoll und nur dann einzusetzen, wenn sie gebraucht wird. Demgegenüber haben wir uns häufig angewöhnt, motorische Aktivitäten nicht funktional auszuführen und mehr Muskelaufwand zu betreiben, als eigentlich notwendig ist: Manche schreiben am PC mit hochgezogenen Schultern, beißen beim Schreiben auf die Zunge

oder im Schlaf die Zähne zusammen – und merken es nicht einmal bzw. erst, wenn durch die andauernde Verspannung Schmerzen entstehen. Deswegen werden wir jede Entspannungsübung mit Körperwahrnehmung verbinden, und wir werden beim Üben besonders darauf achten, dass nur die Muskelgruppen angespannt werden, die in der Übung angesprochen sind.
Wenn Sie eine Entspannungsmethode erst einmal beherrschen, ist es wie mit anderen Fertigkeiten auch: Man muss nicht mehr täglich üben, sondern integriert sie in den Alltag: Wann immer Ihnen eine Anspannung bewusst wird, lassen Sie einfach los.

Worauf es beim Üben ankommt (CD-17)

Die Erfahrung ist wie die Sonne: Sie lässt Blüten welken, aber die Früchte reifen.
Salvador Dali

- **Anspannen und Entspannen:** Wesentliches Ziel der Entspannungspraxis von PMR ist es, Unterschiede zwischen An- und Entspannung bewusst wahrzunehmen. Wenn Sie dies eine Zeit lang regelmäßig üben, wird sich diese Fähigkeit auf den Alltag generalisieren, und Sie werden frühzeitig merken, wenn Sie sich anspannen, und können dem entgegenwirken. Bitte achten Sie beim Anspannen der jeweiligen Muskeln darauf, dass Sie möglichst nur die gefragte Partie anspannen. Die Anspannungsphase dauert zirka 5–15 Sekunden, die Entspannungsphase etwas länger (20–50 Sekunden).
- **Intensitätsregulierung:** Für Anfänger ist es besser, nicht zu stark anzuspannen, sondern lediglich so viel, dass sie einen Unterschied spüren. Dies gilt besonders dann, wenn sie beim Anspannen Schmerzen empfinden. Je besser sie die Übungen beherrschen, desto stärker können sie eine Muskelpartie differenziell anspannen, ohne dass andere Muskeln »mitbetroffen« sind.
- **Auf alle Empfindungen achten:** Achten Sie sowohl bei der Anspannungs- als auch bei der Entspannungsphase auf alle auftretenden Empfindungen. Diese können ganz unterschiedlich sein: Wärme/Kühle, Kribbeln, Schwere/Leichtigkeit, Schwerelosigkeit etc. Sie entwickeln dadurch ein Gefühl für unterschiedliche Körperempfindungen und können diese bei Bedarf sogar verändern.

- **Atmen:** Achten Sie darauf, während der Muskelanspannung ruhig weiter zu atmen.
- **Aufmerksamkeitsfokussierung:** Manchmal wird Ihre Aufmerksamkeit beim Üben abschweifen, kehren Sie gedanklich einfach wieder zu der betreffenden Muskelpartie zurück und fahren Sie mit der Übung fort.
- **Aktives Beenden der Entspannung:** Nach der eigentlichen Übung können Sie beliebig lange im Entspannungszustand verbleiben. Ich empfehle Ihnen, danach die Entspannung ganz bewusst durch Aktivierung zu beenden, damit auch hier ein eindeutiger Unterschied zwischen Ruhetönung und Aktivität gemacht wird. Die Aktivierung bleibt natürlich aus, wenn Sie danach einschlafen wollen.
- **Entspannung lässt sich nicht erzwingen:** Entspannungsfähigkeit unter Leistungsdruck erreichen zu wollen, ist ein Widerspruch in sich. Gönnen Sie sich Zeit und Geduld.
- **Übung ist Voraussetzung für Erfolg:** Wie viele andere Fertigkeiten (Schwimmen, Schreibmaschine schreiben, Reiten etc.) kann auch Entspannungsfähigkeit ganz natürlicher Teil des Alltags werden, wenn sie richtig gelernt und eine Zeit lang geübt wurde. Deshalb ist zumindest während des Kurses regelmäßige Übung, am besten täglich, empfehlenswert. Erfahrungen hinterlassen Spuren im Gehirn. Werden diese Erfahrungen übend wiederholt und ausgebaut, werden die Spuren stabiler – so wie aus Pfaden Wege und aus diesen Straßen werden. Diese Prozesse nennt man **Bahnung**. Durch Üben stärken wir Zellverbände, die für positive Gefühle und Entspannung zuständig sind. So gesehen verhalten sich Nervenzellen wie Muskeln: Durch Gebrauch werden sie stärker und reaktionsfähiger – die Entspannung wird bei Bedarf schneller und zuverlässiger eintreten. Dies geschieht besonders effektiv, wenn Begeisterung und Hingabe im Spiel, also die emotionalen Zentren beteiligt sind. Ich hoffe, dass Sie so begeistert sein werden wie ich, Entspannungsfähigkeit zu üben und selbstverständlich im Alltag zu nutzen.

Noch einige Stichworte zum Üben

- **Zeitpunkt:** Im optimalen Fall sollten Sie einmal täglich üben. Der Zeitpunkt hängt von Ihrem Tagesplan und Ihren Intentionen ab –

zum Beispiel ob Sie Entspannung zwischendurch zum Fitwerden (»Power-Napping«) oder zum Einschlafen nutzen möchten.

- **Umgebung:** Die Umgebung spielt für das Üben letztlich keine Rolle, sofern Sie sich nicht ablenken oder stören lassen. Am Anfang des Trainings ist es günstig, wenn Sie ungestört üben können.
- **Kleidung:** Achten Sie darauf, dass Sie beim Üben nicht durch beengende Kleidungsstücke (Krawatte, Gürtel, hohe Schuhe), durch Brille, Kontaktlinsen oder Uhr in Ihrer Bewegungs- und Konzentrationsfähigkeit eingeschränkt werden.
- **Sitzen oder Liegen?:** Die hier vermittelten Übungen sind im Sitzen durchzuführen und werden auch in der Sitzposition geübt. Wer im Sitzen entspannen kann, kann es im Liegen auf jeden Fall.
- **Grundposition:** Bevor Sie mit der eigentlichen Entspannung beginnen, sollten Sie sich vergewissern, dass Sie auch wirklich bequem sitzen. Achten Sie darauf, dass Sie sich überall bequem anlehnen können. Die Hände liegen locker auf den Oberschenkeln, die Beine stehen im rechten Winkel und fallen locker auseinander. Achten Sie auf eine bequeme Haltung für den Kopf, lassen Sie die Augen dahin fallen, wo es am angenehmsten ist.

Ich selbst werde bis auf wenige Ausnahmen alle Übungen mitmachen. So können Sie sich bei Bedarf vergewissern, wie die Übung funktioniert. Jede neue Anspannung werde ich mit dem Satz ankündigen: *Wenn ich gleich jetzt sage, bitte erst dann, spannen wir … (z.B. beide Hände zur Faust) … Jetzt.* Einige von Ihnen werden anfangs bemerken, dass sie schon vor der eigentlichen Anspannung in eine Erwartungsspannung gehen. Bitte achten Sie darauf, dass Sie tatsächlich erst nach dem Kommando anspannen, sonst sind die Anspannungszeiten unterschiedlich lang.

2.4.1 Hände, Arme, Schultern
(CD-18)

Wahrnehmungsübungen »Hände, Arme, Schultern«

Aus unterschiedlichen Gründen haben viele Personen es verlernt, Körpersignale wie z. B. muskuläre Verspannungen wahrzunehmen. In diesem »Vorspann« zur PMR wird in der Runde – die Erlaubnis der Teilnehmer vorausgesetzt – am Beispiel Einzelner gezeigt, wie solche Verspannungen z. T. sogar von außen wahrgenommen werden können.

So vermute ich zum Beispiel, dass Sie, Herr A., jetzt im Augenblick eine Spannung in den Fingern haben. Wenn Sie dahin spüren – können Sie mit dieser Vermutung etwas anfangen? … Umgekehrt könnte ich auch fragen: Wie sieht eine entspannte Hand aus?

Durch Ausprobieren merken die Teilnehmer, dass schon zum Ausstrecken der Finger eine Spannung notwendig ist und dass eine entspannte Hand immer eine leichte Krümmung aufweist. Eine Teilnehmerin berichtete, dass ihr nach dieser Besprechung erstmals aufgefallen sei, wie oft sie »die Faust in der Tasche« ballte.

Bei den PMR-Übungen werden Anspannungen, die wir häufig unwillkürlich machen, bewusst und absichtlich erzeugt. Dadurch werden Sie im Alltag häufiger merken, wenn Sie wieder anspannen – und können dann einfach loslassen.
Bitte ballen Sie auf mein Zeichen hin beide Hände zur Faust, und zwar so, dass möglichst nur die Hände, keinesfalls aber die Oberarme mit angespannt sind. Wir machen die Übung, … jetzt … (zirka 5–7 Sekunden) …, und wieder loslassen …

Bei Betrachtung der **Armhaltung** in der Ruheposition wird bei einigen Teilnehmern auffallen, dass sie die Arme gestreckt halten – entspannte Ober- und Unterarme »fallen« jedoch senkrecht herab. Hinsichtlich der **Schulterhaltung** lassen sich in der Gruppe meistens zwei Fehlhaltungen zeigen: Schulterschiefstand und sternale Fehlhaltung. Schulterschiefstand können sich einander gegenübersitzende Teilnehmer gegenseitig zurückmelden. Bei der sternalen Fehlhaltung handelt es sich um »eingesunkene Schultern«, die der Kursleiter in übertriebener Form sitzend und stehend demonstrieren kann. Dabei kann gezeigt werden, dass sich bei dieser Haltung der Kopf nicht auf, sondern vor dem Rumpf befindet und dadurch hauptsächlich von den Nackenmuskeln getragen werden muss. Lassen Sie hier die Teilnehmer das Gewicht ihres Kopfes schätzen (es beträgt durchschnittlich 6 kg) – damit werden Nackenschmerzen und steifer Hals in Zusammenhang mit der Körperhaltung sofort verständlicher. Ziel ist eine **Aufrichtung des Körpers**, die eine leichte Lordose des Rückens und eine »Rückbewegung« des Kopfes auf den Rumpf zur Folge hat. Die Korrektur erfolgt in drei Schritten: *Ich ertaste das Brustbein mit zwei Fingern und richte mich auf, indem ich mit dem Brustbein gegen die Finger drücke. Dann drücke ich mit den Fingern das Kinn nach hinten (so als wollte ich ein Doppelkinn machen) und ziehe gleichzeitig den Hinterkopf nach oben.* Dies führt zu einer spürbaren, angenehmen Dehnung der Nackenmuskeln, erweckt jedoch bei manchen zunächst die Assoziation, »von oben herab« zu schauen. Vor einem Spiegel kann gezeigt werden, dass das Ergebnis vielmehr eine äußere (und innere) Aufrichtung ist. Diese Haltungskorrektur ist im Alltag besonders wirksam beim Autofahren und am Schreibtisch; sie kann evtl. durch Lordosekissen unterstützt werden.

Der Einfluss der Körperhaltung auch auf unser emotionales Befinden ist auch experimentell belegt (siehe z. B. Stepper 1992): Eine gekrümmte Körperhaltung ist eher mit Gefühlen von Hilflosigkeit und Stresserleben assoziiert, eine aufrechte mit Selbstbewusstsein und positivem Erleben.

Ü PMR »Hände und Schultern«

Bei der ersten PMR-Übung werden wir, wie oben gezeigt, die Hände zur Faust ballen. Die Intensität der Anspannung sollte dabei nur so stark sein, dass ein Unterschied zur Entspannung wahrgenommen wird und dass keine Muskeln über die Unterarme hinaus mit angespannt werden.
Für die Schultern machen wir zwei Übungen, weil diese oft verspannt sind. Bei der ersten rutschen wir auf dem Stuhl nach vorne, lassen die Arme hängen und ziehen die Schultern nach oben in Richtung Ohren, der Kopf bleibt gerade, … jetzt …, und wieder loslassen.
Bei der zweiten Übung drücken wir die Schultern nach hinten unten, so, als sollten sich die Schulterblätter berühren … jetzt …, und langsam wieder loslassen.

Wir führen nun die Übungen zusammenhängend durch. Ich beginne mit einer kurzen Sensory-Awareness-Übung für Hände, Arme und Schultern und werde dann mit den PMR-Übungen weitermachen. Setzen Sie sich bequem zurecht, die Hände liegen locker auf den Oberschenkeln …, gehen Sie mit Ihrer Aufmerksamkeit zu den Händen … (nun kann eine kurze Übung zur Körperwahrnehmung folgen, siehe oben), … und jetzt beginnen wir mit der PMR.
Geh mit deiner Aufmerksamkeit zu den Händen, und wenn ich gleich »jetzt« sage, aber bitte erst dann, ballen wir beide Hände zur Faust, jetzt … Achte auf das Gefühl der Anspannung in den Fingern, in den Daumen, halte die Spannung ein wenig und achte darauf, dass du nur die Hände anspannst …, und loslassen. Achte auf das Gefühl der Entspannung in beiden Händen …, und um zu üben, wiederholen wir die Übung, jetzt, … und wieder loslassen. Achte auf das Gefühl der Entspannung in beiden Händen …
Jetzt geh weiter mit deiner Aufmerksamkeit über die Unterarme zu den Oberarmen und zu den Schultern, und wenn ich gleich »jetzt« sage, rutschen wir auf dem Stuhl nach vorne und spannen beide Schultern an, indem wir sie nach oben ziehen, jetzt … Achte auf das Gefühl der Spannung in den Schultern, Arme hängen lassen, Kopf gerade, halte die Spannung noch ein wenig, … und ganz lockerlassen, … achte auf das Gefühl der Entspannung in Schultern, Armen und Händen, und wenn ich gleich »jetzt« sage, spannen wir die Schultern an, indem wir sie nach hinten unten drücken, jetzt …, achte auf das Gefühl der Spannung und halte die Spannung so, wie es für dich gut ist, ohne Schmerzen, … und loslassen, … ganz lockerlassen. Setz dich wieder bequem zurecht und achte jetzt auf die Unterschiede in den Schultern, den Oberarmen, Händen, bis in die Fingerspitzen, … und lass immer wieder los, wenn du etwas Festes, Angespanntes spürst, … und achte darauf, wie du beim Ausatmen noch etwas mehr loslassen kannst …
Um zu aktivieren, gehen wir mit der Aufmerksamkeit wieder zu den Händen, bewegen die Fingerspitzen, Arme anziehen, tief atmen, Augen auf.

2.4.2 Kopf und Gesicht

Wahrnehmungsübung »Kopf«

(Zweierübung, 5 Min.)

Arbeitsmaterial: Unterlagen zum Liegen

Mit Anschauungsmaterial und/oder mit der folgenden Übung kann noch einmal verdeutlicht werden, welches Gewicht die Halswirbelsäule und die Nackenstrecker bei einer dysfunktionalen Kopfhaltung tragen müssen.

Die Übung wird paarweise durchgeführt. Ein Partner legt sich in Rückenlage entspannt auf den Boden, der andere setzt oder kniet sich an sein Kopfende und hebt mit beiden Händen sehr vorsichtig den Kopf hoch, um ihn behutsam und langsam nach rechts und links, oben und unten zu wiegen. Dabei können beide Personen die Augen schließen, um ihre Aufmerksamkeit ganz den kinästhetischen Empfindungen von Wiegen und Gewiegtwerden zuzuwenden. Nach einigen Minuten werden die Wiegenden aufgefordert, den Kopf behutsam abzulegen, beide öffnen die Augen und wechseln die Positionen, ohne miteinander zu sprechen.

Das Heben und Heben-Lassen des Kopfes kann für beide Beteiligten eine Herausforderung sein. Manchen fällt es schwer, in vollem Vertrauen den Kopf lockerzulassen, sie kommen dem Partner mit einer Haltespannung entgegen. Der Partner wiederum ist womöglich ängstlich gegenüber diesem verantwortungsvollen Körperkontakt. Entsprechend kann es beim anschließenden Austausch um die jeweiligen Erfahrungen bzgl. Körperwahrnehmung (z. B. Gewicht des Kopfes), Körperkontakt, Vertrauen/Misstrauen gehen.

Wahrnehmungsübung »Gesicht«

(CD-19)

Der Kursleiter schaut sich in der Runde um und fragt, welche Muskelleistung z. B. Herr X. immer wieder vollbringen muss, um seine deutlich sichtbaren, waagrechten Stirnfalten zu »erzeugen«. Nach gemeinsamem Ausprobieren wird klar, dass diese durch das Hochziehen der Augenbrauen entstehen – eine Gesichtsübung der PMR. Die senkrechte Stirnfalte entsteht durch intensives Zusammenziehen der Augenbrauen, bei Bedarf und Interesse eine weitere Übung der PMR.

Die Augen sind von Ringmuskeln umgeben. Wenn wir die Augen schließen, können wir versuchen, diese Ringmuskeln gleichmäßig zusammenzuziehen … und wieder loslassen, dies ist ebenfalls eine Übung. Und nun richten wir die Aufmerksamkeit auf den Mund: Wo befindet sich Ihre Zunge in diesem Moment?

Nach anfänglicher Verwunderung werden die meisten feststellen, dass sich ihre Zunge mehr am Gaumen als in der Mitte oder unten im Mund befindet und dass einige Teilnehmer die Zunge bei Konzentration sogar gegen den Gaumen pressen. Es wird empfohlen, die Zunge in der Pause oder zu Hause (auch morgens nach dem Aufstehen) einmal genauer im Spiegel zu betrachten: Tiefe Abdrücke der Zähne an den Zungenseiten (sog. Girlandenzunge) sind ein Hinweis auf häufiges Anspannen bzw. Pressen der Zunge gegen den Gaumen. Mit Staunen hören auch viele Teilnehmer, dass sich die Zähne außer beim Essen nie berühren sollten und dass ein entspannter Mund leicht geöffnet ist. Die Assoziationen dazu sind zunächst nicht Entspannung, sondern »entgleiste Gesichtszüge« oder gar »Blödheit«. Die (zusammengefasste) PMR-Übung lautet: *Wir spannen den Mund an, indem wir die Zunge gegen den Gaumen pressen, die Mundwinkel nach hinten ziehen und die Zähne zusammenbeißen, jetzt …* Bei Schwierigkeiten in der Durchführung können daraus drei Einzelübungen gemacht werden.

Sensory Awareness und PMR »Gesicht« Ü

Die Sensory-Awareness-Übung kann der PMR sowohl voran- als auch nachgestellt sein. Beachten Sie bitte, dass bei den PMR-Übungen für das Gesicht die Teilnehmer die Anspannungslänge selbst bestimmen können, um eine zu lange Anspannung zu vermeiden.

Bevor wir die PMR-Übungen für das Gesicht durchführen, beginnen wir wieder mit einer ***Körperwahrnehmungsübung.*** *Gehen Sie mit Ihrer Aufmerksamkeit zum Kopf, achten Sie, wie Sie durch minimale Bewegungen eine bequeme Kopfhaltung finden, … und dann geh mit deiner Aufmerksamkeit zum Hinterkopf, zur Kopfdecke und zur Stirn, … achte einfach nur darauf, wie deine Stirn sich anfühlt, … und die Augen, … lass die*

Augen dahin fallen, wo es am angenehmsten ist, … achte darauf, wie sich die Wangen anfühlen, … der Mund, … achte auf die Lage der Zunge im Mund, die Stellung der Lippen, … und lass immer wieder los, wenn du etwas Festes, Angespanntes spürst …

Und nun beginne ich mit den PMR-Übungen fürs Gesicht:
Geh mit deiner Aufmerksamkeit zur Stirn, und wenn ich gleich »jetzt« sage, spannen wir die Stirn an, indem wir die Augenbrauen nach oben ziehen, jetzt … achte auf das Gefühl der Anspannung und halte die Spannung so stark und so lange, wie es für dich angenehm ist, … und lass dann die Stirn wieder ganz locker … Achte auf das Gefühl der Entspannung, und manchen kann es hilfreich sein, sich die Stirn als leere, glatte Fläche vorzustellen … Jetzt gehen wir mit der Aufmerksamkeit weiter zu den Augen, und wenn ich gleich »jetzt« sage, spannen wir die Augen an, indem wir die Ringmuskeln um die Augen gleichmäßig zusammenziehen, jetzt …, und jeder und jede lässt los, wenn es für dich richtig ist … Und wir gehen weiter zum Mund, und wenn ich gleich »jetzt« sage, spannen wir den Mund an, indem wir die Zunge gegen den Gaumen pressen, die Lippen zusammenkneifen und die Mundwinkel nach hinten ziehen, jetzt … achte auf das Gefühl der Anspannung, so lange und so stark, wie es für dich richtig ist, … und ganz lockerlassen. Achte auf das Gefühl der Entspannung …, lass die Augen dahin fallen, wo es am angenehmsten ist, und lass immer wieder los, wenn du was Festes, Angespanntes spürst, … und achte darauf, wie du beim Ausatmen noch etwas mehr loslassen kannst …
Um zu aktivieren, gehen wir mit der Aufmerksamkeit wieder zu den Händen, bewegen die Fingerspitzen, Arme anziehen, tief atmen, Augen auf.

2.4.3 Atmung

Der Atem ist ein feines Feedbackinstrument für innere Vorgänge. Er funktioniert unbewusst, unterliegt aber auch in gewissen Grenzen unserer bewussten Kontrolle. Er ist die einzige überlebensnotwendige Funktion, die unserer Wahrnehmung jederzeit zugänglich ist. Die Atmung korreliert eng mit emotionalen Zuständen und reagiert seismografisch mit diesen mit: Je nach Befinden wird sie flacher, unregelmäßig, schneller oder stockt. Durch Beobachtung des Atems wird man sich dieser Zustände bewusst, und umgekehrt können wir durch eine Vertiefung der Atmung die Emotionen beeinflussen.

Es gibt Atemtechniken zur Energetisierung oder zur Entspannung und Beruhigung bei starken Affekten, aber auch schon das Üben einer Vertiefung und Verlängerung der Atmung (durch verlängertes Ausatmen) hat beruhigende Effekte.

In der hier vorgestellten Kurzversion der PMR wird keine eigenständige Atemübung angeboten, da diese meines Erachtens eine sorgfältige Einführung und Einübung braucht. Hier wird auf die Schlüsselfunktion der Atmung für Entspannungs- und Stresserleben hingewiesen, diese kann mit einem kleinen Experiment leicht demonstriert werden:

Wahrnehmungsexperiment »Atmung« Ü

Wenn ich gleich »jetzt« sage, spannen Sie bitte ***alle*** *bewusst erreichbaren Muskeln auf einmal an … jetzt, … und wieder loslassen. Was ist gerade mit Ihrer Atmung passiert?*
Das Phänomen des »stockenden Atems« kennen wir sowohl von körperlichen als auch von psychischen Belastungssituationen: Wir halten entweder den Atem ganz an oder atmen schnell und flach, mit der sog. Brustatmung. Unser Gehirn verbraucht 25 % des Gesamtsauerstoffs und reagiert besonders empfindlich auf Sauerstoffmangel. Umgekehrt ist eine regelmäßige, tiefe Bauch-(oder Zwerchfell-)Atmung eine wichtige Technik asiatischer Kampfsport- und Entspannungsarten. Sie können die Atmung »ertasten«, indem Sie eine Hand auf den Bauch, eine Handbreit oberhalb des Nabels, die andere auf den Brustkorb legen und darauf achten, wie der Atem ganz von allein ein- und ausströmt … Und wie mit zunehmender Entspannung der Atem tiefer und regelmäßiger wird, ohne dass Sie aktiv etwas tun müssen …
Bei allen Entspannungsübungen werde ich immer wieder darauf hinweisen, dass Sie ruhig und regelmäßig atmen und dass Sie auch bei bewusster Muskelanspannung nicht gleichzeitig die Luft anhalten müssen.

2.4.4 Gesäß, Beine, Füße

Ü Wahrnehmungsübung »Gesäß, Beine, Füße«

Der Kursleiter macht die Teilnehmer auf ihre Bein- und Fußhaltung aufmerksam. Besonders Frauen (vor allem die, die Röcke tragen) neigen dazu, die Knie zusammenzudrücken. Bei einer entspannten Beinhaltung fallen diese locker auseinander. Auch hier werden die Teilnehmerinnen aufgefordert, bewusst zu tun, was ihnen sonst gar nicht auffällt: durch Zusammendrücken der Knie spüren, wie die Anspannung von den Oberschenkeln über das Gesäß bis in den Lendenwirbelbereich ausstrahlt.

Eine Spannung von Oberschenkeln, Becken und unterem Rückenbereich entsteht auch durch Zusammenkneifen der Pobacken. Diese Spannung wird durch zusätzliches Anheben der Beine noch verstärkt und ist eine Übung der PMR. Der Antagonismus zwischen Schienbein- und Wadenmuskeln wird durch Anheben von Zehen bzw. Fersen erspürt, eine Anspannung der Zehen wird durch deren Einrollen erreicht.

Sensory Awareness und PMR »Gesäß, Beine, Füße«

… nun geh mit deiner Aufmerksamkeit zur Brust und zum Rücken, achte darauf, wo du die Stuhllehne berührst und ob du auch wirklich bequem sitzt, achte auf das Gesäß und achte darauf, ob du dein Gewicht mehr auf der rechten oder auf der linken Seite spürst und wie sich dein Gewicht auf der Stuhlfläche verteilt … Achte darauf, was du von deinen Oberschenkeln spürst, außer da, wo die Hände auf den Oberschenkeln aufliegen, und lass immer wieder los, wenn du etwas Festes, Angespanntes spürst … Achte auf die Knie, die Waden, die Füße, … spüre, wo deine Füße den Boden berühren und wo sie Abstand zum Boden haben, … bis in die Zehenspitzen …

Und nun beginne ich mit den PMR-Übungen:

Geh mit deiner Aufmerksamkeit zum Gesäß und zu den Oberschenkeln …, und wenn ich gleich »jetzt« sage, spannen wir Gesäß und Oberschenkel an, indem wir die Beine ausstrecken und den Po dabei zusammenkneifen (die Füße bleiben dabei ganz locker hängen), jetzt … Achte auf das Gefühl der Anspannung, halte die Spannung ein wenig …, und loslassen, ganz locker … Achte auf den Unterschied zwischen Anspan-

nung und Entspannung, und wir wiederholen die Übung, jetzt …, und wieder lockerlassen … Jetzt gehen wir mit der Aufmerksamkeit weiter von den Oberschenkeln zu den Knien und zu den Unterschenkeln, und wir spannen diese an, indem wir die Fersen in den Boden drücken und die Zehen nach oben ziehen, jetzt … Achte auf das Gefühl der Anspannung vor allem am Schienbein und in der Oberseite des Fußes, halte die Spannung …, und loslassen … Achte auf das Gefühl der Entspannung im Gesäß, in den Oberschenkeln und Unterschenkeln …, und um die Waden anzuspannen, drücken wir die Zehen in den Boden und ziehen die Fersen Richtung Decke, jetzt … Halte die Spannung ein wenig, und um deutlich den Unterschied zu spüren, wiederholen wir die Übung, jetzt … und wieder ganz lockerlassen …

Zum Abschluss kann auch hier eine Zeit lang in der Entspannung verweilt werden, bis der Kursleiter wieder auf die Hände und schließlich auf die Aktivierung fokussiert.

2.5 Augenübungen
(CD-20)

Sehvermögen und Sehen ist ein komplexer, ganzheitlicher Vorgang, an dem muskuläre, kognitive und gefühlsmäßige Aspekte beteiligt sind. Beim normalen Sehen schweift das Auge frei umher und wird ausgewogen hinsichtlich Akkommodation (Anpassung auf unterschiedliche Entfernungen) und Adaptation (Anpassung an unterschiedliche Helligkeitsgrade) gefordert. Allerdings versuchen wir schon bei Unsicherheiten in der Körperbalance, uns mit den Augen in der Umgebung »festzuhalten«, und beanspruchen unser visuelles System mehr als notwendig (siehe z. B. Hätscher-Rosenbauer 1996). Außerdem werden im heutigen Alltags- und Arbeitsleben die Augen oft einseitig belastet. Dies ist in besonderem Maß bei Bildschirmarbeit der Fall. Arbeitsmedizinische Studien haben ergeben, dass schon nach zwei Stunden pausenlosen Arbeitens am Bildschirm Beschwerden und Beeinträchtigungen (Ermüdung, Sehschärfeminderung, Farbsinnstörungen, Akkommodations- und Adaptationsstörungen) auftreten. Der Arbeitgeber ist gesetzlich verpflichtet, die Tätigkeit am Bildschirm so zu organisieren, dass sie regelmäßig durch andere Tätigkeiten oder durch Pausen unterbrochen werden kann (Bildschirmarbeitsverordnung). Die Verantwortung für die Durchführung solcher belastungsreduzierenden Maßnahmen liegt natürlich letztlich beim Ausführenden selbst. Als Faustregel gilt: Nach einer Stunde Arbeitszeit am Bildschirm ist eine Arbeitsunterbrechung bzw. Verlagerung der Aufmerksamkeit von 5 – 10 Minuten Pause sinnvoll. Regelmäßige, kurze Pausen haben mehr Erholungswert als wenige lange.

Verspannungen des Körpers beeinflussen ebenfalls in vielfältiger Weise das Sehen. Sie können zum Beispiel im Kiefer den Nervus oculomotoris, der für die Augenbeweglichkeit mitverantwortlich ist, und in den Nackenmuskeln die Durchblutung des gesamten Sehorganismus beeinträchtigen (siehe die Übungen für Nacken und Gesicht in diesem Kapitel). Auf ergonomische Vorkehrungen kann hier nur mit Literaturangaben hingewiesen werden (Neuhaus 2002, Landau 2003, Kubitschek und Kirchner 2005).

Entspannungstechniken finden erst langsam Eingang in die Augenheilkunde, es liegen jedoch erste Ergebnisse über ihre Wirksamkeit vor (z. B. über eine signifikante Senkung der intraokularen Druckwerte bei Glaukom, Kaluza und Strempel 1994).

Im Folgenden sind einige Ausgleichsübungen zum Thema »Augen und Sehen« (Augenmuskulatur, visuelle vs. kinästhetische Wahrnehmung, bildhafte Vorstellungskraft) zusammengestellt.

Ü Yoga für die Augen

Diese Übung eignet sich zur Stärkung der Augenmuskulatur und als Konzentrationsübung. Achten Sie darauf, dass Brillenträger ihre Brillen abnehmen, und weisen Sie Kontaktlinsenträger auf mögliche Schwierigkeiten hin.

Setzen Sie sich bequem zurecht …, wer will, kann die Augen schließen, … achte darauf, dass du eine bequeme Haltung für den Kopf findest, und lass die Augen dahin fallen, wo es am angenehmsten ist …
Bleib mit deiner Aufmerksamkeit bei den Augen …
Nun bewege beide Augen nach oben, so weit es geht, als wolltest du senkrecht über deinen Kopf schauen …, halte die Spannung ein wenig, und versuche nun das Gegenteil: Bewege deine Augen möglichst weit nach unten, als wolltest du unter dein Kinn sehen … Wiederhole diesen Wechsel von oben nach unten fünfmal und lass die Augen danach wieder

dahin fallen, wo es am angenehmsten ist, um auszuruhen … (30 Sekunden).

Öffne nun die Augen wieder und bewege sie so weit wie möglich nach rechts, dann nach links, ebenfalls jeweils fünfmal. Stelle dir dabei vor, dass du hinter dich sehen willst … und lass die Augen dann wieder in einer bequemen Stellung ausruhen … (30 Sekunden).

Nun schau mit den Augen von oben links nach unten rechts … Mach das wieder fünfmal und lass danach die Augen in einer bequemen Position ausruhen … (30 Sekunden).

Und nun schau von rechts oben nach links unten … Mach das wieder fünfmal und lass die Augen danach in einer bequemen Stellung ausruhen … (30 Sekunden).

Jetzt bewege deine Augen im Uhrzeigersinn kreisförmig. Beginne oben in der Mitte … Mach das wieder fünfmal und lasse die Augen dann ausruhen … (30 Sekunden).

Nun reibe die Hände schnell und stark aneinander, bis sie ganz warm werden. Schließ die Augen und lege die angewärmten Hände gewölbt über die geschlossenen Augen, sodass die Wärme der Handinnenflächen auf die Augen strahlt. Lass die Augen die Wärme der Hände aufnehmen … (10 Sekunden).

Öffne die Augen im Dunkeln und lasse sie die Wärme und Geborgenheit genießen … (20 Sekunden).

Öffne langsam die Augen und lasse sie die Helligkeit des Lichtes vorsichtig aufnehmen …

Palmieren

Palmieren kann jederzeit zur Entspannung der Augen und zur kurzfristigen Regeneration der Netzhaut eingesetzt werden.

Reiben Sie die Hände, bis sie warm sind, und lassen Sie den Kopf in die muschelartig geformten Hände hineinsinken. Schließen Sie die Augen und verdecken Sie die Augäpfel, ohne dass die Augenlider von den Handflächen berührt werden. Atmen Sie ruhig weiter und lassen Sie alle Muskeln im Gesicht, Schultern und Händen ganz locker. Genießen Sie die Dunkelheit, und wenn Sie diesen Effekt noch verstärken wollen, stellen Sie sich die Farbe »Schwarz« oder einen schwarzen Gegenstand vor … Achten Sie darauf, wie Sie beim Ausatmen noch etwas mehr entspannen können …

Um die Übung zu beenden, nehmen Sie langsam die Hände herunter und öffnen behutsam die Augen.

Ü Fantasiereise »Baum«

Bei der folgenden Fantasiereise werden körperliche Entspannung, Konzentration und Übung der visuellen Vorstellungskraft miteinander verbunden.

Setzen Sie sich bequem zurecht, wenn Sie wollen, können Sie schon jetzt die Augen schließen … Und du weißt schon lange, wie du auf deine Art allmählich zur Ruhe kommen kannst …
Und wenn du möchtest, lass das Bild eines Baums vor deinem inneren Auge entstehen …, vielleicht ist das ein Baum, den du kennst, den du schon irgendwo gesehen hast, vielleicht ist es auch ein Bild von einem Baum …, und schau ihn dir genau an …
Wie er aussieht …, wie groß er ist …, in welcher Umgebung er steht …
Schau dir die Umgebung genauer an, was siehst du dort alles? … Und wieder den Baum: Die Äste, … die Blätter, … der Stamm, die Rinde … Und stell dir seine Wurzeln vor, … wie weit sie in die Erde ragen, … wie sie sich immer mehr verzweigen …, und spüre den Halt, den sie dem Baum geben …, wie er fest mit ihnen in der Erde verwurzelt ist … Und stelle dir vor, wie der Baum mit diesen Wurzeln das Wasser aus dem Boden aufnimmt und es in Nährflüssigkeit umwandelt, die durch die Wurzeln fließt …, den Stamm, … die Äste, … bis in die Blätter …, und spüre die Kraft, die durch die Nährflüssigkeit im Baum aufsteigt …
Und nun stelle dir vor, es ist Frühling, … vielleicht schmilzt gerade der letzte Schnee, … die ersten Knospen sprießen, … und vielleicht kannst du sogar schon spüren, wie die Sonne etwas wärmer wird …, und darauf achten, wie das Leben um den Baum herum erwacht … Vielleicht Vögel …, die Landschaft um den Baum … Dein Baum im Frühling: Sein Stamm, … die Äste, … die Blätter, wenn er welche hat …, vielleicht sogar Blüten, … ihre Farben und ihren Geruch …
Und nun geh weiter in den Jahreszeiten, … und es wird wärmer und Sommer, vielleicht sogar ein richtig heißer Sonnentag … Dein Baum im Sommer … Wie sieht die Landschaft aus, … der Himmel? Der Baum? Sein Stamm, … die Äste, … die Blätter …, vielleicht auch Früchte, wenn er welche hat …?

Geh weiter in den Jahreszeiten und achte darauf, wie es Herbst wird … Es wird kühler, vielleicht Winde … Wie sieht er aus, dein Baum im Herbst: Sein Stamm, … die Äste, … die Blätter, wenn er welche hat …, wie sieht der Baum aus, wie ist die Landschaft um den Baum, die Farben, das Wetter? …
Und nun geh weiter in der Jahreszeit, in den Winter, dein Baum im Winter …
Vielleicht Kälte? Schnee? Wie sieht dein Baum im Winter aus, sein Stamm, … die Rinde, … die Äste, … und der Himmel, wie sieht er aus? Die Landschaft um den Baum herum? Und jetzt, wo ich das sage, vielleicht irgendwo verweilen wollen, vielleicht sogar unter deinem Baum … und mit den Gedanken dahin gehen, wo es dir am angenehmsten ist, in die Jahreszeit, die dir am angenehmsten ist … Und dir die Zeit nehmen, die du brauchst …
Um irgendwann zurückzukommen, an diesen Ort und in diese Zeit.

2.6 Die Rolle von Bewegung und Aktivierung bei der Belastungsbewältigung

Im Wissensbaustein über körperliche Stressreaktionen haben wir festgestellt, dass diese für eine Kampf- oder Fluchtreaktion Energien (Blutzucker, Blutfette) bereitstellen, die – zugunsten sozialer Anpassung und durch körperliche Mangelbeanspruchung – nur unzureichend abgebaut werden. Die Folgen sind sogenannte Zivilisationskrankheiten: Muskelschwund, Muskel- und Skelettkrankheiten, Herz-Kreislauf-Erkrankungen. **Bewegungsaufbau** zur Belastungsbewältigung ist also stressphysiologisch begründbar. Die körperliche Aktivierung sollte selbstbestimmt und angenehm sein. Gerade Untrainierte erleben bei für sie ungewohnter körperlicher Aktivität unangenehme Konsequenzen (Muskelkater) und geben dann meistens wieder auf. Hier stellen schon kleine Änderungen Fortschritte dar, wobei die Art der Aktivität zweitrangig ist. Es geht vielmehr um den **Energiemehraufwand**, und besonders für Menschen unter innerem und äußerem Daueralarm ist das Angewöhnen neuer, kontinuierlicher Bewegungsgewohnheiten wie abendliche Spaziergänge, Gartenarbeit oder die konsequente Nutzung des Fahrrads wahrscheinlich nachhaltiger und alltagstauglicher als kurzfristige, gewalttätige Diät- und Fitnessprogramme. Allgemein gültige Empfehlungen für die Mindestdosis körperlicher Aktivität gibt es bisher nicht, als Richtlinie kann 3-mal/Woche eine halbe Stunde Bewegung angegeben werden.

Das Üben (auch und gerade) von anstrengenden Körperhaltungen und von Atemregulation ist hochwirksam für Stresssituationen, weil diese Übungen den Kontakt zum (dissoziierten) Körper wiederherstellen. Dazu eignet sich eine Fülle an Techniken und Praktiken, die außerhalb der westlichen Schulmedizin in anderen Kulturkreisen schon sehr lange Traditionen haben, seien dies Übungen zur Atemregulation (Pranayama), Körperübungen (Yoga, Qigong, Tai-Chi, Taekwondo) oder rhythmische Aktivitäten (z. B. Trommeln, Tanz), aber auch solche, die Stimme, Mimik und Gestik mit einbeziehen (Singen, Schauspiel). Ihre Einübung setzt erfahrene, fachliche Anleitung voraus. Wenn Teilnehmer oder der Kursleiter Erfahrung in solchen Methoden haben, können diese sehr effektiv in das Programm integriert werden.

Die Übungseinheiten im Kurs werden immer wieder durch Aktivierungs- und Bewegungseinheiten ergänzt (2.6.1 »Gruppe«). Außerdem werden einige Aktivierungsübungen für zu Hause vorgestellt (2.6.2 »Einzel«).

2.6.1 Aktivierungs- und Bewegungsübungen für zwischendurch (Gruppe)

Ü Ameise und Elefant

(nach Jörg Fengler)

Blicke Dich um und suche jemand von gleicher Statur…
Ohne schon zu wissen, worum es gehen wird, einigt Euch: Wer ist Ameise, wer ist Elefant?
Der Elefant steht rechts, die Ameise links, beide schauen zur Kreismitte.
Die Ameise stellt sich im rechten Winkel zum Elefanten,
der Elefant lässt sich nach vorne hängen, ruhig weiteratmen, Kopf bequem.
Die Ameise fasst mit der linken Hand die linke Schulter und streicht mit der rechten Hand stark über den Rücken …
Die Ameise trommelt den Rücken entlang, der Elefant macht dabei einen wohligen Summton …
Die Ameise fasst wieder die linke Schulter, von der rechten Hand wandert

der Mittelfinger rechts, der Zeigefinger links die Wirbelsäule nach oben, und die Finger streichen zurück mit starkem Druck …
Und schließlich fasst die Ameise beide Schultern des Elefanten, fest und zart zugleich,
und dieser richtet sich Wirbel für Wirbel auf und dankt mit einem strahlenden Lächeln.

Energetisierung

Ü

(nach Erika Lützner-Lay)

Suche Dir einen Platz im Raum, wo du für Dich gut stehen kannst …
Und wir beginnen, uns zu beklopfen mit den Fingerkuppen: Oben auf dem Kopf …, die Schläfen …, der Kiefer …, die Wangen …, die Nase …, das dritte Auge …
und nun beklopfen wir mit der rechten Hand den linken Arm und umgekehrt …,
den Bauch …,
mit der rechten Hand das linke Bein bis nach unten und wieder hoch und umgekehrt …,
und so weit wir kommen auch den Rücken …
nun stellen wir uns im Kreis eng hintereinander,
und jeder knetet der Vorderfrau die Nacken- und Schultermuskeln,
und jetzt prasselt ein Regen darnieder (mit den Fingerkuppen klopfen),
er wird zum leichten Sommerregen (leichter klopfen) …,
zu einem Wind (streichen) …,
und schließlich kommt wieder die Sonne …
Jeder tritt einen Schritt zur Seite, um sich jeweils nach hinten zu bedanken.

Stuhljagd

Ü

(Seminarunterlagen, Gläser, Flaschen etc. »sichern«)

Bei dieser Aktivierungsübung geht es darum, dass der Protagonist in der Mitte eine Aussage trifft und alle Teilnehmer, die von dieser Aussage betroffen sind, schnellstmöglich den Platz wechseln. Gleichzeitig versucht der in der Mitte Stehende einen freien Platz zu »ergattern«.

Der Teilnehmer, der sich zu langsam bewegt und deshalb keinen freien Stuhl findet, verbleibt in der Mitte und trifft nun selbst eine Aussage, bei der möglichst viele den Platz wechseln müssen. Alle sitzen im Stuhlkreis, der Leiter steht in der Mitte und beginnt, zum Beispiel:

Alle mit braunen Schuhen wechseln den Platz oder *alle, die mit dem Auto gekommen sind, wechseln den Platz usw.*

Sprechgesang »Jetzt und Hier«

(nach Ulrike Ronnefeldt)

Alle stehen im Kreis und werden in 4 Gruppen eingeteilt. Die folgenden Zeilen des Sprechgesangs werden mit der gesamten Gruppe so oft wiederholt, bis sie »sitzen«. Dann nacheinander jeder Gruppe ihren Text geben, bis alle 4 Stimmen gemeinsam zu hören sind. Jeder Gruppe zum Text passende Gesten mit eingeben. Die fett geschriebenen Silben markieren die Schwerpunkte des $^{4}/_{4}$-Taktes.

Nicht ***ge-*** *stern, nicht* ***mor-*** *gen, nicht* ***irgend*** *_* ***wann*** *_*
jetzt *_ und* ***hier,*** *_ in* ***die****sem Augen –* ***blick*** *_*
Lau- *sche,* ***bli*** *– cke,* ***spür*** *_ hi-****nein***
genau in ***die-*** *sem Mo –* ***ment*** *_ ent-* ***fal****tet sich das* ***Sein***

Hysterisch sein

Die Teilnehmer stehen im Kreis, sodass jeder genug Platz für Bewegung hat.

Es wird jeder Arm ausgeschüttelt, …
jedes Bein ausgeschüttelt, …
und jetzt dürfen alle hysterisch sein: Wir heben beide Arme nach oben über den Kopf mit einem tiefen Einatmen, …
und geben dem tiefen Ausatmen und nach unten Loslassen einen (stöhnenden) Ton (dreimal wiederholen).

2.6.2 Aktivierungs- und Bewegungsübungen für zwischendurch (Einzel)

Belastungssymptome bringen wir meistens mit einem »Zuviel« in Zusammenhang: zu viel Arbeit, zu viel Zeitdruck, zu viel Anstrengung. Wie schon im Wissensbaustein ausgeführt wurde, können sie aber auch aus einem »Zuwenig« entstehen, z. B. bei stereotypen oder wenig anspruchsvollen Tätigkeiten oder bei langweiligen Sitzungen, aufgrund mangelnder Bewegung oder zu langsamem Arbeitstempo. In solchen Fällen sind Übungen zur Energetisierung, Aktivierung und besseren Sauerstoffversorgung hilfreicher als Schonung und Antriebslosigkeit, denn Letztere sollte nicht mit Entspannung verwechselt werden.

Jeder Kursleiter hat eigene Ideen, welche Formen körperlicher Aktivierung er empfehlen bzw. anbieten will, deshalb hier nur einige Beispiele für Möglichkeiten der Kurzaktivierung, die auch ohne Gruppe durchführbar sind.

Holzhacken (10- bis 15-mal, ca. 1 – 2 Min.)
Breitbeinig stehen, die Arme nach oben recken und die Finger miteinander verschränken. Mit (lautem) Ausatmen die Arme nach unten zwischen den Beinen durchschwingen. Beim Aufrichten wieder einatmen, nach hinten oben ausholen und wieder nach unten schwingen.

Venenpumpe (1 – 2 Minuten, im Sitzen und Stehen anwendbar)
Drücken Sie sich mit den Fußspitzen zusammen oder wechselweise so hoch wie möglich vom Boden weg, wiederholen Sie die Übung, sooft Sie wollen. Im Sitzen können Sie abwechselnd die Fersen und die Fußspitzen nach oben ziehen.

Abrollen und Hüpfen
Im Stehen den Kopf langsam, Wirbel für Wirbel abrollen, dann den Oberkörper beugen und sich langsam vom Gewicht des Kopfes und der Arme nach unten ziehen lassen, bis die Hände (fast) den Fußboden erreichen. Den Po nach oben recken, ohne die Knie ganz durchzudrücken, den Kopf einfach hängen lassen und tief ein- und ausatmen. Nach einiger Zeit richten Sie sich langsam wieder auf, Wirbel für Wirbel, und jeder nimmt sich die Zeit dafür, die er braucht. Zum Schluss richten Sie wieder den Oberkörper und den Kopf auf, bis Sie angenehm und gerade stehen. Zum Abschluss dieser Übung stellen Sie sich noch einmal breitbeinig hin

und hüpfen auf beiden Beinen. Wenn Sie wollen, können Sie dabei gern Töne von sich geben.

Schulterkreisen
Legen Sie die Finger auf die Schultern und kreisen Sie mit den Ellbogen vorwärts, rückwärts und gegengleich.

Gähnen wie ein Löwe
– nicht die schlechteste Art, um an Sauerstoff zu kommen …

2.7 Was tun, wenn's brennt?

Unter 2.4 wurde dargestellt, wie mittels Entspannungstraining ein generell gelasseneres Spannungsniveau des Organismus erreicht werden kann, im letzten Abschnitt ging es um kleine Körperübungen zur Musterunterbrechung im Alltag.

Für manche Situationen oder für Personen, die ihre Emotionen schwer steuern können, ist es empfehlenswert, sich zusätzlich zu wappnen und Strategien zur schnellen Erregungskontrolle zur Verfügung zu haben. Unter dem Motto »Was tun, wenn's brennt?« werden Sie in jedem Kapitel Übungen dazu finden. Nach einer kurzen Einführung werden hier die ersten vorgestellt.

W Der Körper als Spiegel der Seele und die Seele als Spiegel des Körpers

Sie kennen viele Beispiele dafür, dass Gedanken und Gefühle auch und vor allem körperlich »zum Ausdruck« kommen. Jemand, der traurig oder gar depressiv ist, hat eine andere Körperhaltung und Mimik als jemand, der gerade eine freudige Nachricht erhalten hat. Vielen Menschen steht ihr Denken »ins Gesicht geschrieben«, und wir erkennen meistens unmittelbar, ob jemand gerade genervt, entspannt oder freudig erregt ist.
Die Umkehrung dieser Wechselwirkung ist weniger geläufig, funktioniert aber genauso: Eine Veränderung des Körperzustands, zum Beispiel von Haltung, Mimik oder Gestik, verändert auch unser Erleben! Menschen, die lächeln, erzeugen in sich andere Gefühle also solche,

die die Stirn runzeln, und in einer gekrümmten Körperhaltung ist es deutlich erschwert, das Gefühl von Stolz und Selbstbewusstsein zu erleben im Verleich zu einer aufrechten.

Also, Körper und Gehirn sind untrennbar miteinander verbunden und beeinflussen sich wechselseitig. Durch Bewusstheit im Körper erreichen wir mehr Selbst-Erkenntnis und einen besseren Umgang mit uns selbst, und über den Körper können wir Einfluss auf unsere Gefühle und auf unser Befinden nehmen. Körperliche Stressstrategien sollten wir nicht auf Sport und Bewegung reduzieren, sondern um einen bewussten Umgang mit dem Körper im alltäglichen Leben erweitern. Es macht Sinn, sich körperlich Raum und Bewegung zu verschaffen, wenn man geistig »in einer Sackgasse« steckt. In anderen Fällen kann die Entspannung der Muskulatur und Beruhigung der Atmung wirkungsvoll eingesetzt werden, um sich »abzuregen« – beide physiologischen Vorgänge signalisieren nämlich dem Gehirn, dass aktuell keine Gefahr besteht – und so beruhigt sich auch der Geist. Wer gelernt hat, kurzfristig und gezielt eine muskuläre Entspannung einzuleiten, kann in akuten Stresssituationen schneller einen klaren Kopf bekommen und sich bewusst dem Problem zuwenden, statt von Gefühlen überschwemmt zu werden.

Kurzentspannung

Ü

Diese Übung dauert nicht länger als ½ bis 1 Minute und kann im Sitzen oder Stehen ausgeführt werden.

Die Augen sind geöffnet, ich balle beide Hände kräftig zur Faust und spanne die Unterarm- und Oberarmmuskeln kräftig an …
Ich beobachte, wie die Spannung in den Muskeln langsam ansteigt, halte die Spannung und atme weiter dabei …,
ich spanne die Muskeln noch etwas mehr an …,
und jetzt lasse ich die Muskeln ganz locker, atme (mit einem Seufzer) aus und lasse den ganzen Körper los.
Und ich spiele mit den Fingern beider Hände, die Muskeln werden dabei immer lockerer und entspannter.
Ich spüre, wie sich die Entspannung auf alle übrigen Muskelgruppen ausbreitet …

Der ganze Körper wird lockerer und entspannter, ich atme ruhig ein und aus …,
meine Atmung ist ruhig und gleichmäßig.
Und wenn ich möchte, zähle ich den Atem: Beim Einatmen denke ich die Zahl 1 und beim Ausatmen die Zahl 2, … bis 10.

Ü Sich auf den Boden der Tatsachen stellen

Manchmal ist es hilfreich zum »Herunterkommen«, wenn Sie bewusst einen guten Kontakt zum Boden herstellen. Dies hilft im wörtlichen und übertragenen Sinn, wieder einen guten Stand zu haben und zu sich stehen zu können. Das Vorgehen ist ganz einfach:
Stellen Sie sich aufrecht auf den Boden, die Füße parallel und hüftbreit auseinander, achten Sie auf die Beweglichkeit der Knie, Bauch locker, Becken leicht nach vorn, Rücken gerade, nehmen Sie bewusst Kontakt zum Boden auf und zu allem anderen, was Sie gerade spüren.
Für manche ist es hilfreich, alles, was sie abgeben möchten, in den Boden auszuatmen und sich durch Einatmen noch stärker zu verwurzeln.

Ü Die Gazelle

Mit dieser Übung wird eine Zitter- oder Schüttelbewegung im Körper erzeugt, um Spannungen aus der Muskulatur abzuführen und Aufregung »abzuschütteln«.

Stehen Sie fest mit leicht gebeugten Knien und mit aufrechtem Oberkörper, lassen Sie eine feine, zitternde Bewegung entstehen …,
und spüren Sie, wie sich diese Schwingung durch den ganzen Körper ausbreitet.
Dabei lassen Sie überall los, wo Sie etwas Festes, Angespanntes spüren: in den Schultern, im Kiefer, im Gesicht.
Lassen Sie die Bewegungen allmählich feiner werden, bis sich Ihr Körper ganz beruhigt.

Die Bewegung kann auch mit vertieftem Ausatmen (und einem Ton dazu) verbunden werden. So löst sich auch das Zwerchfell, das sich bei starken Emotionen in hohem Maße anspannt.

Der Löwe

Ü

Diese Übung aus dem Yoga führt zu einer Entspannung des Gesichtsfeldes, aber auch des Geistes. In der Gruppe löst die Übung meistens Gelächter aus – auch das löst Spannung.

Die Hände auf die Knie legen. Sich erst ganz klein machen, dann sich aufrichten, die Finger ausstrecken. Augen und Mund weit aufreißen, nach oben schauen, die Zunge rausstrecken und laut ausatmen (dabei ein lautes Geräusch artikulieren wie ein brüllender Löwe), dreimal wiederholen.

Zusammenfassung: Möglichkeiten der Veränderung

(CD-21)

3. Gedanken

3.1 Überblick und Ziele

(CD-22)

Nicht die Dinge selbst beunruhigen die Menschen,
sondern die Vorstellungen von den Dingen.
Epiktet, 50 – 138 n. Chr.

Verschiedene Personen reagieren auf dieselbe Situation höchst unterschiedlich, je nachdem, wie sie diese Situation (primäre Bewertung) und ihre eigenen Bewältigungskompetenzen (sekundäre Bewertung) einschätzen. In beiden Phasen der Informationsverarbeitung sind stressverschärfende Mechanismen denkbar, zum Beispiel mangelnde Wahrnehmung positiver Situationsaspekte oder eigener Ressourcen, selektive Wahrnehmung der negativen Aspekte einer Situation/Person oder einseitige Interpretationen. Im ersten Teil dieses Bausteins geht es zunächst um die Bewusstmachung und Veränderung von stressverschärfenden, **situationsbezogenen Kognitionen**.

Wenn sich in unterschiedlichen Situationen gleichartige Bewertungsmuster stereotyp wiederholen, scheinen dabei bestimmte Grundannahmen bzw. **Schemata** eine Rolle zu spielen. Theoretische und psychotherapeutische Konzepte dazu gibt es bei den humanistischen (Greenberg 2011), psychodynamischen (Horowitz 1991) und verhaltenstherapeutisch orientierten Verfahren (Young et al. 2008). Ihnen allen ist gemein, dass Schemata unbewusste Organisationsformen früherer Erfahrungen sind, die ursprünglich adaptive Funktion hatten, um das Überleben unter schwierigen Beziehungsbedingungen zu sichern. Sie werden in der Gegenwart bei assoziativ damit verknüpften Ereignissen unbewusst und automatisiert aktiviert – ohne Abgleich mit neuen Informationen. So mag zum Beispiel die Kritik des Vorgesetzten ein Schema der Selbstabwertung triggern, das in der Kindheit durch Reaktionen der Erwachsenen auf schulische Probleme geprägt wurde *(ich bin sowieso ein Versager)*. Situationsübergreifende, stressverschärfende innere Einstellungen und Grundannahmen in Bezug zu sich und anderen wirken wie sich selbst erfüllende Prophezeiungen und werden immer wieder als »wahr« erlebt. Sie sind deshalb besonders resistent gegenüber Veränderungen. Dennoch lassen sie sich relativieren oder gar verändern, wenn sie in einer vertrauensvollen Umgebung gemeinsam mit akzeptierten Personen auf den Prüfstand gestellt, überdacht und ernsthaft diskutiert werden und wenn dabei neue, positive Erfahrungen gemacht werden können.

In Kap. I unter 1.1, 1.3 und 2.2.3 wurde auf die Bedeutung gezielt **ressourcenorientierten Vorgehens** in Therapie und Beratung eingegangen. Das Wissen um verfügbare intrapersonelle, interpersonelle, externe und evtl. auch transpersonale Ressourcen ist eine wesentliche Voraussetzung für Selbstwirksamkeitserleben und psychische Widerstandskraft – und für die Übernahme von **Verantwortung für eigene Fehler und Schwächen**. Beide Themen sind in diesem Baustein ebenfalls berücksichtigt.

Die Ziele sind:

- Reflexion der transaktionalen Verknüpfung von Ereignissen, Kognitionen, Emotionen und Handlungen
- Sensibilisierung für die eigenen Kognitionen, Einstellungen und Motive und deren Bedeutung für das Stresserleben
- Erproben und Üben verschiedener Möglichkeiten der kognitiven Flexibilisierung

- Bewusstwerden, Diskussion und »Aufweichen« situationsübergreifender Einstellungen und Haltungen
- Erhöhte Selbstakzeptanz und größere Toleranz gegenüber anderen Meinungen
- Erhöhung des Selbstwirksamkeitserlebens durch Bewusstmachen persönlicher Ressourcen
- Selbstverantwortung für das eigene Denken und Handeln

3.2 Zuwendung, Wahrnehmung, Distanzierung: Die Gedanken sind immer dabei

Ü Wahrnehmungsübung »Geräusche«
Ü Wahrnehmungsübung »Gedanken«
Ü Selbstbeobachtung »Gedanken«

3.3 Situationsbezogene Kognitionen

Ü Problem- und Lösungsdusche
Ü Problemanalyse aus einem anderen Blickwinkel
Ü Wie man neue Perspektiven gewinnt
Ü Bewegungsübung »Perspektivenwechsel«
Ü Die beiden Seiten der Medaille
Ü Imaginationsübung »Flugreise«

3.4 Innere Einstellungen als stabile, kognitive Verarbeitungsmuster (Schemata)

W Wie innere Einstellungen unser Leben beeinflussen
Ü Disputation
Ü Vorurteile
Ü Zuhören

3.5 Auf der Suche nach Ressourcen (1)

Ü Gruppentrance »Meine Stärken«
Ü Ressourcenschatz
Ü Quellen der Kraft und aufmerksames Zuhören

3.6 Realistische Selbsteinschätzung und Selbstverantwortung

Ü Müssen und Wollen
Ü Wie stehe ich zu meiner Arbeit?

3.2 Zuwendung, Wahrnehmung, Distanzierung: Die Gedanken sind immer dabei

Auch in diesem Baustein spielen Übungen zur Wahrnehmung und zum Gewahrsein als metakognitive Methoden im Sinne von Aufmerksamkeitslenkung eine wichtige Rolle. Manche Teilnehmer haben zunächst wenig Verständnis dafür, dass sie sich inneren und äußeren (Stör-)Reizen bewusst zuwenden sollen. Eigentlich erhoffen sie sich doch als Ziel, zum Beispiel von Entspannung, *nichts mehr zu denken oder zu spüren* oder bestimmte Störfaktoren eben nicht mehr wahrzunehmen.

Dies ist eine unrealistische Erwartung, da wir weder unseren Kopf noch äußere Störquellen einfach »ausschalten« können. Wir können jedoch mit spontan störenden Phänomenen, die nicht unmittelbar beeinflussbar sind (Geräuschkulisse, Warteschlange, Stehen im Stau etc.), viel besser klarkommen, wenn wir uns innerlich darauf einstellen und gleichzeitig körperlich entspannen ***(verdeckte Konfrontation)****. Mit dem Annehmen der Realität ist meistens schon eine entlastende Distanzierung verbunden. Menschen, die neben einem Kirchturm oder an Bahngleisen wohnen, nehmen die Geräuschkulisse gar nicht mehr wahr. Auch gegenüber negativen Empfindungen und Gefühlen kann eine Toleranz für das momentane Erleben entwickelt werden, ohne es gleich gutzuheißen. Es geht darum, die Ist-Soll-Differenz nicht sofort ändern zu wollen, sondern die Dinge erst einmal geschehen und eventuell gedanklich wieder loszulassen. Die* ***Akzeptanz*** *dessen, was nun einmal gerade (da) ist, hat nichts* *mit Resignation zu tun. Sie ermöglicht jedoch eine Klärung, worum es eigentlich geht, und verhindert, dass wir uns in einen negativen Teufelskreis von Gedanken und Gefühlen hineinsteigern. Statt automatisch zu reagieren, machen wir uns die auftretenden Gedanken und Gefühle bewusst und haben so mehr Freiheit, zu entscheiden, ob und wie wir reagieren möchten.*

Wahrnehmungsübung »Geräusche«

Ü

Die folgende Übung eignet sich besonders dann, wenn in der Gruppe Themen wie Geräuschbelästigung, Konzentrationsschwierigkeiten oder Ablenkbarkeit auftauchen. Dies geschieht meistens in Zusammenhang mit der Geräuschkulisse des Gruppenraums oder wenn einzelne Teilnehmer über Störungen bei den häuslichen Übungsversuchen der PMR berichten. Bitte achten Sie als Kursleiterin darauf, in der Übung die Geräusche anzusprechen, die tatsächlich gerade vorhanden sind.

Setzen Sie sich bequem zurecht, wer will, kann die Augen gerne schließen …, und achten Sie darauf, dass Sie wirklich bequem sitzen …
Und wenn du willst, achte jetzt einfach auf alle Geräusche, die du im Augenblick gerade wahrnimmst: … Hier im Raum …, das Ticken der Uhr, … Geräusche der Heizung, vielleicht Atemgeräusche deiner Nachbarin oder dein eigenes Atmen, … die Stimme …, die Schritte vor der Tür …, und vielleicht auch Geräusche von draußen …, das Lauterwerden eines nahenden Autos, … und wieder leiser werden, Stimmen auf der Straße, das Vogelgezwitscher …
Und wenn du willst, kannst du in Gedanken einfach mitgehen, … in eine Situation …, vielleicht hast du sie schon einmal erlebt, vielleicht kannst du es dir auch gut vorstellen, dass du in einem Zimmer übernachtest und einschlafen willst, und da gibt es ein Waschbecken, und der Wasserhahn tropft …, und das lässt sich nicht ändern …, du wälzt dich hin und her und ziehst das Kissen über den Kopf oder die Decke, und du wirst nur noch wacher dabei …,
und es eine angenehme Vorstellung sein kann, sich bequem hinzusetzen oder hinzulegen und ganz bewusst auf das Tropfen zu achten …, diesen ganz eigenen Ton und diesen ganz eigenen Rhythmus …, und früher oder später gehen die Gedanken dann ganz von allein weg und die Augen ganz von allein zu …

Und während ich diese Geschichte erzähle, ist dir vielleicht gar nicht aufgefallen, welche Geräusche hier drin …, und draußen …
Und du in Gedanken einfach dahin gehen kannst, wo es dir am angenehmsten ist …
Und das ist das Gemeinsame an Körperempfindungen, Gedanken, Geräuschen: Ein ständiges Kommen und Gehen, Lauter- und Leiserwerden, … und nichts dich zu stören braucht …
Und du inzwischen auch weißt, wie du dich selbst am besten aktivieren willst, und du nimmst dir die Zeit, die du dafür brauchst …
Möchte jemand sagen, wie es ihm/ihr mit der Übung ergangen ist?

Ü Wahrnehmungsübung »Gedanken«

Manche Teilnehmer beklagen, dass sie beim Entspannen nicht bei der Sache seien, weil ihnen so viel im Kopf herumgehe. Die folgende Übung fokussiert auf Kognitionen und soll zeigen, dass körperliche Entspannung unabhängig von äußeren und inneren Störquellen möglich ist. Sie kann in Kombination mit der Wahrnehmungsübung »Geräusche« oder mit einer Körperwahrnehmungsübung (wie hier) verwendet werden.

Bei der Nachbesprechung kann wieder erwähnt werden, dass es beim Entspannen nicht darum geht, nichts zu denken (wie es auch nicht wünschenswert ist, nichts zu spüren oder zu fühlen), und dass auch ein arbeitender Kopf gleichzeitig körperlich entspannen kann.

Setzen Sie sich bequem zurecht, so wie Sie es schon kennen. Achten Sie darauf, dass Sie wirklich bequem sitzen, achten Sie auf die Hände, wie sie locker auf den Oberschenkeln aufliegen, Ihre Arme, die Schultern, wie sie locker herabhängen, achten Sie darauf, dass Sie eine bequeme Haltung für den Kopf finden …
Und vielleicht spürt der eine oder die andere schon jetzt, wie du beim Ausatmen noch ein wenig mehr loslassen kannst …
Und ich weiß nicht, welche Gedanken dir gerade durch den Kopf gehen, … ob sie das Seminar betreffen, das, was davor war, oder das, was noch kommt, etwas Vergangenes oder Zukünftiges, eher Privates oder Berufliches …
Und es vielleicht eine angenehme Vorstellung sein kann, im Freien zu sit-

zen, an einem schönen, sonnigen Tag, und du hast dir einen Platz gewählt, dort und so, wie du es am liebsten hast. Vielleicht sitzt du mitten in der Sonne, vielleicht eher irgendwo im Halbschatten, so jedenfalls, dass du die Wärme für dich angenehm spürst …
Und irgendwann merkst du, wie Wolken die Sonne verdecken, … und es tut gut zu wissen, sie werden weiterziehen, … und die Gedanken genauso vorbeiziehen lassen wie Wolken am Himmel, … manche bleiben etwas länger, … manche ziehen einfach so vorbei, … ein ständiges Kommen und Gehen, … und nichts dich zu stören braucht … Und es gut ist zu wissen, dass du bei allem, was dir durch den Kopf geht, gleichzeitig angenehm körperlich entspannen kannst …
Und mit den Gedanken dahin gehen, wo es dir am angenehmsten ist …
Und du vielleicht erst jetzt wieder auf deine Umgebung achtest, die Geräusche, jetzt, wo ich es sage … und zurückkommst in diesen Raum hier und in diese Zeit jetzt …
Bewegen Sie die Fingerspitzen, Arme anziehen, tief atmen, Augen auf.
Möchte jemand etwas zu der Übung sagen?

Selbstbeobachtung »Gedanken«

(CD-23)

Die Übung greift die Situationsanalyse wieder auf, dieses Mal mit dem Ziel des Bewusstmachens, welche Gedanken als »Hintergrundmusik« die alltäglichen Verrichtungen begleiten. Die Teilnehmer werden gebeten, wieder eine typische Stresssituation zu vergegenwärtigen und in Videotechnik aufzuschreiben.

Notieren Sie in Stichworten eine Stresssituation der letzten Tage, wie Sie es von den bisherigen Übungen gewohnt sind. Bitte beachten Sie, dass es sich nicht um ein existenzielles Problem, zum Beispiel eine schwere Krankheit oder einen Todesfall, handeln sollte. Wenn Sie die Situation mithilfe der Videotechnik protokolliert haben, notieren Sie bitte, welche Gedanken und Vorstellungen Ihnen in dieser Situation durch den Kopf gegangen sind. Was hat Sie aufgebracht/aufgewühlt/belastet? Was haben Sie innerlich gesagt?

Es kann hilfreich sein, wenn der Kursleiter die Übung am Flipchart anhand eines eigenen Beispiels durchführt. Die Kognitionen sollen spontan und wörtlich erfasst werden. *Ich kam mir doof vor* oder *das hat mir gestunken* ist schon eine abgeschwächte Metaposition im Vergleich zu konkreten Kognitionen wie zum Beispiel: *Ich wusste doch gleich, dass ich's nicht schaffe* oder *wenn er so weitermacht, schmeiß ich ihm alles vor die Füße.*

Wenn alle fertig sind, notiert der Kursleiter die Selbstgespräche der Teilnehmer auf einer vorbereiteten Folie unter den Überbegriffen »Vermeidung«, »Kampf« oder »Schreck« (CD-24; Abb. B 8), ohne dass er auf die auslösenden Situationen einzugehen braucht. Die einfache Einteilung ermöglicht auch Assoziationen mit körperlichen und gefühlsmäßigen Erlebensebenen. Vermeiden oder Verharmlosen hat auf der körperlichen Ebene zunächst einen positiven Effekt – zumindest solange der Stressor noch zeitlich weit entfernt oder nicht zu wichtig ist. In vielen Fällen gelingt die Ablenkung jedoch nicht vollständig, und spätestens, wenn die Zeit knapp wird, schlägt das innere und äußere Ausweichen in distanzloses Übersteigern um. Das Übersteigern der negativen Aspekte einer Situation oder der eigenen Bewältigungskapazität ist auch Merkmal der Kampf- und Schreckgedanken, wobei bei Kampfgedanken meistens die anderen das Ziel des Angriffs sind, bei Schreckgedanken die eigene Person.

Beachten Sie, dass dieselbe Aussage je nach Kontext, Betonung oder Mimik des Sprechers ganz unterschiedliche Bedeutungen haben kann: *Schon wieder der* könnte gemeint sein im Sinne von *schon wieder der Idiot* (Kampf) oder *am liebsten würde ich mich verkriechen* (Schreck). Hier wird wieder deutlich, wie Gedanken und Sprache ihre individuelle Bedeutung erst in Verbindung mit den parallel auftretenden Emotionen bekommen. Beispiele:

Vermeidungsgedanken:

Das lass ich erst mal liegen; vielleicht klappt es ja morgen besser.

Schreckgedanken:

Das schaff ich nie; warum erwischt es immer mich?

Kampfgedanken:

Dieser Vollidiot, dem zeig ich's; da kann er lange warten.

Es liegt nahe, dass auch situationsbezogenen Kognitionen verinnerlichte Copingschemata zugrunde liegen, die je nach Veranlagung und frühen Beziehungserfahrungen eher vermeidend und gefühlsabspaltend, kämpferisch und überkompensierend oder unterordnend und passiv akzentuiert sind. Bei wiederholten Situationsanalysen können

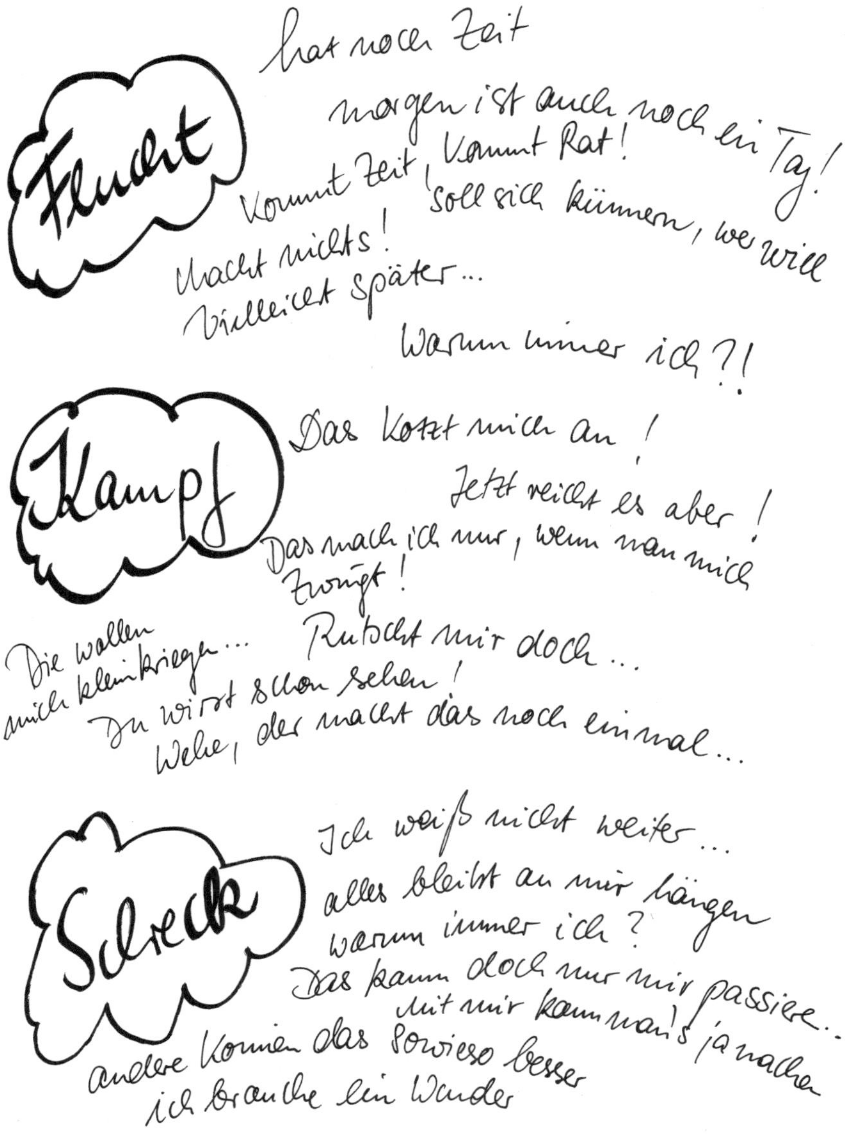

Abbildung B 8: Flucht-, Kampf-, Schreckgedanken

solche Schemata entdeckt und deren Geschichte erforscht werden (siehe Kap. 4).

3.3 Situationsbezogene Kognitionen

Um klar zu sehen, genügt oft ein Wechsel der Blickrichtung.
A. de Saint-Exupéry

Aus systemischer Sicht gibt es keine vom Beobachter unabhängige Wirklichkeit, sie wird abhängig vom Kontext und von subjektiven Wahrnehmungs- und Denkmustern konstruiert. Ob ein Glas Wasser als halb voll oder als halb leer gesehen wird, hat mit solchen eher positiven oder negativen Rahmungen des Sachverhalts/Ereignisses zu tun.

Im transaktionalen Stresskonzept wird beschrieben, dass sowohl die Einschätzung einer Situation als auch die negative Einschätzung der verfügbaren Bewältigungskompetenzen stressverschärfend sein können. Mentale Strategien zielen auf eine Erweiterung des Wahrnehmungsfokus um relativierende Aspekte der Stresssituation und auf eine Fokusverschiebung auf die zur Verfügung stehenden Stärken und Ressourcen. Fragen nach alternativen Möglichkeitskonstruktionen und Reframing (Umdeutung) können hilfreich sein, um ausschließlich negativ konnotierte Verhaltensweisen oder Eigenschaften aus einem anderen Blickwinkel zu sehen und um in der Vorstellung angstfrei verschiedene Optionen durchzuspielen. Gemäß dem Leitsatz systemischer Methodik *Handle stets so, dass die Anzahl der Wahlmöglichkeiten größer wird* (Foerster 1993) können mit den folgenden Übungen auf spielerische Art neue Wahrnehmungs- und Handlungsoptionen erprobt werden.

Bitte beachten Sie, dass diese Übungen nicht für jedes Problem geeignet sind. Es sollte immer wieder ein Austausch darüber erfolgen, welche Methode für welche Person und in welcher Situation hilfreich sein kann.

Problem- und Lösungsdusche

Ü

(Großgruppe oder Kleingruppen à 5, 20 – 30 Min.)

Arbeitsmaterial: Metaplanwand, verschiedenfarbige Filzschreiber

Egal ob du denkst, du kannst es oder du kannst es nicht –
du behältst meistens recht.
Henry Ford

Mit dieser Übung kann verdeutlicht werden, wie wir unsere innere Wirklichkeit selbst gestalten und welch hohen Stellenwert die persönliche Wahrnehmung für die erlebte Wirklichkeit hat. Dabei geht es nicht um eine Veränderung der Problemsituation, sondern um eine andere Bewertung und eventuell um ein verändertes Verhalten des Ratsuchenden selbst. Es werden sowohl Ideen zur Problemerzeugung als auch zur Problembewältigung durchgespielt. Durch sog. Verschlimmerungsideen wird den Beteiligten bewusst, dass sie eine aktive Rolle bei der Aufrechterhaltung von Problemen haben. Lösungsorientierte Kommentare zielen auf eine Erweiterung des problemfokussierten Blickwinkels hin zur Wahrnehmung von Ressourcen.

Die Übung kann in der Großgruppe oder in Kleingruppen mit ca. fünf Personen durchgeführt werden. Im ersten Fall kann der Kursleiter ein Gruppenmitglied bitten, als »Co« die Nennungen auf der Metaplanwand mitzuschreiben, damit er sich besser auf den Gruppenprozess konzentrieren kann. Wenn Sie sich für Kleingruppen entscheiden, kann der jeweilige Protagonist selbst oder ein anderer Teilnehmer die Moderation übernehmen. In diesem Fall sollte die Operationalisierung der zu bearbeitenden Probleme vorher im Plenum stattfinden, weil die Moderatoren damit eventuell überfordert sind. Diese protokollieren die Ergebnisse der Kleingruppe auf einem Arbeitsblatt, achten auf die Zeit und den Übungsablauf. Hier ein Beispiel aus der Großgruppe (siehe Abb. B 9):

Ich möchte Ihnen nun ein Experiment zur Rolle unserer Gedanken beim Stresserleben vorschlagen. Möchte sich jemand von Ihnen bzgl. seiner Stressgedanken von uns anderen beraten lassen? Wenn ja, stellen Sie uns ein typisches Alltagsproblem bzw. eine Belastungssituation vor.

Die Übung gibt wieder Anlass, die Problemoperationalisierung in der Gesamtgruppe zu üben. Ein Teilnehmer schildert in 2 – 3 Sätzen sein

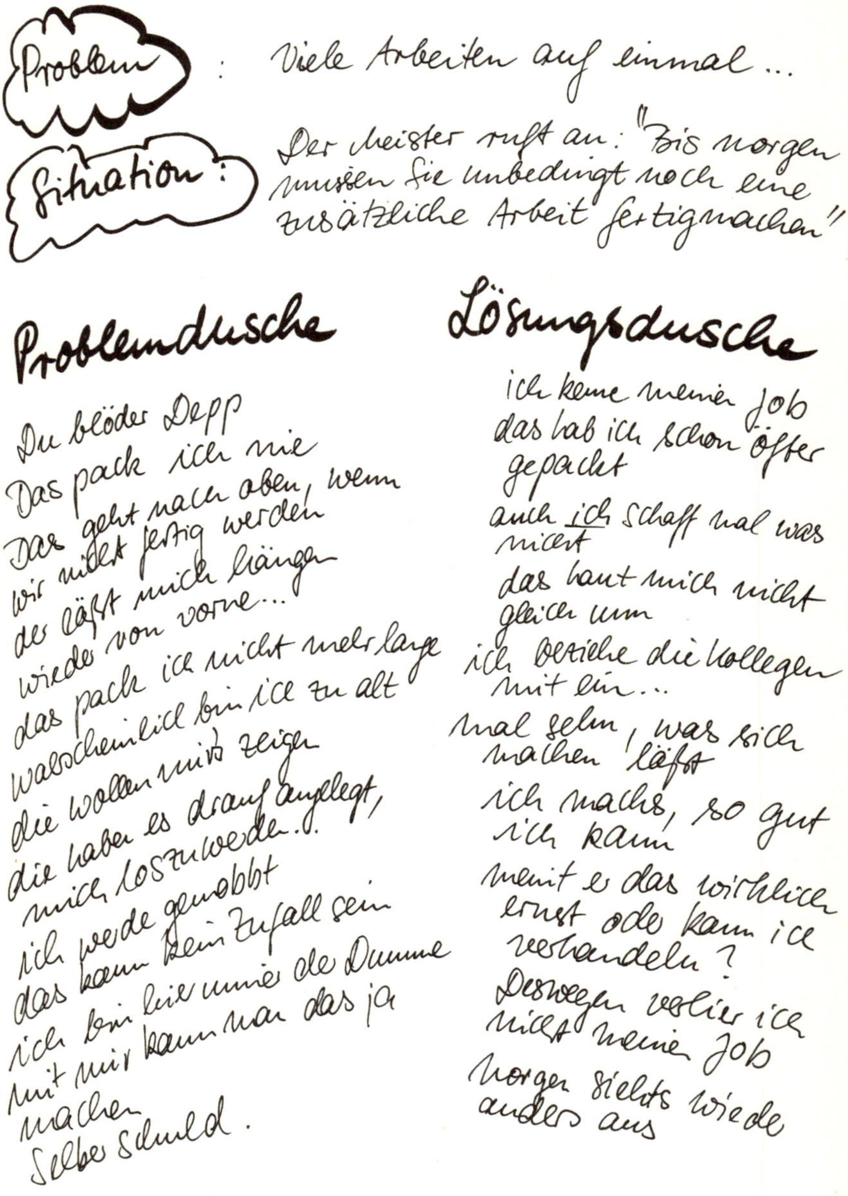

Abbildung B 9: Problem-, Lösungsdusche

Problem und dann eine Schlüsselsituation, in der sich das Problem äußert. Der Kursleiter oder Protokollant hält beides auf der Metaplanwand fest, die Gruppenmitglieder geben Rückmeldung, ob sie sich die Situation genau vorstellen können. Die Verschriftung von Problem und Beispielsituation ist empfehlenswert, damit sich die spätere Diskussion nicht verzettelt.

Entgegen unserer üblichen Neigung, sofort viele gute Ratschläge zu geben, gehen wir hier ganz anders vor: Wir aus der Gruppe werden Gedanken sammeln, die diese Situation für Sie als Betroffenen verschlimmern, dramatisieren, ja »katastrophal« machen könnten.

Zu den Teilnehmern: *Nennen Sie hemmungslos möglichst kreative, aber* ***negative Gedanken****, die dazu beitragen könnten, dass diese Situation eskaliert oder desolat und schrecklich endet. Dabei ist jede Art der Übertreibung erlaubt. Jeder sollte mindestens einen Vorschlag machen.*

Dass sie Ideen zur Verschlimmerung von Problemen produzieren sollen, kann bei den Teilnehmern anfangs Skepsis auslösen – nach der Übung sind die meisten vom Sinn dieser Methode überzeugt. Erfahrungsgemäß macht es Spaß, absurde, komische, gemeine und destruktive Vorschläge ohne Zensur loszuwerden. Das fördert die Kreativität, und manchmal können dabei sogar neue Gedanken zur Gestaltung der Gegenwart entstehen. Die Teilnehmer erleben, dass man Probleme sehr wohl selbst erzeugen, aufrechterhalten oder verschlimmern kann. Der Kursleiter/Moderator beteiligt sich aktiv an der Übung, bis ca. 15 – 20 Nennungen gesammelt sind.

Nun werden Gedanken geäußert, welche die Situation erleichtern könnten und mit denen die Situation einfacher zu bewältigen wäre. Sammeln Sie Ratschläge, wie sich die Sicht auf das Problem positiv verändern könnte. Dabei geht es mehr um Vielfalt als um die Qualität Ihrer Nennungen. Bewerten oder diskutieren Sie die Vorschläge nicht. Jetzt beginnt die »Lösungsdusche«.

Nach der Phase übertriebener Problembeschreibung fallen lösungsorientierte Kognitionen meistens leichter. Dabei wird der verbreiteten Neigung zu »guten Ratschlägen« Rechnung getragen, durch die Fülle an Ideen ist der Ratsuchende frei zu wählen, welche er sinnvoll findet. Er sollte sich jedoch alle Vorschläge kommentarlos anhören.

Auch hier werden 15 – 20 Nennungen notiert. Zum Schluss gibt der

Protagonist Rückmeldung an die Gruppe, wie es ihm während der Übung mit der Katastrophen- und Lösungsdusche erging.

Das Problem wird durch diese Übung nicht verringert, erscheint für den Protagonisten jedoch oft in einem anderen Licht. Manchmal stellt er mit Erschrecken fest, wie nah seine Katastrophengedanken den übertriebenen Beschreibungen aus der Gruppe sind, manchmal muss er schmunzeln, und mitunter entstehen sogar Ideen für Veränderung. Mit dem Übungsblatt »Gedankenspiel« (CD-25) kann die Übung auch einzeln und zu Hause gemacht werden.

Ü Problemanalyse aus einem anderen Blickwinkel

(Zweierübung, nach Herwig-Lempp 2004, 15 Min.)

Bei dieser Zweierübung berichten Sie Ihrem Gesprächspartner über eine Stresssituation, die Sie erlebt haben (zirka 5 Minuten). Als Strukturierungshilfe können Sie das Arbeitsblatt zur Selbstbeobachtung (CD-41) zu Hilfe nehmen. Das Besondere der Übung: Sie stellen sich hinter den eigenen Stuhl und berichten über sich in der dritten Person. Um den Einstieg zu erleichtern, könnten Sie die Übung beginnen mit: »Hier sitzt Heinz. Er hat letzte Woche eine Situation erlebt, die er jetzt berichten möchte. Er war gerade …« Der Partner hört zu und achtet darauf, dass Sie in der dritten Person bleiben. Er kann auch Verständnisfragen stellen, aber ebenfalls in der dritten Person, zum Beispiel: »Was hat Heinz gedacht, als das Gespräch zu Ende war?«
Nach 5 – 10 Minuten wird kommentarlos geendet mit dem Satz: »Das ist es, was er erzählen wollte«, und der Übungspartner ist dran.
Wenn noch Zeit bleibt, tauschen sie sich darüber aus, wie es für Sie war, die eigene Geschichte aus einer anderen Perspektive zu erzählen.

Dies ist eine relativ anspruchsvolle Übung zur inneren Distanzierung von einem Geschehen. Manche finden Gefallen daran, über sich selbst aus der Distanz zu berichten, andere fühlen sich durch die Vorgabe im Erzählen »gebremst«. Die meisten werden feststellen, dass sie ihre Geschichte anders erzählen, als sie es in der Ich-Form getan hätten.

Wie man neue Perspektiven gewinnt

Ü

(Stilleübung in der Großgruppe, 20 Min.)

In der systemischen Gesprächsführung wurden vielfältige Frageformen entwickelt, die nicht nur der Informationsgewinnung dienen, sondern dem Befragten Muster der Problemkonstruktion bewusst werden lassen, die gewohnte Sicht auf die Dinge verstören und den Blick für eigene Handlungsspielräume erweitern. Dies geschieht zum Beispiel durch die bei der Problemdusche schon erprobte Verschlimmerungsfrage, den Blick zurück aus der Zukunft, die Besinnung auf frühere, ähnliche Situationen oder dadurch, dass man sich in eine andere Person hineinversetzt. Alle Fragen haben das Ziel, eine Metaposition zum Problem zu ermöglichen und beweglicher für unterschiedliche Sichtweisen zu werden.

Missverstanden wäre dieses Vorgehen, wenn der spielerische Perspektivenwechsel unreflektiert zu einem »positiven« Technizismus verkürzt wird. Bei schweren Lebensereignissen (Krankheit, Tod, Trennung) oder anhaltenden Konflikten ist es mit einem anderen Blick auf die Dinge oder oberflächlicher Symptomumdeutung nicht getan, und der Einsatz lösungsorientierter Fragen kann hier völlig deplatziert sein. Die Klienten fühlen sich dann zu Recht unverstanden, manipuliert und mit positivem Denken abgespeist. Deshalb sei dem Kursleiter auch hier eine moderierende, kritische und mit den Teilnehmern offen abwägende Haltung empfohlen, in welchen Situationen bestimmte Fragen hilfreich sind und wann gar nicht. Die Viabilität der Interventionen wird auch hier von den Betroffenen selbst bestimmt und hergestellt. Wählen Sie aus den aufgeführten Fragen einige aus, alle auf einmal könnten überfordernd sein.

Nun möchte ich Sie zu einem kleinen Gedankenexperiment hinsichtlich eines Ihrer derzeitigen Probleme einladen. Sie können herausfinden, ob Ihre Sichtweise auf das Problem durch Perspektivenwechsel verändert, die emotionale Beteiligung relativiert und neue Ideen kreiert werden können. Bitte notieren Sie in Stichworten ein Problem, das Sie mit dieser Übung bearbeiten wollen. Es sollte sich nicht um eine schwerwiegende Fragestellung oder um ein existenzielles Thema handeln. Wie immer ist es hilfreich, wenn Sie im zweiten Schritt eine Schlüsselsituation notieren, in der sich dieses Problem äußert …

Nun werde ich Ihnen zu Ihrer Stresssituation einige Fragen stellen. Bitte notieren Sie Ihre Antworten ebenfalls in Stichworten. Wer fertig ist, legt als Zeichen dafür seinen Stift auf den Tisch. Die Fragen sind:

- *Wie könntest du diese Situation noch verschlimmern?*
- *Wie könntest du verhindern, dass die Situation sich bessert?*
- *Wie wirst du wohl selbst im Nachhinein, mit zeitlichem Abstand, darüber denken?*
- *Hast du schon einmal eine ähnliche/schwierige Situation bewältigt und wie hast du das gemacht?*
- *Kannst du an dieser Situation auch etwas Positives sehen? Wofür wird das Ganze vielleicht einmal gut gewesen sein?*
- *Woran würdest du jemand anderen erinnern, der in diese Situation gerät?*
- *Was würde jemand sagen oder tun, den du in dieser Hinsicht für sehr kreativ hältst und den du sehr schätzt?*
- *Gibt es etwas (ganz anderes), das dir wichtig ist und das dir in dieser Situation Sicherheit verleihen kann?*

Am Schluss der Übung legt der Kursleiter die Fragen noch einmal vor (CD-26). Fragen an die Gruppe können sein: *Welche Fragen waren hilfreich, Ihre Problemsituation mit anderen Augen zu sehen, welche Fragen waren eher überflüssig oder gar ärgerlich? Wie sehen Sie Ihre Situation jetzt?*

Die Übung wird individuell ganz unterschiedlich geschätzt. Einige werden begeistert und entlastet sein, andere entrüstet, weil sie die Schwere ihres Problems nicht gewürdigt finden. In diesem Fall ist es empfehlenswert, Unterschiede zwischen dieser Methode und den weitverbreiteten Ratschlägen zum »Positiven Denken« herauszuarbeiten.

Manche Ratgeber suggerieren, Probleme seien mit den »richtigen« Gedanken schon lösbar, die ausschließliche Beschäftigung mit den positiven Aspekten einer Situation helfe uns über diese Situation hinweg, und durch »die richtige Eigenprogrammierung« sei alles machbar. Negatives psychisches Befinden ist aber ein vielschichtiges Geschehen, und äußere Ereignisse, Verhaltensweisen anderer, körperliche Einschränkungen etc. sind durch gedankliche Veränderung nicht aus der Welt zu schaffen. Der Versuch, alles rosig darzustellen oder kritiklos »positiv« zu denken, wäre bei bestimmten Problemen nicht nur unangemessen, sondern auch taktlos. Die Fähigkeit zum Perspektivenwechsel kann jedoch sehr hilfreich sein bei

Alltagsproblemen, bei denen wir aus einer Mücke einen Elefanten machen und situativ die negativen Auswirkungen von Ereignissen überschätzen.

Bewegungsübung »Perspektivenwechsel«

(ca. 5 Min.)

Gehen Sie im Raum umher. Wann immer Sie wollen, bleiben Sie stehen, halten inne und betrachten eine oder mehrere Personen gleichzeitig aus einer möglichst ungewöhnlichen Perspektive. Bitte sprechen Sie nicht dabei.
Beginnen Sie zum Beispiel damit, dass Sie auf jemanden zugehen und ihn betrachten, indem Sie sich ganz nach vorn bücken und nach hinten durch die Beine auf ihn schauen … Sie können auf Stühle steigen, sich auf den Boden oder auf Tische legen usw. … Finden Sie verschiedene Möglichkeiten, andere aus einer ungewöhnlichen Perspektive zu betrachten …

Danach kommen alle wieder im Kreis zusammen. Fragen an die Teilnehmer können sein: *Welche Erfahrungen haben Sie bei dem Spiel gemacht? Welche Perspektive wich von der üblichen am meisten ab? Welche Perspektive haben Sie vermieden? Was bedeuten Perspektiven für unsere Art der Welt-Wahrnehmung?*

Die beiden Seiten der Medaille

(Einzel- oder Zweierübung, 20 – 30 Min.)

Bei dieser Übung werden die oben vorgestellten Fragetechniken auf eine zwischenmenschliche Konfliktsituation angewendet. Ziel ist auch hier, neue Sichtweisen und Denkprozesse anzuregen.

Die folgende Übung ist dazu geeignet, allein oder – wie in unserem Fall – mithilfe einer zweiten Person eine Konfliktsituation mit einer Person aus dem privaten oder beruflichen Leben von verschiedenen Seiten zu beleuchten. Einer von Ihnen fungiert ausschließlich als Interviewer. Er stellt die vorgegebenen Fragen und hält sich mit eigenen Erlebnissen oder Meinungen ganz zurück. Dabei achtet er sorgfältig darauf, dass der Gesprächspartner wirklich auf die Fragen eingeht und beim Thema bleibt. Nach 15 Minuten wird gewechselt. Der Text auf dem Übungsblatt (CD-27) lautet:

Wähle eine Person aus deiner beruflichen oder privaten Umgebung aus, mit der die Beziehung derzeit problematisch ist oder mit der du einen Konflikt hast. **Bitte beschreibe kurz diese Person und deine Beziehung zu ihr und beantworte dann folgende Fragen:**

- *Was an eurer Beziehung ist problematisch? Was ist der Konflikt?*
- *Was an eurer Beziehung ist unproblematisch? Was geht gut?*
- *Wie würde diese Person den Konflikt und ihre Beziehung zu dir beschreiben?*
- *Was ist deine Erklärung für das Problem?*
- *Wie würde die andere Person die Problemsituation erklären?*
- *Was könntest du selbst tun, um das Problem zu verschlimmern?*
- *Was könntest du selbst tun, um das Problem zu verbessern oder gar zu lösen?*
- *Was wünschst du dir von der anderen Person? Wie würde sie reagieren, wenn du diesen Wunsch formulierst?*
- *Wie geht es dir jetzt, nachdem du dir diese Gedanken gemacht hast?*

In der Großgruppe wird darüber diskutiert, ob der Konflikt durch die Übung in anderem Licht erscheint und ob sich daraus eine verändernde Wirkung auf das eigene Erleben oder Verhalten ergibt.

Ü Imaginationsübung »Flugreise«

(nach Susy Signer-Fischer)

In den bisherigen Übungen wurden verschiedene Methoden des Reframing erprobt und geübt. Die folgende Imaginationsübung ermöglicht eine indirekte Beschäftigung mit dem Thema auf metaphorischer Ebene bei gleichzeitiger körperlicher Entspannung. Mithilfe der Imagination einer Flugreise können einzelne Schritte des Reframing (Distanzierung, Perspektivenwechsel, Relativierung) bildlich vergegenwärtigt und körperlich erfahrbar werden. Sie ist gut für den Abschluss eines Übungsabschnitts bzw. für die Zeit vor einer Pause geeignet.

Zum Abschluss möchte ich Sie zu einer Imaginationsübung einladen. Dies ist eine Entspannungsform, bei der Sie in körperlicher Entspannung einer geleiteten Fantasie nachgehen können. Natürlich steht es Ihnen völlig frei, sich auf Ihre ganz eigene Art zu entspannen und in Gedanken einfach dahin zu gehen, wo es Ihnen am angenehmsten ist …

Setzen Sie sich bequem zurecht, wie Sie es inzwischen schon kennen. Wer will, kann die Augen schließen … und einfach darauf achten, wie du schon deine ganz eigene Art gefunden hast, loszulassen und zu entspannen … Und wenn du willst, kannst du in Gedanken deine eigenen Wege gehen, … und ein anderer Teil kann auch mitgehen und sich auf den Weg machen auf die Suche nach einem guten Platz, von wo aus du starten kannst für eine kleine Flugreise …

Ich weiß nicht, wie der Platz aussieht, und ich weiß nicht, ob du überhaupt ein Flugobjekt brauchen wirst oder ob du vielleicht ganz andere Pläne hast, … und wenn du ein Flugobjekt brauchst, kann es ein Ballon sein oder eine kleine Propellermaschine oder vielleicht ein Teppich oder etwas ganz anderes …

Und wenn es für dich richtig ist, einfach starten und abheben, genauso hoch, wie es jetzt gerade gut ist, und genauso weit und so schnell, und wenn du willst, eine kleine Flugreise machen …

Ich weiß nicht, wo du fliegen wirst, ob es bewohnte Landschaft ist oder Natur, … ob realistisch oder nur ein Bild … und spüren, wie sich das Fliegen anfühlt und wie du dich bewegst im Element Luft und wie alles von hier oben aussieht …

Gewisse Dinge werden kleiner, andere klarer, … wie die Formen sind, die Farben, und wenn du willst, diesen Flug an einen Ort lenken, wo du gern noch vorbeikommen willst. Und ich weiß nicht, wie du das machst: Ob du da kreisen möchtest, Bahnen ziehst oder stehen bleibst, die Höhe veränderst oder sonst etwas … und vielleicht gehört hast, was zu hören ist, und gesehen, was zu sehen ist, und dann deinen Flug wieder auf einen Platz lenkst, sei es der Startplatz oder ein anderer, der gut zum Landen geeignet ist, und darauf achten, auf welche Art du hinunterkommst …

Und aufsetzt, … und wie sich das anfühlt, … den Boden zu spüren, vielleicht aus- oder absteigen und dich umsehen, … bevor ihr euch von jener Zeit und von jenem Ort wieder verabschiedet … und zurückkommt in diesen Raum und in diese Zeit.

Zum Abschluss dieses Abschnitts noch eine Geschichte:

Die Schaulustigen und der Elefant

Man hatte einen Elefanten zur Ausstellung in einen dunklen Raum gebracht. Die Menschen strömten in Scharen herein. Da es dunkel war, konnten die Besucher den Elefanten nicht sehen, und so versuchten sie, seine Gestalt durch Betasten zu erfassen. Da der Elefant groß war, konnte jeder Besucher nur einen Teil des Tieres greifen und es nach seinem Tastbefund beschreiben. Einer der Besucher, der ein Bein des Elefanten erwischt hatte, erklärte, dass der Elefant wie eine starke Säule sei; ein zweiter, der die Stoßzähne berührte, beschrieb den Elefanten als spitzen Gegenstand; ein dritter, der das Ohr des Tieres ergriff, meinte, er sei einem Fächer nicht unähnlich; der vierte, der über den Rücken des Elefanten strich, behauptete, dass der Elefant so gerade und flach sein wie eine Liege.

Nach Mowlana, persischer Dichter

3.4 Innere Einstellungen als stabile, kognitive Verarbeitungsmuster (Schemata)

Wenn es nur eine Wahrheit gäbe,
könnte man nicht hundert Bilder über dasselbe Thema malen.
Pablo Picasso

Innere Einstellungen werden im Lebensverlauf erworben und durch familiäre und gesellschaftliche Normen und einschneidende, sich wiederholende Erlebnisse geprägt. Wenn frühes emotionales Erleben von Bezugspersonen nicht oder in problematischer Weise beantwortet wird, muss das Kind sowohl mit seinen eigenen Emotionen als auch mit der Problematik aufseiten der Bezugsperson zurechtkommen. Es hat Probleme, seine Emotionen angemessen zu regulieren, und wird emotionale Bewältigungsstile herausbilden, die bis ins Erwachsenenalter weiter gebahnt und ausgebaut werden. Diese dienen dazu, weitere unangenehme Erlebnisse zu vermeiden.

Die Gegenwart kann Schemata aus der Vergangenheit aktivieren: Zum Beispiel kann das Bedürfnis nach Nähe eine Rückzugstendenz auslösen *(man kann sich auf niemand verlassen)*, wenn dieses Bedürfnis einmal gefährlich war; das Erleben von Wut könnte zu Anpassung führen *(man darf seine Wut nicht zeigen)*, wenn das Ausleben vormals bestraft wurde. Je nachdem, wie früh, wie intensiv und wie oft diese Erfahrungen stattfanden, desto mehr hat sich die Bahnung entsprechender Schemata stabilisiert (siehe Greenberg 2011).

Probleme im Erwachsenenleben werden also mit vormals sinnvollen Lösungsstrategien aus der Kindheit zu bewältigen versucht. Dabei wird gar nicht bemerkt, dass alles jetzt vielleicht neu, besser, auf jeden Fall aber anders ist und Erwachsene mehr Möglichkeiten als Kinder haben.

Die Auseinandersetzung mit kognitiven und emotionalen Schemata ist ein anspruchsvolles und zeitforderndes Unterfangen, das einen großen Anteil einzeltherapeutischer Zeit in Anspruch nimmt und für das in jüngerer Zeit spezifische Therapiekonzepte vorgelegt wurden (z. B. Young et al. 2008, Greenberg 2011).

In diesem Kontext sollen die Teilnehmer zunächst dafür sensibilisiert werden, dass manche selbstverständlich gewordene Lebenseinstellungen nicht nur stressverschärfend, sondern sogar irrational (Ellis 1997) sind. Sie werden zu einem (inneren) Dialog eingeladen, in dem Grundannahmen rational überprüft und hinterfragt werden können. In einer akzeptierenden, nicht wertenden Atmosphäre kann zumindest der Anfang dafür gemacht werden, dass sich eine neue, zunächst »nur« intellektuelle Einsicht als emotionale Einsicht internalisiert (siehe auch Kap. III, 4.). Durch Austausch, Diskussion und Übungen sollen Prozesse der Sensibilisierung und der kritischen Überprüfung internalisierter (Vor-)Urteile in Gang gesetzt und die Frustrationstoleranz und Selbstwirksamkeitserwartung positiv beeinflusst werden.

Wie innere Einstellungen unser Leben beeinflussen

W

Man sieht, was man kennt, und man tut, was man kann.

Einstellungen, Überzeugungen und persönliche Motive (z. B. »bloß keine Gefühle zeigen«, »am besten macht man alles allein«) stehen oft »hinter« unseren alltäglichen Gedanken und bestimmen diese wesentlich mit. Sie stammen aus früheren, meistens schon aus kindlichen Erfahrungen, haben sich über viele Jahre etabliert, immer wieder »selbst« bestätigt, und manche sind Teil unserer Persönlichkeit geworden. Neue Erfahrungen werden relativ schnell den schon vorhandenen Schubladen zugeordnet, und so entstehen gedankliche und verhaltensmäßige Gewohnheiten. Zum Beispiel werden Menschen mit der Grunderfahrung von Einsamkeit leicht Indizien dafür finden, dass sich (auch heute) keiner für sie interessiert. Sie filtern aus ihrer Umgebung die Informationen heraus, die sie zur Bestätigung dieser Grundannahme brauchen.

Gedankliche Schubladen haben viele Vorteile: Sie helfen »aufräumen«, sind zeitsparend, schützen vor Reizüberflutung und Selbstverunsicherung. Von Nachteil ist, dass sie nicht immer für neue Situationen passen, dass unsere Erlebensvielfalt eingeschränkt wird und dass Handlungsspielräume ungenutzt bleiben. Wer als Kind beschämende Erfahrungen, zum Beispiel im Musikunterricht, gemacht hat, wird es künftig vermeiden zu singen. Er wird viele peinliche Bestätigungen für sein Selbstkonzept »ich kann nicht singen« sammeln und es dadurch immer mehr verfestigen. Viele sind ganz mit ihren Überzeugungen identifiziert. Sie haben die Erfahrung »so bin ich« oder »das bin ich«.

Einstellungen sind also **ich-nah**, ihre einseitige und generalisierende Tendenz ist uns nicht unmittelbar einsichtig, ihre Infragestellung wird häufig sogar als Bedrohung erlebt, und folglich werden sogar Abwehrmaßnahmen gegenüber widersprechenden Informationen ergriffen.

Deshalb sind auch Vor-Urteile so stabil: Wir nehmen das wahr, was wir wahrnehmen wollen, und wir interpretieren unsere Erfahrungen so, dass sie das Bild von uns selbst und der Welt immer neu bestätigen **(sich selbst erfüllende Prophezeiung)**.

In diesem Kursabschnitt geht es darum, Denkmuster als Hypothesen über sich und die Welt zu betrachten, die hinterfragt und überprüft werden können. Mit Achtsamkeit als Haltung und mit der Bereitschaft, innere und äußere Gegebenheiten immer wieder neu zu betrachten, werden wir uns mit ungeprüften Vermutungen öfter zurückhalten und mit weniger Vorbehalten an unsere Umgebung herantreten. Diese Neu-Gier wird sich auch auf unsere sozialen Beziehungen auswirken, nämlich als größere Bereitschaft, anderen zuzuhören, ihnen nach Missverständnissen eine neue Chance zu geben und versöhnlicher mit (ihren) Fehlern umzugehen.

Disputation

(Großgruppe oder Kleingruppen à 4 Personen, ca. 30 Min.)

Zweifel ist der Anfang der Weisheit, nicht ihr Ende.
George Iles

Die Teilnehmer diskutieren über einige weitverbreitete Einstellungen und Motive *(man kann niemand vertrauen, es gibt immer eine perfekte Lösung, starke Menschen brauchen keine Hilfe usw.,* siehe CD-28). Die Ziele der Übung sind: Prüfen der Realitätsnähe dieser Behauptungen, Skepsis gegenüber absoluten, verallgemeinernden, unbedingten Aussagen, Flexibilität bezüglich eigener Meinungen, wenn neue Informationen vorliegen.

Bei dieser als »Disputation« bezeichneten Technik geht es um die Logik, Beweisbarkeit und Zweckmäßigkeit bestimmter Einstellungen und Lebensphilosophien, die weitverbreitet und manchmal sogar gesellschaftlich anerkannt und gefördert sind. Sie zeichnen sich meistens durch ihre generalisierte, absolute Formulierung aus. Jede Gruppe erhält ein Arbeitsblatt mit einigen typischen Sätzen. Bitte diskutieren Sie miteinander, welche Argumente für und gegen diese Ideen sprechen, ob Sie sie befürworten, und wenn nicht, ob Sie sie rational entschärfen können. Bitte achten Sie darauf, dass Sie nicht lediglich mit einer unbelegten Behauptung widersprechen, sondern dass Sie Argumente wählen, die logisch nachvollziehbar sind. Auch wenn Sie einer Behauptung spontan zustimmen, versuchen Sie dies rational zu begründen. Bitte bestimmen Sie einen Moderator, der Ihre wichtigsten Argumente dokumentiert und auf die Zeit achtet.

Auf dem Arbeitsblatt (CD-29) sind als Hilfestellung einige Fragen aufgelistet.

Wenn Sie dieser Meinung sind:

- *Woher haben Sie diese Meinung?*
- *Woher wissen Sie das? Können Sie ein Beispiel nennen? Gibt es einen Beweis?*
- *Wie logisch und realitätsnah ist die Behauptung? Wie nützlich ist sie? Was hat sie für Auswirkungen?*
- *Wie werden Sie sich langfristig fühlen/verhalten, wenn Sie weiter an dieser Meinung festhalten?*
- *Was könnte der Nutzen sein, sich von ihr zu verabschieden?*

Wenn Sie nicht dieser Meinung sind:

- *Woher haben andere wohl diese Meinung?*
- *Können Sie die Meinung logisch und realitätsnah widerlegen?*
- *Können Sie ein Gegenbeispiel nennen, gibt es sogar einen Gegenbeweis?*
- *Was ist der Nutzen davon, diese Meinung zu haben?*
- *Was könnte der Nutzen sein, sich von ihr zu verabschieden?*

Nach der Übung wird das Übungsblatt als Folie aufgelegt, die Moderatoren stellen die Ergebnisse zu den einzelnen Punkten vor.

Für weitere Gruppenarbeiten oder die Bearbeitung zu Hause:

Ü Irrationale Ideen

(nach Ellis 1997, CD-30)

Ü Vorurteile

(Zweierübung, 30 Min.)

Achte auf deine Gedanken, denn sie werden Worte.
Achte auf deine Worte, denn sie werden Handlungen.
Achte auf deine Handlungen, denn sie werden Gewohnheiten.
Achte auf deine Gewohnheiten, denn sie werden dein Charakter.
Achte auf deinen Charakter, denn er wird dein Schicksal.
Aus dem Talmud

Von Stereotypen und Überzeugungen ist es nicht weit zu Vorurteilen. Handelt es sich bei Ersteren um die kognitive Komponente von Voreingenommenheit, so kommt bei Vorurteilen eine affektive und bei der Diskriminierung eine Verhaltenskomponente hinzu.

Mit Verallgemeinerungen und Vorurteilen bewusster umzugehen, reduziert zwischenmenschlichen Stress. Die wichtigste Voraussetzung, nicht rigide und voreingenommen zu werden, ist die Fähigkeit und Bereitschaft, sich in andere Menschen hineinzuversetzen (Empathie), die Welt mit ihren Augen zu sehen, Perspektivenwechsel vorzunehmen. Die folgende Übung ist ein hilfreiches Experiment, um Vorurteile deutlich zu machen und sie im Licht einer anderen Position abzuschwächen.

In der Sozialpsychologie werden ***Vorurteile*** *als negativ getönte Einstellung gegenüber einer Gruppe von Menschen definiert, die im Einzelfall nicht auf ihre Gültigkeit überprüft wird und relativ änderungsresistent ist.*
Wir alle sehen die Welt aus der Perspektive unserer Erfahrungen. Niemand kann alle neuen Informationen auf ihren Wahrheits- oder Realitätsgehalt überprüfen, wir brauchen Vereinfachungen in einer immer komplexer und komplizierter werdenden Welt. Wir können Vorurteile also nicht vermeiden, und je weniger wir Gelegenheit haben, sie durch Erfahrung zu korrigieren, desto stabiler werden sie.
Für mentale Abkürzungen sind wir umso anfälliger, je geforderter und ablenkbarer wir sind – und gleichzeitig werden wir durch Vorurteile selbst in unserer Leistung beeinträchtigt, meistens sogar ohne es zu merken: Blonde Studentinnen lösten Aufgaben schlechter, nachdem man ihnen Blondinenwitze erzählt hatte, Frauen, die mit Vorurteilen über weibliche Fahrkunst konfrontiert waren, parkten übertrieben langsam ein, und allein die Frage nach Alter, Geschlecht und Hautfarbe vor einer Prüfung aktiviert alle Vorurteile, die mit diesen Merkmalen verbunden sind.
Vorurteile verhindern also, dass Menschen ihre Möglichkeiten voll ausschöpfen. Sie erzeugen Druck und werden zu einer selbsterfüllenden Prophezeiung, wenn ihnen nicht bewusst gegengesteuert wird. Bei der folgenden Übung können Sie ganz bewusst und übertrieben eigene oder fremde Urteile und Vorurteile äußern und mit anderen Positionen vergleichen.

Der Kursleiter bietet der Gruppe Gegensatzpaare an (Beispiele sind: Mann – Frau, heterosexuell – homosexuell, alt – jung, Deutscher – Türke, Unternehmer – Angestellter/Arbeiter, Norddeutscher – Süddeutscher, Biertrinker – Weintrinker, Vegetarier – Fleischesser, Christ – Moslem). Die Gruppe teilt sich in Paare auf, von denen jeder jeweils einer der Subgruppen angehören sollte oder so tun möchte, als ob dies der Fall wäre. Wer übrig bleibt, schließt sich als Beobachter einem Paar an.

Beide teilen einander abwechselnd mit, was »man« über die Gruppe denkt, zu der der Partner gehört. Dies darf spontan, frech, übertrieben und ohne Zensur geschehen, wohl wissend, dass viele dieser Behauptungen eindeutig falsch sind.

Regel: Bei dem entstehenden Dialog wird der andere nicht beim Sprechen unterbrochen (10 Min.). Anschließend sprechen die beiden

Partner über ihre Gefühle und Reaktionen (ca. 10 Min.). Dann kommen alle Teilnehmer im Plenum zusammen und teilen einander mit, was sie bemerkenswert fanden.

Auswertung der Übung »Vorurteile« (CD-31):

- *Wo kommen Vorurteile her?*
- *Auf welchen Ereignissen oder Überlieferungen in Familien/im gesellschaftlichen Umfeld beruhen sie?*
- *Gibt es in Ihrer Familie/Ihrem Umfeld Vorurteile?*
- *Waren Sie selbst schon einmal Opfer von Vorurteilen? Wie ging es Ihnen damit und wie haben Sie reagiert?*
- *Was hat das Thema »Vorurteile« mit Stress zu tun?*

Ü Zuhören

(nach C. Rogers 1972; Großgruppe, ca. 30 Min.)

Zwei Monologe ergeben noch kein Gespräch.
N. Bobbio

Die Art und Weise, wie wir zwischenmenschliche Kontakte und Beziehungen gestalten, bestimmt unser persönliches Befinden und die Leistungsfähigkeit von Gruppen und Teams wesentlich mit. Kommunikationstrainings sind fester Bestandteil von Beratung, Therapie und Erwachsenenbildung (siehe z. B. Schulz von Thun 1999). Das folgende Interaktionsspiel wird hier vorgeschlagen, um die Teilnehmer für ihr eigenes Kommunikationsverhalten und das der anderen zu sensibilisieren. Ziele sind: Einander genau zuhören, sich prüfen, ob die Botschaften anderer sinngemäß verstanden wurden, bevor darauf reagiert wird, sich selbst beim Sprechen bzgl. Dauer und Fokus disziplinieren. Übergeordnetes Thema ist in unserem Zusammenhang, wie belastend es einerseits ist, sich von anderen unverstanden und übergangen zu fühlen, und wie schwer es den meisten fällt, selbst einen Beitrag für eine stressfreiere Kommunikation zu leisten.

Wir haben darüber gesprochen, wie stabil einmal gewonnene Meinungen und Einstellungen sein können. Daran ändern auch Diskussionen mit anderen oft nichts. Ein wesentliches Merkmal zwischenmenschlicher Kommunikation ist nämlich die allgemeine Tendenz zur Bewertung bei fast jeder sprachlichen Äußerung des Gegenübers. Wenn heute nach dieser

Sitzung jemand zu Ihnen sagen wird: »Das war heute aber ziemlich langweilig«, dann werden Sie wahrscheinlich fast unweigerlich mit einer eigenen Bewertung antworten – aus Ihrem persönlichen Bezugsrahmen heraus. Diese Bewertungstendenz steigert sich in emotionalen Situationen, und die Beteiligten haben irgendwann das Gefühl, gar nicht mehr über die Sache, sondern ständig aneinander vorbeizureden. Sie wiederholen nur in Variationen ihre Behauptungen, ohne dass einander wirklich zugehört, geschweige denn aufeinander eingegangen wird. Jeder ist nur damit beschäftigt, was er selbst als Nächstes sagen wird. Der einzige Weg aus dieser Sackgasse ist: Zuhören unter Verzicht auf die Wertung aus eigener Sicht, probehalber den Standpunkt des anderen einnehmen, verstehen wollen, was er meint und wie ihm zumute ist. Das klingt ziemlich einfach, aber bei der nächsten Übung werden Sie die Erfahrung machen, dass das schon hohe Kunst der Kommunikation ist.

Dazu brauchen Sie bei der Diskussion nur folgende ***Grundregel*** *zu beachten: Jeder Diskussionsbeitrag muss dadurch eingeleitet werden, dass der Sprecher sinngemäß wiederholt, was sein Vorredner gesagt hat. Dabei reproduziert er nicht einfach den Redebeitrag des Vorredners, sondern bemüht sich, den gefühlsmäßigen Hintergrund des Gesagten zu berücksichtigen und den Sinn wiederzugeben. Der eigene, weiterführende Beitrag darf erst erfolgen, wenn der Vorredner mit der Umschreibung seines Beitrages einverstanden ist.*

Der Kursleiter bietet zwei bis drei Themen an, die in der Öffentlichkeit aktuell kontrovers und emotional diskutiert werden (z. B. Kopftuchverbot an Schulen, aktive Sterbehilfe, Strafe oder Therapie bei Gewaltverbrechen), die Vertreter beider Positionen setzen sich gegenüber.

Rechnen Sie damit, dass die Kommunikationsregel in Kleingruppen schon nach kurzer Zeit nicht mehr eingehalten wird. Deshalb wird die Übung hier für die Gesamtgruppe empfohlen. Es kommen mehr Redebeiträge zustande, und der Kursleiter kann doppeln, formulieren helfen, steuern. Nach 30 Minuten legt der Kursleiter die folgenden Fragen als Folie auf. Wer sich zu einer der Fragen äußern möchte, kann dies in wenigen Sätzen tun, ohne dass die anderen Teilnehmer noch einmal darauf eingehen. Der Kursleiter achtet jedoch darauf, dass sich die Beiträge ausschließlich auf die jeweilige Frage beziehen.

Fragen zur Übung sind (CD-32):

- *Auf welche Weise unterschied sich diese Diskussion von einem normalen Gespräch?*
- *Habe ich anders als sonst kommuniziert und was war der Unterschied?*
- *Was ist mir bezüglich meiner eigenen Zuhör- und Sprechgewohnheiten aufgefallen?*
- *Wie habe ich (offen oder versteckt) auf Teilnehmer reagiert, die die Grundregel nicht beachteten?*
- *Welches Gesprächsverhalten von anderen erleichtert mir das Zuhören, welches erschwert es eher?*
- *Was hat die Art, wie wir miteinander kommunizieren, mit Stress zu tun?*
- *Welche Konsequenzen möchte ich persönlich aus diesem Experiment ziehen?*

Als positive Aspekte des Experiments werden erfahrungsgemäß genannt, dass die Diskussion weniger emotionsgeladen war als sonst oft üblich, dass die Meinungen nachvollziehbarer wurden und dass manche sogar ihre Meinung revidiert haben.

3.5 Auf der Suche nach Ressourcen

Eine unserer grundlegendsten Fehleinschätzungen ist es zu glauben, Glück sei nur in der Zukunft möglich. Wir denken: »Oh nein, im Moment gibt es noch nicht genug, was mich glücklich macht. Ich brauche noch ein paar weitere Bedingungen, um glücklich sein zu können.« So opfern wir die Gegenwart für die Zukunft. Doch wenn wir in der Gegenwart wirklich ganz präsent sind, werden wir sehen, dass wir mehr als genug Voraussetzungen haben, um glücklich zu sein. Setz dich einmal hin und schreibe alle Bedingungen zum Glücklichsein auf, die in deinem Leben gerade präsent sind. Du wirst erstaunt sein, denn du wirst fünf oder sechs Bogen Papier dafür brauchen.

Thich Nhat Hanh

Im transaktionalen Stressmodell spielt neben der primären Bewertung einer Situation als belastend, positiv oder irrelevant auch die **Selbsteinschätzung** der persönlichen Kompetenzen und Möglichkeiten eine wichtige Rolle (sekundäre Bewertung). Die Erwartung von Selbstwirksamkeit (Bandura 1997) beeinflusst ganz entscheidend, ob und wie sich eine Person einer Herausforderung bzw. einer schwierigen Aufgabe stellt. Dies gilt nicht nur für Alltagsbelastungen, sondern auch für

Krankheitsbewältigung und die Veränderung von Risikoverhaltensweisen (Gewichtsabnahme, Umgang mit Abhängigkeiten; Schwarzer 1993). Das Vertrauen, Anforderungen eigenständig zu bewältigen, wird durch das Wissen um die verfügbaren Ressourcen (Fähigkeiten, Eigenschaften, Kenntnisse und Potenziale) gestärkt. Ressourcenorientierte Beratung zielt darauf ab, diese Fähigkeiten bewusst und individuell verfügbar zu machen. Besonders wenn sich Klienten selbstkritisch, problemorientiert und klagend verhalten, kann es zwar mühsam, aber sehr nützlich sein, sich nach Lebenserfahrungen und Fähigkeiten zu erkundigen, mit denen sie zufrieden sind oder waren und sich kompetent fühlen oder fühlten.

Warum es so wichtig ist, seine Stärken und Ressourcen genau zu kennen

Ressourcen sind Stärken, Kraftquellen, Fähigkeiten. Wenn Sie an Ihr bisheriges Leben denken, wird Ihnen eine Vielzahl von schwierigen Lebenssituationen einfallen, die Sie durchgestanden oder sogar erfolgreich bewältigt haben.
Wie haben Sie das geschafft? Was und wer waren dabei hilfreich?
Wahrscheinlich hatten und haben Sie eine Menge persönlicher und zwischenmenschlicher Ressourcen. Wir können davon ausgehen, dass jeder ein tiefes Wissen darüber hat, woraus er Kraft schöpfen kann. Die Ressourcen zur Bewältigung von Problemen sind also da – es lohnt sich, sich diese bewusst zu machen und sie im Alltag selbst-bewusst zu nutzen. Darum geht es in den folgenden Übungen.

Gruppentrance: Meine Stärken

Ü

(nach Susy Signer-Fischer)

Arbeitsmaterial: Bei Bedarf Zeichenstifte und ein DIN-A4-Blatt

Setzen Sie sich bequem zurecht … Wer will, kann die Augen jetzt schon schließen, und jeder hat inzwischen seine ganz eigene Art, sich zu entspannen … Kann sein, dass du einiges loslassen willst, seien es Spannungen, seien es Sorgen, … und nur behalten, was richtig ist … Die Gedanken gehen lassen oder Bilder oder Geräusche, … und vielleicht spüren, wie es Platz in dir gibt, Raum, … vielleicht auch für Freiraum … Es kann sein, dass ein Teil von dir sich auf die Suche macht, … nach etwas, das du gut kannst, … sei das Fahrradfahren, Sachen reparieren, kochen, Geschichten ausdenken, andere unterhalten oder etwas ganz anderes … Ich nehme an, du kommst bei verschiedenen Fähigkeiten vorbei, wo du weißt: Das kann ich gut … Und eine auswählen und in den Vordergrund nehmen, … dich erinnern an eine Situation, wo du diese Tätigkeit ausgeübt hast …

Und wenn du diese Situation gefunden hast, diese Situation noch einmal durchleben: … Wo das war und wer dabei war, … und gut zu achten, wie es aussieht dort, und gut zu achten, was du hörst, … und gut zu achten, was zu riechen ist, … und gut zu achten, wie sich das anfühlt …

Kann auch sein, dass du sogar den Höhepunkt der Situation herausfindest … Dieser Höhepunkt kann das sein, wo du genau spürst, wie es dir gut geht, wenn es gelingt … Und darauf achten, wie sich das anfühlt, das Gut-Können, und wo im Körper du das besonders spürst … Manche merken das an der Atmung, … andere an einer Entspannung im Gesicht oder in den Schultern, andere an etwas ganz anderem …

Und wenn du es weißt, darauf achten, wie sich's anfühlt, die Qualität warm oder eher frisch, … leicht oder fest, wie Seidenstoff oder eher wie Wolle oder sonst etwas …, ob eine Farbe passt oder eine Melodie oder ein Wochentag oder eine Zahl … und manche von diesem Gefühl vielleicht sogar ein Bild haben und festhalten wollen … Und darauf achten, wie du diese angenehmen Körperempfindungen gut stärken kannst und, wenn du willst, einen Zugang dazu hast, eine Gedächtnisspur legst …

Und dann die Situation abschließen, sodass es stimmt, … und euch von jener Zeit und von jenem Ort verabschieden und zurückkommen, … beweg die Fingerspitzen, Arme anziehen, tief atmen, Augen auf.

Anschließend kann jeder eine Zeichnung oder eine Skizze machen, die zu dem Körpergefühl passt (nicht ein Abbild davon). Danach zeigen je zwei Personen einander ihre Skizze und führen ein kurzes Gespräch darüber, was sie mit dieser Zeichnung tun könnten und was sie wohl damit tun werden.

Ressourcenschatz

(CD-33)

Diese Übung eignet sich gut zum Bearbeiten daheim und kann als »Work in Progress« über längere Zeit weitergeführt werden.

Notieren Sie in Stichworten, was Ihnen konkret zu den unten aufgeführten Begriffen einfällt. Bei den Stichworten geht es um innere und äußere Ressourcen in Ihrem Leben. Wenn Ihnen noch andere Begriffe wichtig sind, ergänzen Sie diese. Es kann auch sein, dass Ihnen das eine oder andere traurige Ereignis oder das Fehlen einer gewünschten Ressource in den Sinn kommt. Diese notieren Sie ebenfalls.

Die Begriffe sind: *Begabungen, Eigenschaften, Wünsche, Sicherheiten, Gewohnheiten, Liebe, Erfolge, Freundschaft, Glück, Versorgung, Hoffnung, Ideale, Materielles, Vorbilder, Tiere, Hobbys, Pläne, Helfer, Ausbildung.*

Quellen der Kraft und aufmerksames Zuhören

(Zweierübung, 20 Min.)

Bei der folgenden Zweierübung (CD-34) helfen Sie einander, sich an Erfahrungen, Erlebnisse, Aktivitäten, Personen, Orte oder Dinge zu erinnern, die in der Vergangenheit und Gegenwart stärkend und ermutigend waren und es (in der Erinnerung) immer noch sind. Einige Beispiele: Der eine wird nie seinen ersten Sprung vom Dreimeterbrett vergessen, die andere hat Gefühle von Geborgenheit, wenn sie sich an den Großvater erinnert, dessen Pfeife sie ihm immer stopfen durfte, und manche Paare reisen immer wieder zum Ort ihrer ersten Begegnung.
Diese Übung hat noch einen zweiten Aspekt: Der Interviewer bemüht sich, 10 Minuten lang ausschließlich auf sein Gegenüber einzugehen und ihn lediglich durch Nachfragen beim Erinnern zu unterstützen, ohne eigene Erfahrungen und Meinungen mitzuteilen. Es geht hier also nicht um gegenseitigen Austausch, sondern konsequent jeweils 10 Minuten nur um die Reflexion einer Person und die aufmerksame Zuwendung durch die andere.

Im Anschluss findet ein Gespräch in der Gruppe statt, wie zum einen die Ressourcensuche, zum anderen das gegenseitige Zuhören geklappt hat (CD-35).

Viele haben berichtet, dass sie sich nach kurzer Zeit lieber miteinander unterhalten haben. Es ist tatsächlich unüblich und für die meisten von uns schwer geworden, dem Gegenüber »nur« sein Ohr zu leihen, ohne sofort eigene Statements abzugeben. Achten Sie einmal darauf – im Pausengespräch, beim Paarkonflikt, in Interviews und Talkshows –, häufig findet kein Austausch, sondern ein Schlagabtausch statt, bei dem nur auf Hinweisreize gewartet wird, um endlich die eigenen Gedanken loszuwerden, meistens ohne sich auf den Vorredner zu beziehen. Echtes Zuhören und sich auf den anderen Einlassen ist fast schon eine Kunst und eine erstaunlich schwere Übung, wenn wir es bewusst versuchen. Wir werden dafür belohnt, indem wir einander besser verstehen und besser mit Konflikten umgehen können.

3.6 Realistische Selbsteinschätzung und Selbstverantwortung

Man kann einen Ort nicht verlassen, bevor man dort angekommen ist.
Leslie S. Greenberg

Die folgenden Übungen sind herausfordernd und setzen eine vertrauensvolle Gruppenatmosphäre voraus. Dann ermöglichen sie korrigierende, neue Erfahrungen mit anderen Menschen, nämlich dass die Auseinandersetzung mit eigenen Schattenseiten nicht zu Beschämung oder Frustration führen muss, sondern dass das Zeigen, Verstehen und die gegenseitige Akzeptanz (alte) Gefühle verändert und neue Einstellungen möglich macht. Wie in den anderen Bausteinen gilt auch hier die Hinwendung der Person zu sich selbst als Voraussetzung für eine Verbesserung der Selbstbewertung.

Ü Müssen und wollen

(Zweierübung innerhalb der Großgruppe, ca. 20 Min.)

Ellis (1997) beschreibt verschiedene Formen von »heißen« Kognitionen, die zu anhaltenden, negativen und belastenden Emotionen führen. Sie betreffen vor allem das Übersteigern von Pflichten und Forderungen (Muss-Denken), globale negative Selbst- und Fremd-Bewertung *(ich kann nicht singen)*, niedrige Frustrationstoleranz *(ich kann es nicht ertragen, wenn …)* und Katastrophendenken *(es ist absolut schrecklich, wenn …)*. Sogenannte warme, d. h. realistische und flexible, Bewertungen sind mit adäquaten, realistischen, negativen Emotionen verbunden *(es ist mir jetzt sehr unangenehm, dass …, es ist mir sehr wichtig, aber ich muss es nicht haben*, oder: *es ist schwer, aber ich kann es aushalten).*

Ziel der folgenden Übung ist die Bewusstmachung von »heißen« Kognitionen und ihre Diskussion in der Gruppe.

Bei dieser Zweierübung geht es darum, eigene Widerstände und Unlust gegenüber Forderungen an sich selbst wahrzunehmen und sich bewusst für oder gegen deren Erfüllung zu entscheiden.
Bitte setzen Sie sich hier im Raum mit Schreibmaterial zu zweit einander gegenüber. Sprechen Sie so miteinander, dass Sie die anderen nicht stören. Bitte beginnen Sie während der Übung keine Diskussionen. Wenn Sie früher fertig sind als andere im Raum, lassen Sie das Gesagte und Gehörte still in sich nachklingen.
Nun diktieren Sie sich gegenseitig jeweils sieben Sätze, die beginnen mit »ich muss«. Zählen Sie auf, was Sie Ihrer Meinung nach tun oder sein müssen. Sprechen Sie die Sätze langsam und bewusst und achten Sie auf Ihre Empfindungen dabei … Ihr Partner schreibt Ihre Sätze für Sie auf (Beispiel: »Ich muss jeden Tag aufstehen«; »ich muss meine Familie ernähren«; »ich muss essen« usw.).

Wenn alle Teilnehmer dies getan haben, kommt die nächste Instruktion:

Nun nimmt sich jeder seine eigenen Sätze vor, wiederholt laut jeden einzelnen Satz, aber er ersetzt »ich muss« durch: »Ich entscheide mich zu/für …«

Im nächsten Übungsteil diktieren sich die Teilnehmer jeweils sieben neue Sätze, die beginnen mit *ich kann nicht*. Diese werden dann ersetzt durch *ich will nicht*.
Eine weitere Variante ist: *Ich brauche unbedingt – ich wünsche mir*.
Für den Austausch in der Gruppe eignen sich folgende Fragen:

Welche Gefühle sind bei dieser Übung entstanden? Wird durch die Übung die Motivation für bewusstere Entscheidungen geweckt? Wie realistisch wurden die Alternativen erlebt? Bei welchen Beispielen war die Alternativformulierung eindeutig falsch?

Manche Teilnehmer werden zunächst mit Ärger und Widerstand auf die Behauptung reagieren, dass Stresserleben häufiger als gedacht durch mangelnde Selbstverantwortung oder übersteigerte Ansprüche als durch äußere Zwänge entsteht. Zum Beispiel suggeriert die Behauptung, etwas zu müssen, Hilflosigkeit, keine Wahl und keinen Einfluss auf die Situation zu haben. Genau dies ist jedoch eher selten der Fall. Allerdings braucht, wer keine Wahl hat, nicht mehr zu wählen – er lenkt von seiner Selbstverantwortung ab.

Ü Wie stehe ich zu meiner Arbeit?

(Einzelübung innerhalb der Gruppe, 20 Min., nach Stollreiter et al. 2000)

Auch die Arbeitszufriedenheit hängt zu einem gewissen Teil davon ab, welche innere Haltung Sie gegenüber Leistung, Fehlern, Verantwortung, Autorität etc. haben. Viele meinen zwar, selbstverantwortlich zu handeln, in Wirklichkeit schieben wir jedoch allzu oft die Verantwortung und Kontrolle über unser Leben und Befinden auf andere. Natürlich gibt es objektive Zwänge, und auch ein selbstverantwortlicher Mensch kann gesellschaftliche Bedingungen wie Arbeitslosigkeit nicht ändern. Viele Zwänge jedoch erlegen wir uns selbst auf – jeden Tag neu und aus guten Gründen.
In dieser Übung machen Sie sich bewusster, wie Sie derzeit zu Ihrer Arbeit/Beschäftigung stehen.

Die Teilnehmer erhalten das Übungsblatt »Der Nutzen meiner Arbeit« (CD-36).

Notieren Sie kurz die Vor- und Nachteile Ihrer derzeitigen Arbeitsstelle. Wenn Ihr Resümee schlecht ausfällt, erfassen Sie auch mögliche Alternativen. Sie haben dafür 10 Minuten Zeit. Danach tauschen Sie mit Ihrem Nachbarn kurz Ihre Überlegungen aus.

In der Gesamtgruppe können folgende Devisen für mehr Selbstverantwortung zusammengefasst werden:

- *Halten Sie sich die Beweggründe Ihrer Entscheidungen und Ihres täglichen Tuns vor Augen.*
- *Fragen Sie sich ernsthaft, ob Sie wirklich keine Wahl haben oder ob Ihnen die Wahlmöglichkeiten lediglich nicht gefallen. Entscheiden Sie sich täglich neu.*
- *Machen Sie sich die Alternativen zu Ihrer jetzigen Situation klar. Wenn Ihnen diese nicht gefallen oder wenn sie nicht umsetzbar sind, entscheiden Sie sich bewusst für das, was Sie gerade tun – und stehen Sie dazu.*

Meine Schwächen, meine Stärken

(Stilleübung, Zweierübung, ca. 45 Min.; CD-37) Autor?

Mit all der Mühe, mit der wir manche unserer Fehler verbergen,
könnten wir sie uns leicht abgewöhnen.
Michelangelo

Diese Übung besteht aus zwei Teilen: Jedes Arbeitsblatt wird allein bearbeitet und nach 10 Minuten mit einer anderen Person besprochen, danach Austausch in der Gruppe.

Fehler gelten in unserer Kultur gemeinhin als schlimm. Als »Problemspezialisten« sind wir darauf geeicht, (bei anderen) Fehler zu suchen und zu benennen, wir selbst versuchen, sie zu vermeiden und zu verbergen. Das ist schade, denn aus selbst gemachten Fehlern und dem wohlwollenden Anreiz in unserer Umgebung, es erneut zu versuchen, lernen wir am meisten. Die folgende Übung hat noch einen weiteren Aspekt: Wenn ich freundlich zu mir selbst bin und bzgl. eigener Fehler zu mir stehe, trägt das zu mehr Selbstbewusstsein und zu einem offenen und lernfreudigen Umgang miteinander bei.

Teil 1

Denken Sie an eine Situation im letzten halben Jahr, die Sie als Misserfolg erlebt haben.

- *Was haben Sie da nicht gut gemacht?*
- *Wo haben Sie sich ungeschickt, inkompetent oder daneben benommen?*
- *Was hätten Sie anders machen können/wollen?*

Stellen Sie Ihre eigenen Schwächen, Fehler und Defizite, die den Misserfolg bewirkt haben, deutlich heraus. Gebrauchen Sie keine Einschränkungen, Ausreden oder Entschuldigungen. Schieben Sie nichts auf Pech oder unglückliche Umstände. Nehmen Sie die Verantwortung auf sich.

Teil 2

Denken Sie an eine Situation (privat oder beruflich) im letzten halben Jahr, die Sie besonders erfolgreich gemeistert haben.

- *Was ist Ihnen da besonders gut gelungen?*
- *Inwiefern haben Sie sich geschickt oder kompetent verhalten?*
- *Worauf sind Sie besonders stolz?*

Stellen Sie Ihre Stärken, Fähigkeiten und Begabungen, die den Erfolg bewirkt haben, deutlich heraus. Machen Sie keine Einschränkungen, schieben Sie nichts auf Glück oder Zufall, lassen Sie »wenn« und »aber« weg. Nehmen Sie Ihren Anteil am Erfolg ganz für sich in Anspruch.

Ü Schlechte Eigenschaften

(Stilleübung, danach Austausch zu zweit)

Schreiben Sie spontan auf, was Ihre schlechten Eigenschaften sind (ca. 5).
Im zweiten Schritt beantworten Sie die Fragen: Was ist das Gute im Schlechten? Wofür ist/war diese Eigenschaft einmal gut? Was ermöglicht das, hat es ermöglicht?

Danach Austausch zu zweit. *Wie geht es Ihnen damit?*

Ü Gescheiter(t) – aus Fehlern lernen?

(nach Ortwin Meiss, Einzelübung und Gruppengespräch)

> *If you miss, dont miss the lesson.*
> Dalai Lama

Zu den Widrigkeiten des Lebens gehören auch Enttäuschungen, Misserfolge, Fehler. Bei der folgenden Übung geht es um die Frage, ob und wie wir aus Fehlern klüger wurden/werden.

Schreiben Sie für sich und ganz ehrlich einmal auf, welche Ereignisse in Ihrem Leben Sie spontan als Niederlagen bezeichnen …
Wählen Sie nun eines der Ereignisse aus, von dem Sie heute sagen: Das war ein Wendepunkt in eine gute Richtung.

- *Wofür war – im Nachhinein betrachtet – die Niederlage gut, nützlich, sinnvoll?*
- *Was haben Sie daraus gelernt?*

Möchte jemand sein Beispiel der Gruppe mitteilen?

Achtsamkeit und Toleranz

Ü

(nach Dirk Revenstorf, Stilleübung, Zweierübung, Großgruppe, ca. 45 Min.)

Willst du ein guter Partner sein, schau auch in dich selbst hinein.
F. Schulz von Thun

Innerer Stress und Stress mit unseren Mitmenschen haben häufig mit rigorosen Maßstäben und negativer Bewertung zu tun. Kritik und Strenge, die wir anderen gegenüber haben, fürchten wir selbst: Wir suchen (vermeintliche) Fehler zu verbergen, fürchten Bloßstellung, verstellen uns. Gleichzeitig hat jeder Mensch den tiefen Wunsch, so gesehen zu werden, wie er ist – und dafür nicht verurteilt zu werden. Zwischenmenschliches Verhalten ist heilsam und erfolgreich, wenn es übereinstimmt mit dem inneren Menschen (seiner Persönlichkeit, Befindlichkeit). Dazu bedarf es der Selbst-Erfahrung und der Akzeptanz eigener Schwächen. Die eigene (abgelehnte) Seite anzuschauen oder gar offen zu zeigen und das Zugeständnis, dass wir alle »kleine Sünder« sind, macht alle Beteiligten offener und milder. Wir können unsere Richter- oder Erzieherrolle ablegen und andere so sein lassen, wie sie sind.
Bei dieser Übung können Sie bestimmte Empfindungen zu einem (inneren) Konflikt deutlicher spüren. Es wird Sequenzen von innerer Erforschung und von Austausch geben.

1. Teil

Ich lade Sie ein, eine bequeme Haltung einzunehmen und alles wahrzunehmen, was in Ihre Sinne kommt. Die Geräusche hier drin …, und die von draußen … und allmählich deinen Platz finden und vielleicht sogar jetzt schon spüren, wie du beim Ausatmen noch ein bisschen mehr loslassen kannst …
Und einfach so beim Atmen bleiben und dieses Kommen und Gehen kommentieren mit dem Satz: Das ist so.
Und darauf achten, ob du auch wirklich bequem sitzt, die Auflagefläche auf dem Stuhl, deinen Rücken spüren, das Berühren des Bodens und sagen: Das ist so.
Und zu den Gedanken gehen, … sie kommen und gehen lassen, manche kürzer, andere länger, sie wahrnehmen und innerlich kommentieren mit dem Satz: Das ist so.
Und jetzt, wo ich es sage, wieder auf den Atem achten und auf die Gedan-

ken, die du hast … und dir und ihnen sagen: Ich weiß, dass du da bist, ich kann darauf zurückkommen …
Und ruhig weiteratmen und innere Ruhe einkehren lassen, und wenn du willst, dir einen inneren Beobachter und Zeugen vorstellen, der alles registriert, was du wahrnimmst, und der jeweils sagt: Das ist so …
Und wenn du jetzt möchtest, an etwas denken bei deinem Partner/Partnerin oder bei einer anderen Person, das du schlecht leiden kannst. Eine Eigenschaft oder eine Verhaltensweise, die dich nervt, die es dir schwer macht, … und dir vorstellen, was das ist und wie das aussieht …
Welche Bewegung macht er oder sie dabei, welche Worte sind das und wie fühlst du dich dabei? Wo spürst du das in deinem Körper?
Wie reagierst du darauf, wenn er oder sie sich so verhält? …
Und jetzt innerlich schauen mit der Frage: Gab es in deinem Leben Momente, wo du dich schon einmal so gefühlt hast? Und wenn du so weit gekommen bist, in der eigenen Lebensgeschichte schauen, ob jemand diesen Teil auch hatte oder darauf so reagiert hat wie du? Gab es da jemand, der war wie dein Partner/Partnerin oder wie diese Person, an der dich etwas stört? Was hat an ihm oder ihr gestört? Hast du das gespürt, zu spüren bekommen? Was war deine Schwachstelle, was hat dir wehgetan, was war da schwer für dich?
Lass dir Zeit nachzuspüren, vielleicht triffst du auf ältere Erfahrungen, auf wunde Punkte.
Und nimm dir Zeit, diesen Teil abzuschließen. Wenn du möchtest, tausche dich mit deiner Nachbarin über deine Erfahrung aus (ca. 5 Min.).

2. Teil
Wenn du noch einen Schritt weitergehen möchtest, kehre innerlich noch einmal zurück zu dieser Verhaltensweise oder Eigenschaft deines Partners/Partnerin oder einer anderen Person, die dir zu schaffen macht …
Und dann prüfe, ob es einen Teil von dir gibt, der dieses Merkmal auch hat, in bestimmten Situationen? Wann spürst du diesen Teil und drückst ihn aus? Verdeckst du ihn? Wie? …
Und kannst du ihn wahrnehmen, diesen unangenehmen Teil, … und wenn du ihn von dir kennst, dir vorstellen, dass du ihn zurücknimmst und sagst: Das mache ich auch, das kann ich auch, in bestimmten Situationen?
Und kannst du dir vorstellen, wie es sich anfühlt, diese Schwäche zu überwinden? …

Wie ist das, diese Schwäche, darunter zu leiden, sie zu überwinden und zu spüren, dass es auch ein Teil von dir ist? Sie akzeptieren, als einen Teil von dir? Was für ein Gefühl ist das, so zu sein? …
Und sich vielleicht vorstellen, wie das deinen Partner entlastet, dass er so sein darf und du ihn lassen kannst und dass du ihm das verzeihen kannst, und innerlich um Verzeihung bitten, dass du so darauf reagierst …
Und dir einen Augenblick Zeit lassen, um die Übung abzuschließen.
Und wenn du möchtest, dich zu zweit über die Erfahrungen austauschen.

3.7 Was tun, wenn's »brennt«?

Auch in diesem Kursabschnitt werden Strategien zum Umgang mit akutem Belastungserleben thematisiert. Sie eignen sich besonders

- für plötzlich und unerwartet auftretende, aber mittel- bis langfristig vorhersehbare Belastungssituationen, z. B. unter Arbeitsbedingungen mit intensivem Zeitdruck (Prüfung) oder mit starkem Wechsel von Langeweile und Hektik (Messwarten, Notdienst etc.),
- zur Veränderung einer unerwünschten psychischen Verfassung,
- als tägliche Übung, um sich in eine psychisch-körperlich wache und offene Haltung zu versetzen.

3.7.1 Wahrnehmungsübungen

Normalerweise ist die Aufmerksamkeit gelenkt und selektiv auf das gerichtet, was wir erwarten, brauchen oder befürchten, und danach bewerten wir unsere Umgebung. Wertungen gehören zu unserem Alltag. Sie bestätigen unsere Meinung, unser Selbst- und Fremdbild, sie helfen ordnen und geben Sicherheit. Das ist o. k., wenn wir diese Wertungen nicht als Fakten behandeln und nicht so tun, als gebe es nur diese eine Art, die Dinge zu sehen. Die folgenden Übungen führen zu Entschleunigung und ermöglichen mehr Bewusstheit dessen, was gerade da ist. Dadurch werden schnelle und automatische Reaktionen verhindert und umsichtiges Handeln gefördert. Durch Betonung der (sinnlichen) Wahrnehmung im Hier und Jetzt und Externalisierung (durch Aussprechen oder Schreiben) wird Grübeln über Vergangenes und Zukunft reduziert.

Ablenkung durch Konzentration

Konzentrieren Sie sich einige Minuten intensiv auf das, was Sie jetzt gerade tun, indem Sie jeder Handlung »ein Etikett« geben (labeln), zum Beispiel: Ich schneide ein Brötchen. Sie können diesen Satz mehrfach wiederholen (Echo), damit das Tun allmählich bewusst wird und die Gedanken nicht abschweifen.

Die Wirksamkeit dieser Methode kann durch tägliche Übung erheblich verbessert werden:

Achtsames Verrichten von Routinetätigkeiten

Wählen Sie täglich eine Routinetätigkeit, die Sie 5 Minuten ganz bewusst verrichten, ohne mit den Gedanken abzuschweifen: Kochen, Duschen, Aufräumen, Essen … Beschreiben Sie innerlich jede Verrichtung und achten Sie auf alle Ebenen des Erlebens im Hier und Jetzt: die körperlichen Empfindungen, Gedanken, Vorstellungen, Gefühle.
Das ist nicht alltäglich und ziemlich schwierig, und anfangs merken Sie vielleicht lediglich, wie leicht ablenkbar wir meistens sind. Mit zunehmender Übung wird sich Ihre Denk- und Konzentrationskraft verbessern, Sie werden offener werden für andere Arten der Wahrnehmung und bessere Kontrolle über Ihre Gedanken und damit auch über Ihre Gefühle haben. Mit der Zeit werden Sie den Alltag gelassener erleben und die alltäglichen Freuden bewusster wahrnehmen.

Als Experiment werden die Teilnehmer 5 Minuten hinausgeschickt mit der Anweisung, auf alle Aspekte der Umgebung (und ihres inneren Erlebens) bewusst zu achten.

Kontrollierte Zuwendung

Um sich Ihre inneren Kommentare zu vergegenwärtigen, tun Sie das bewusst, was Sie unwillkürlich sowieso tun: Unterbrechen Sie für wenige Momente Ihre Handlungen, halten Sie inne und wenden Sie Ihre Aufmerksamkeit der Störquelle zu. Machen Sie sich Ihren Ärger, Ihre Befürchtungen und Einschätzungen bewusst.
Nehmen Sie sich wenige Minuten Zeit und schreiben Sie sich von der Seele, was Ihnen durch den Kopf geht, ungeschminkt und ohne Zensur.

Schreiben über emotionales Erleben hilft, dieses zu strukturieren. Manchmal kühlt man schon beim Schreiben etwas ab.
Durch kontrollierte Zuwendung geht die Belastung einer Situation natürlich nicht weg, aber Sie stellen sich innerlich darauf ein und distanzieren sich davon, indem Sie bewusst körperlich entspannen (loslassen) und/oder eine neue Perspektive dazu einnehmen. Aus diesem Vorgang ergibt sich entweder ein Handlungsimpuls oder eine Relativierung des Geschehens.

3.7.2 Selbstinstruktionen

Selbstinstruktionen

W

Selbstinstruktionen sind individuell erarbeitete, standardisierte innere Anweisungen an sich selbst, um sich wiederholende Anforderungssituationen besser durchzustehen. Ähnlich wie die Affirmationen bzw. Vorsatzformeln aus dem autogenen Training erinnern Selbstinstruktionen daran, welche Ressourcen und Kontrollmöglichkeiten Sie haben und wie Sie die Situation durchstehen wollen. Selbstinstruktionen sollten auf eigenen Erfahrungen und Kenntnissen beruhen, zu denen wir unter dem Druck einer akuten Belastungssituation manchmal keinen Zugang haben oder erst dann, wenn alles vorbei ist (»eigentlich weiß ich genau, dass diese Hektik alles nur schlimmer macht, aber ...«).

Schon die mentale Vorbereitung auf belastende Situationen und die Beschäftigung mit Selbstinstruktionen sensibilisiert für das frühzeitige Bewusstwerden »alter« Reaktionstendenzen, macht neue Verhaltensweisen möglich und mit der Zeit selbstverständlich. Die Selbstinstruktionen werden nicht vom Leiter vorgegeben und sollten auch nicht den Charakter von unrealistischen Vor-Sätzen im Sinne von positivem Denken haben. Die Teilnehmer erhalten lediglich Tipps zur Formulierung (siehe unten) und werden eingeladen, ihre Selbstinstruktionen in der Gruppe vorzustellen. Diese können in die Entspannungsübungen integriert, auf Zetteln in der Hosentasche mitgeführt oder im Schreibtisch verstaut, an den Badezimmerspiegel oder die Eingangstür gepinnt werden. Beispiel: Ein Kursteilnehmer, der unter Anspannung häufig stotterte, entschied sich für die Selbstinstruktion:

Eins nach dem anderen, wobei er jedes Wort mit den Fingern mitzählte und sich dadurch nicht verhaspelte.
Hier einige Tipps für die Formulierung von Selbstinstruktionen:

- **Positive Formulierung** (Annäherungsziel statt Vermeidungsziel) Wahrscheinlich weiß jeder aus eigener Erfahrung, wie gerade der Vorsatz, etwas nicht zu tun, dazu führte, genau dies zu tun. Tatsächlich ist es inzwischen auch wissenschaftlich erwiesen, dass die Formulierung von sog. Annäherungszielen für das Gehirn ökonomischer ist als ein »nicht« und dass die positive Ausrichtung auf einen Zielzustand oder konkretes Verhalten uns mehr in unserem Kompetenz- und Kontrollerleben anspricht als negativ formulierte Vorsätze (Gollwitzer 1999, Strack und Deutsch 2004). Statt *ich soll nicht, werde nicht, kann nicht* beschreiben Sie konkret, was Sie tun werden oder was sein wird. Beispiel: *eins nach dem anderen* statt *ich werde nicht stottern.*
- **Ernste Absicht:** Die Formulierung *ich werde versuchen …* impliziert auch die Möglichkeit, *ich mach es sowieso nicht.* Eine Vorsatzformel beschreibt, was Sie tun werden.
- **Realistischer Vorsatz für die unmittelbare Zukunft:** Im Gegensatz zu manchen Ansätzen des positiven Denkens stellen die Vorsatzformeln realitätsnahe und unmittelbare Handlungen dar, deren Realisierbarkeit ausschließlich unter der eigenen Kontrolle liegen.
- **Eine Formulierung:** Die Verwendung der immer gleichen Formulierung prägt sich besser ein und wird schneller verinnerlicht.
- Wenn eine Eigenschaft beschrieben wird, ist ein **bildlicher Vergleich / eine Metapher** hilfreich, zum Beispiel: Standfest wie eine Eiche, selbstbewusst wie eine Königin, aufmerksam wie ein Adler …

Zusammenfassung: Möglichkeiten der Veränderung

(CD-39, CD-40)

4. Gefühle

4.1 Überblick und Ziele
(CD-40)

Trotz der zentralen Bedeutung von Gefühlen in allen Bereichen des Lebens waren sie, ähnlich wie die Befindlichkeiten des Körpers, lange nicht Gegenstand von psychologischer oder Hirnforschung. Sie sind schwer zu »fassen« und zu untersuchen, und bis heute gibt es keine einheitliche Verwendung und Definition der zugehörigen Begriffe. Obwohl alle therapeutischen Schulen die Beeinflussung emotionaler Prozesse als zentrales Thema von Therapie betrachten, sind viele Therapieansätze eher kognitionslastig. Gefühle werden als allgegenwärtige Prozesse verstanden, die als Grundvoraussetzung von Beziehungsgestaltung »nebenbei« mitberücksichtigt werden. Mit dem enormen Wissenszuwachs in den Neurowissenschaften wurde deutlich, dass Gefühle nicht nur untrennbar mit allen Erlebensebenen interagieren, sondern überlebensnotwendig sind (Ciompi 1997, LeDoux 2001, Damasio 2002, Lelord und Andre 2005).

Inzwischen bestätigen empirische Befunde die klinische Erfahrung, dass es für die psychische Gesundheit von zentraler Bedeutung ist, eigene Emotionen zu erkennen, zu akzeptieren und auszuhalten und/oder sie gezielt zum Besseren wenden zu können. Patienten mit psychischen Störungen haben störungsübergreifende Schwierigkeiten bei der Emotionsregulierung, und ein gezieltes Training entsprechender Kompetenzen scheint bei vielen psychischen Erkrankungen effektiv zu sein (z. B. bei affektiven, Angst-, Ess-, Borderline-Persönlichkeitsstörungen) und in Zusammenhang mit einem positiven Therapieerfolg zu stehen (siehe z. B. Greenberg et al. 2002).

Inzwischen gibt es systematisierte und manualisierte Versuche, die emotionalen Kompetenzen von Patienten zu erfassen und die Emotionsregulation gezielt zu verbessern (Dialektisch-behaviorale Therapie, DBT, Linehan 1996; Achtsamkeitsbasierte, kognitive Therapie der Depression, Segal et al. 2002; Emotionsfokussierte Therapie, Greenberg 2011; Akzeptanz- und Commitmenttherapie, ACT, Hayes und Smith 2007; Training emotionaler Kompetenzen, TEK, Berking 2009).

Vertiefte, therapeutische Arbeit mit Gefühlen kann in einem Stressseminar nicht geleistet werden, aber schon die bewusste Zuwendung und die Betonung der Wichtigkeit dieses Themas fördern einige grundlegende Fähigkeiten für emotionale Offenheit: Affektdifferenzierung, Affektmitteilung und Empathie. Sie finden hier Übungen zu diesen Themenbereichen und für einen besseren Umgang mit starken Emotionen.

Die Teilnehmer werden bestärkt, Gefühle in Worte zu fassen, ohne dass sie »wegdiskutiert« oder gar infrage gestellt werden. Auch unangenehme oder unerwünschte Emotionen erhalten Raum und Platz, dürfen aus-gedrückt und be-griffen werden. So entsteht ein besseres Verständnis dafür, wie ein bestimmtes Gefühl aktiviert wurde und ob es eher um Beeinflussung oder Aushalten geht. Gelingt dieser Kursabschnitt, verbessert sich oft noch einmal merklich das Gruppenklima, die Atmosphäre wird vertrauter und persönlicher.

Die Erlebensfähigkeit und -bereitschaft, die Authentizität und der Umgang der Gruppenleiterin mit emotionalen Herausforderungen (Konflikte in der Gruppe, Kritik am Leiterverhalten, Umgang mit starken Gefühlsäußerungen seitens der Teilnehmenden) sind für die Etablierung einer emotionalen Gruppenkultur entscheidend und fördern die Entwicklung adaptiver Verhaltensweisen. Sie ist Vorbild für Selbstexploration, ihre Gestimmtheit, ihr Interesse und ihre Neugier sind »Basisaffekte« für den Veränderungsprozess (Levold 1998).

Bitte beachten Sie, dass die Inhalte der Module »Körper« und »Gedanken« hier wieder aufgenommen, wiederholt und integriert werden.

Ziele in diesem Baustein sind

- eine bewusste, akzeptierende und wertschätzende Haltung gegenüber Gefühlen,
- Differenzierung der Wahrnehmung, Beschreibung und Mitteilung von Gefühlen,
- besseres Verstehen der eigenen Gefühle und Einfühlungsvermögen in andere (Empathie),
- angemessener Ausdruck und konstruktiver Umgang mit Affekten (Impulssteuerung),
- Wertschätzung und Freisetzung der eigenen Handlungspotenziale in belastenden Situationen,
- Toleranz und Achtung anderer bei klarer Selbstbehauptung und Abgrenzung.

4.2 Affekt, Emotion, Gefühl

- W Ohne Gefühle ist alles nichts
- Ü Ankommen
- Ü Inventur der Gefühle
- Ü Geschichten aus meinem Gefühlsrepertoire
- Ü Situationsanalyse »Gefühle« 1
- Ü Situationsanalyse »Gefühle« 2

4.3 Gefühle finden im Körper statt

- Ü Der Körper in der Sprache 1
- Ü Die Sprache des Körpers: eine Gestensammlung
- Ü Verkörperte Gefühle – Bewegungsübungen zur Auflockerung

4.4 Zum Umgang mit (negativen) Gefühlen

- W Steter Ärger zehrt am Herzen – wohin mit meiner Wut?
- Ü Ich steh zu mir
- W Was tun, wenn's brennt?

4.5 Selbstmanagement innerer Anteile

- W Drei Ich-Zustände
- Ü Eltern-, Kind-, Erwachsenen-Ich
- W Innere Antreiber
- Ü Gruppengespräch über innere Antreiber und innere Erlauber
- Ü Meine Antreiber und ich
- Ü Junge Anteile gut versorgen

4.6 Ressourcenaktivierung 2

4.6.1 Lebensgeschichten

- Ü Inhaltsverzeichnis 1, Lebensweg
- Ü Inhaltsverzeichnis 2, Beruflicher Weg
- Ü Lebenslinien
- Ü Aus meinem Leben
- Ü Sätze der Kraft
- Ü Ressourcenrad

4.6.2 Anker als Helfer der Ressourcenaktivierung

- Ü Die Glücksbohnen
- W Anker
- Ü Gruppentrance zum Suchen und Finden
- Ü Ein hilfreiches Erleben ankern

4.7 Selbstbewusstsein und Selbstwertgefühl

- Ü Zu mir stehen
- W Mit sich selbst befreundet sein
- Ü Gruppenübung »Ich«
- Ü Warum andere einmal gern an mich denken werden

4.2 Affekt, Emotion, Gefühl

Die Begriffe werden uneinheitlich und zum Teil synonym gebraucht. Als »**Affekt**« kann man eine kurze, heftige und brisante »Gemütserregung« im Sinn eines angeborenen Reaktionsmusters auf ein auslösendes Ereignis bezeichnen (zum Beispiel spontanes Erröten, aufflammender Zorn etc.). Er kann wieder abklingen oder in eine mittelfristige »**Emotion**« (lat., motio: Bewegung) übergehen. Emotionen sind ebenfalls stammesgeschichtlich uralte Mechanismen der Lebensregulation, die als Reaktion auf äußere und innere Reize (z. B. Vorstellungen) auftreten können. Sie haben gleichzeitig auch physiologische, kognitive und behaviorale Aspekte und werden automatisch und ohne bewusstes Zutun in Gang gesetzt. Dadurch helfen sie, komplexe Situationen extrem schnell einzuschätzen und eine Handlung zu erzeugen. Gemeinsam mit unserer körperlichen Grundausstattung (Schmerz, Lust, Stoffwechsel, Reflexe) und den kognitiven Prozessen sind Emotionen eine Anpassungsreaktion des Organismus auf angenehme oder unangenehme Reize und somit kein Luxus, sondern überlebensnotwendig (Damasio 2005). Es gibt zahlreiche Versuche, Emotionen nach verschiedenen Kriterien zu unterteilen. Der Gefühlsausdruck bestimmter **Basisemotionen** als Resultat evolutionärer Entwicklungsprozesse ist kulturübergreifend und schon vom frühen Kindesalter an gültig. Emotionaler Ausdruck bestimmt und steuert die zwischenmenschliche Interaktion. Überall auf der Welt scheinen ein bedrohlicher Blick, der

Ausdruck von Angst oder Freude nonverbal verstanden zu werden. Darüber hinaus gibt es **komplexe Emotionen**, die genuin sozialer Natur sind und weitgehend auf Erfahrungen und Lernprozessen beruhen, zum Beispiel Stolz, Verlegenheit, Eifersucht oder Schuldgefühle. Unser Alltagsbefinden wird außerdem durch sogenannte **Hintergrundemotionen (Stimmungen)** wie Unbehagen, Wohlbefinden, Stabilität, Vitalität, Elan, Entspannung »eingefärbt«, die stark mit unserem körperlichen Zustand assoziiert sind und die wir sowohl bewusst als auch lediglich unbewusst erleben können. Bei anderen bemerken wir sie in der Regel, ohne dass ein Wort gesprochen zu werden braucht. Ob jemand nervös, entmutigt, angespannt oder ausgeglichen ist, macht sich an feinen Veränderungen der Körperhaltung, des Gesichtsausdrucks, an Tempo und Art der Bewegungen und am Sprachrhythmus bemerkbar (Damasio 2002).

Affekte und Emotionen können also als die körperliche »Grundlage« für Gefühlszustände gesehen werden. Das umgangssprachliche **»Gefühl«** kommt dem subjektiven, bewusstseinsnahen Erleben am nächsten. Es ist die phänomenologische Seite, die private Erfahrung der Emotion.

Die Unterscheidungen machen deutlich, dass Emotionen sowohl eigenständig als auch in ihrer jeweiligen Nähe zu Kognitionen (komplexe Emotionen) oder zu physiologischen Prozessen (Hintergrundemotionen) gesehen werden können und sich in unterschiedlichen Ausprägungen in allen Daseinsaspekten niederschlagen. Sie können gemeinsam mit kognitiven Prozessen (z. B. Eifersucht), aber auch reflexhaft aufgrund von Erinnerungsspuren im Gehirn ausgelöst werden und treten dann ohne ersichtlichen Zusammenhang mit Situationsmerkmalen und bewussten Vorgängen auf. Manche Gefühle sind mit einschlägigen Erfahrungen verbunden und entsprechend eindeutig, andere sind »gemischt« und führen erst in Verbindung mit kognitiven Bewertungsvorgängen zu einer emotionalen Reaktion.

Das komplexe Zusammenspiel von Gefühlen, Körpervorgängen und Kognitionen ist unmittelbare Voraussetzung für das, was uns zu Menschen und unsere Persönlichkeit ausmacht. Stimmungen und Hintergrundemotionen wie Vitalität, Ausgeglichenheit und psychische Stabilität sind in einem ständigen Wechselprozess gleichermaßen Voraussetzungen und Ziel von Gesundheit.

Ich fühle, also bin ich

Im Körperbaustein wurden zwei Wege für die Entstehung von Emotionen beschrieben:

- ein kurzer, schneller Weg (über die Amygdala, subkortikal) mit der Möglichkeit sofortiger Reaktionsbereitschaft. Diese Art der Einschätzung ist biologisch determiniert, sie geschieht automatisch, ohne Denken und Sprache. Hier hinterlassen auch Ereignisse aus frühkindlicher Zeit ihre Spuren. Die Amygdala entwickelt sich nämlich sehr früh im Leben und erzeugt von früh an Gedächtnisrepräsentationen – auf die wir allerdings später keinen bewussten Zugriff haben.
- ein langer, langsamer Weg (über die Hirnrinde, kortikal). Diese Art der Einschätzung erfolgt bewusst, mithilfe von Sprache und ist kulturell determiniert. Hier geht es darum, wie wir mit dem entstandenen Affekt umgehen.

Die Frage nach dem Vorrang von Verstand oder Gefühlen lässt sich neurobiologisch also eindeutig beantworten: Die subkortikal angesiedelten Prozesse primärer und komplexer Gefühle sind bewusster Steuerung nur schwer zugänglich, umgekehrt gibt es aber zahlreiche Verbindungen aus dem limbischen System in kortikale Strukturen. Deshalb ist es schwer, die eigenen Gefühle spontan zu beeinflussen: Einen konstitutionell ängstlichen Menschen werden Argumente nur schwer beruhigen, Wissen allein bewirkt keine Gefühlsveränderung. Dazu braucht es eben mehr als Worte. Am besten scheinen gefühls- und vertrauensvolle, neue Erfahrungen dafür geeignet zu sein.

In diesem Kursabschnitt ist es besonders wichtig, dass die Leiterin nicht zu schnell veränderungsorientierte Übungen und Interventionen anstrebt, sondern die Gefühlswahrnehmung und -benennung fördert und dafür auch selbst Modell ist.

Ohne Gefühle ist alles nichts

Und jetzt, wo wir sie alle kennen, haben wir viel weniger Grund als früher, sie zu fürchten; wir sehen ja, dass sie von Natur aus allesamt gut sind und dass wir nur ihren falschen Gebrauch oder ihre Übertreibungen zu vermeiden brauchen.

René Descartes, Von den Leidenschaften der Seele

Gefühle sind immer dabei

Körperempfindungen, Gedanken und Verhaltensweisen sind immer auch mit Gefühlen verbunden. Der Anspruch, bestimmte Sachverhalte »einmal ganz emotionslos« zu betrachten, ist zum Scheitern verurteilt. Manche neigen dazu, dies als Nachteil zu sehen. Aus der Neurologie weiß man jedoch, dass Menschen, die durch eine lokale Schädigung des Nervensystems die Fähigkeit verloren haben, Gefühle zu verspüren, auch einen Teil ihrer Vernunft eingebüßt haben: Sie verlieren jede Motivation, haben Störungen des Gedächtnisses und der Urteilskraft, ihnen fehlt das Interesse an anderen, und sie haben Beziehungsschwierigkeiten, weil sie taktlos und unpersönlich sind.

Gedanken und Bewertungen beeinflussen die Stärke und Qualität von Gefühlen, sind aber keine notwendige Voraussetzung für ihre Entstehung. Oft können wir Gefühle logisch gar nicht begreifen: Ein auftretendes Gefühl hat schnell andere zur Folge, und diese wiederum beeinflussen sich und die Gedanken gegenseitig. Wir können mehrere, widersprechende Gefühle gleichzeitig haben, und mit Argumenten kommt man ihnen oftmals nicht bei. Auch auf der Verhaltensebene sind viele Reaktionsmöglichkeiten beim Auftreten von Gefühlen denkbar. Sie reichen von ungezügelter Umsetzung, zum Beispiel in eine Ohrfeige, bis hin zu Hemmung oder gänzlicher Unterdrückung.

Unser Gefühlsleben hat eine Geschichte

Die Summe, Art und Intensität unseres Gefühlslebens hängen stark von Vorerfahrungen ab. Einschneidende Erlebnisse wie zum Beispiel Misshandlung, Missbrauch, Erniedrigungen, Versagenserleben oder Verlassensein werden bleibend im Gehirn gespeichert und können durch kleine Auslöser aktiviert, lebendig und stressig werden – und zwar viel schneller, als wir denken können. Gefahrensignale landen nämlich viel eher in tief liegenden Gefühlsarealen des Gehirns als in denen, die für das Denken und Planen zuständig sind. Wenn wir unverhältnismäßig heftige Gefühle haben und »überreagieren«, hängt dies oft damit zusammen, dass aktuelle Auslöser auf alte Gedächtnisspuren im Gehirn getroffen sind – was besonders wehtut.

Gefühle lassen sich nicht wegpacken

Genau darauf verwenden viele Menschen aber Energie: ihre Gefühle zu unterdrücken, zu verbergen, zu überspielen und im Fall ihres unkontrollierten Auftretens sie abzuwerten. Wie wir im Körperbaustein gesehen haben, ist der Versuch von Vermeidung oder Verdrängung energetisch sehr aufwendig – wir beschäftigen uns ja trotzdem damit. Außerdem kann die anhaltende Unterdrückung von Gefühlen auch ins Gegenteil umschlagen: Wenn das Fass voll ist: zu Überreaktionen und Affekthandlungen.

Zuwendung, Wahrnehmung, Akzeptanz kommt vor Veränderung

Es ist von Vorteil, wenn bei intensiven Gefühlen die Hirnrinde dazugeschaltet wird, aber das braucht Zeit. Bei heftigen Gefühlen ist es deshalb ratsam, Zeit und einen gewissen Abstand zu gewinnen, bis das Geschehen auch »oben« angekommen ist. Dafür sind in jedem Kapitel Methoden zusammengestellt (Was tun, wenn's brennt?).

Nur, wenn wir uns unserer Gefühle bewusst sind, haben wir eine gewisse Freiheit zu reagieren. Das ist leichter gesagt als getan, denn jeder hat im Lauf der Zeit Strategien entwickelt, um unangenehme Gefühle nicht erleben zu müssen: Manche verbergen sich hinter Wut und Aggression, andere, indem sie gar nichts zeigen.

(Negative) Gefühle zu spüren, auszuhalten und erst einmal anzunehmen ist schon ein großer Schritt zu ihrer Veränderung. Wie immer in diesem Kurs stehen also Zuwendung, Wahrnehmung und Annahme am Anfang auch dieses Abschnitts.

Ankommen (Körperwahrnehmungsübung)

Ü

(nach Martin Schulmeister)

Mach es dir bequem auf dem Stuhl, lass die Aufmerksamkeit nach innen gehen … und zu der Frage: Wie startest du heute? Was zeigt sich an Gedanken, Gefühlen, Körperempfindungen? …
Und zu allem, was du wahrnimmst, nehme noch das Körperbewusstsein dazu: den Kontakt zum Boden …, darf der Kontakt noch zunehmen oder ist es wichtig, sich ein Stück abzuheben …, spüre, wie du im Bauch da bist, und lass dich bemerken, wie die Wirbelsäule sich anfühlt, mit und ohne Stresspunkte …
Jetzt geht es nicht darum, etwas zu tun, nur bemerken, wie du gerade da bist. Nimm den Brustraum dazu, den Herzensraum, bemerke, wie eng oder weit du dich wahrnimmst, ob es wichtig ist, sich zu schützen, oder gut ist, sich zu öffnen …
Spüre, wie du eine Senkrechte hast vom Kontakt zum Boden … bis zum Kopf und über den Kopf hinaus … und eine Waagrechte, die mehr in Kontakt geht oder sich zurücknimmt, und probiere es aus, mithilfe des Körperbewusstseins, wie es für dich sein könnte, bei dir selbst anzukommen.
Woran merkst du, dass du ein kleines Stück mehr bei dir ankommst? Zum Beispiel eher am Atem oder im Herz-, Bauchbereich …, woran merkst du, dass du ein Stückchen mehr bei dir angekommen bist?
Und wenn es dafür eine Stelle gibt, kannst du die Hand dahin legen. Spüre, wie es ist, die Stelle etwas deutlicher wahrzunehmen, und wenn sich diese Stelle meldet: Welche Farbe würde dazu passen, bei dir zu sein, bei dir anzukommen? Welche Farbe wäre das?
Dann bitte ich dich, diese Reise abzurunden und langsam zurückzukommen in den Kreis.

Tauschen Sie sich kurz zu zweit aus, wie Sie das Ankommen erleben.

Ü Inventur der Gefühle

(Gruppengespräch, ca. 20 Min.)

Man kann nicht nicht affektiv gestimmt sein.
L. Ciompi

Bei dieser Übung wird über Gefühle nachgedacht. Es wird eine Sammlung von Gefühlen erstellt und gemeinsam geforscht, was eindeutige oder gemischte Gefühle sind und in welcher Beziehung sie zu Körperempfindungen und Kognitionen stehen. Auch in der Fachwelt gibt es verschiedene Angaben darüber, wie viele und welche angeborenen Basisgefühle es gibt. Die Kursleiterin sei also darauf vorbereitet, dass es bei den folgenden Übungen durchaus emotionale Diskussionen geben kann, die schwerlich im Sinne von »richtig oder falsch« zu schlichten sind. Ziel der Diskussion sind eine differenziertere Wahrnehmung von Gefühlsnuancen, eine Erweiterung des Sprachrepertoires und eine erste Anregung zur Formulierung von Emotionen.

Bevor wir uns darüber austauschen, ob, wann und wie der Ausdruck von Gefühlen sinnvoll ist, möchte ich erst einmal eine Palette von Gefühlen (Affekten, Emotionen) mit Ihnen sammeln.

Alle Nennungen werden am Flipchart mitgeschrieben (Abb. B 10) und dann ihre Eindeutigkeit als Basisgefühl bzw. Unterschiede zu kognitionsnahen Gefühlen oder zu Kognitionen (z. B. bei Schuld, Verantwortung, Gewissen) diskutiert.

Hier ein Vorschlag für kulturübergreifende, angeborene Grundgefühle und ihre Varianten bzw. Begleitgefühle:

Freude, Glück, Liebe
Traurigkeit, Trauer, Schwermut, Depression, Niedergeschlagenheit
Ärger, Wut, Zorn, Jähzorn, Empörung, Erbitterung
Furcht, Angst, Grauen, Horror, Panik
Interesse, Aufmerksamkeit, Neugier
Überraschung, Staunen

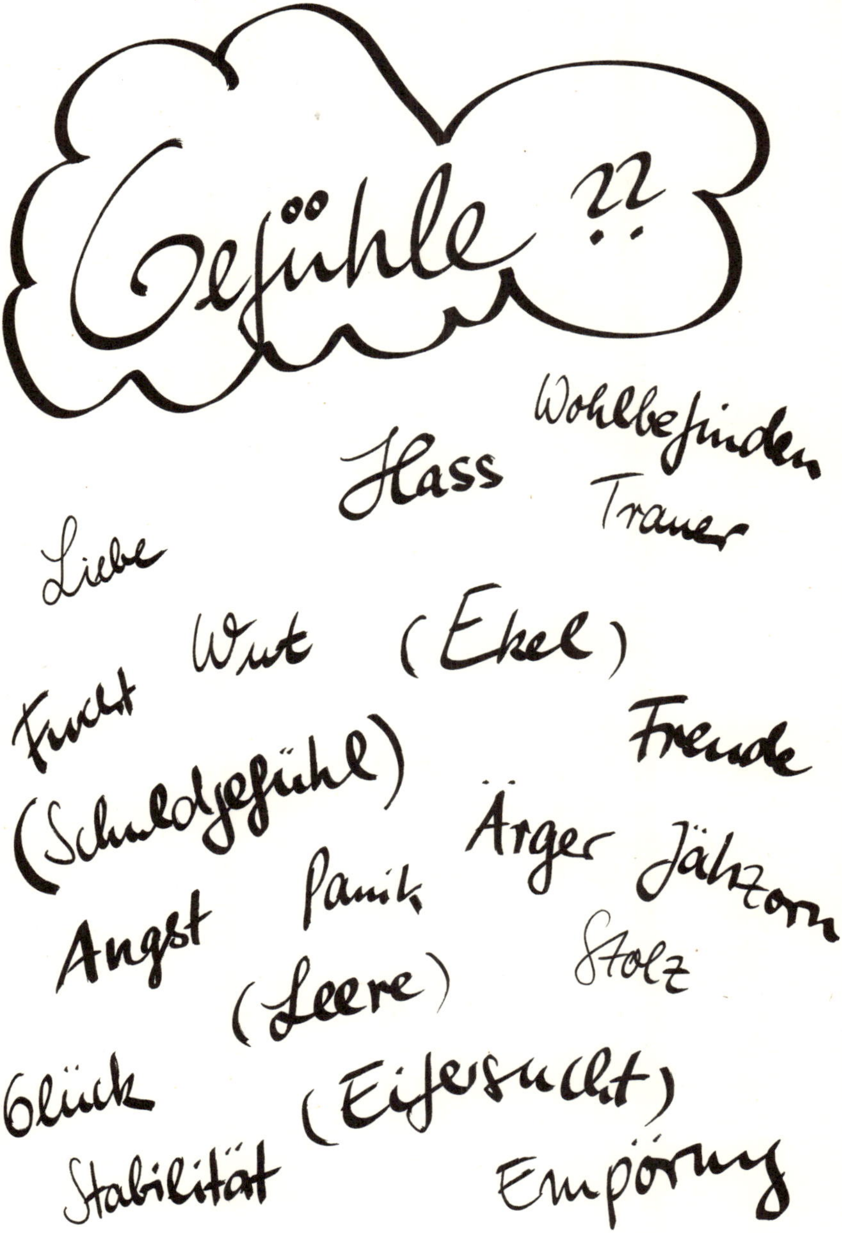

Abbildung B 10: Inventur der Gefühle

Ü Geschichten aus meinem Gefühlsrepertoire

(Großgruppe, Dauer variabel)

Arbeitsmaterial: Pinnwand, pro Teilnehmer je eine rote und grüne Karte

Bei dieser Übung geht es um die Erinnerung an emotionsrelevante Situationen und deren Beschreibung. Die Übung kann auch in Teilen durchgeführt werden.

Teil 1

Die Teilnehmer werden aufgefordert, auf jeweils eine Karte eine als sehr positiv und sehr negativ erlebte Situation (in Videotechnik) und auf die Rückseite das jeweils passende (positive und negative) Gefühl aufzuschreiben. Jeder legt seine Karten mit dem Gefühlsbegriff nach oben auf den Boden, sodass gemeinsam »Gefühlscluster« gebildet werden können.

Teil 2

Wer möchte, stellt seine ganz persönliche, negativ erlebte Schlüsselsituation vor, beschreibt sein Gefühl und seine Verhaltensweise in der Situation und ob er damit zufrieden oder unzufrieden war (Dokumentation auf der Pinnwand, siehe Abb. B 11).

Wenn er unzufrieden war: *Wie würden Sie sich jetzt, im Nachhinein, gern verhalten? Möchten Sie die Meinung der anderen dazu hören?*

Bei genügend Vertrauen sind bei der Schilderung von Gefühl und Situation weitere Erforschungen möglich: *Worauf genau bezieht sich der Affekt/das Gefühl? Um was oder um wen ging es eigentlich?*

Dabei können Sie dem genannten Affekt auch körperlich nachspüren: *Wo wird der Ärger gespürt: im Hals, an der Atmung, in den Fäusten? Welche körperliche Haltung oder Bewegung entspricht dem Affekt am ehesten? Möchten Sie diese zeigen?*

Tendenziell wird mehr Zufriedenheit erlebt, wenn Gefühlen Ausdruck verliehen wird – je nach Stärke und Deutlichkeit des Ausdrucks kann dies jedoch auch negative Auswirkungen haben. Irgendwo zwischen unkontrolliertem aggressivem Agieren und emotionaler Hemmung geht es um den Versuch, seinen Ärger loszuwerden, ohne gleich neuen Ärger zu erzeugen.

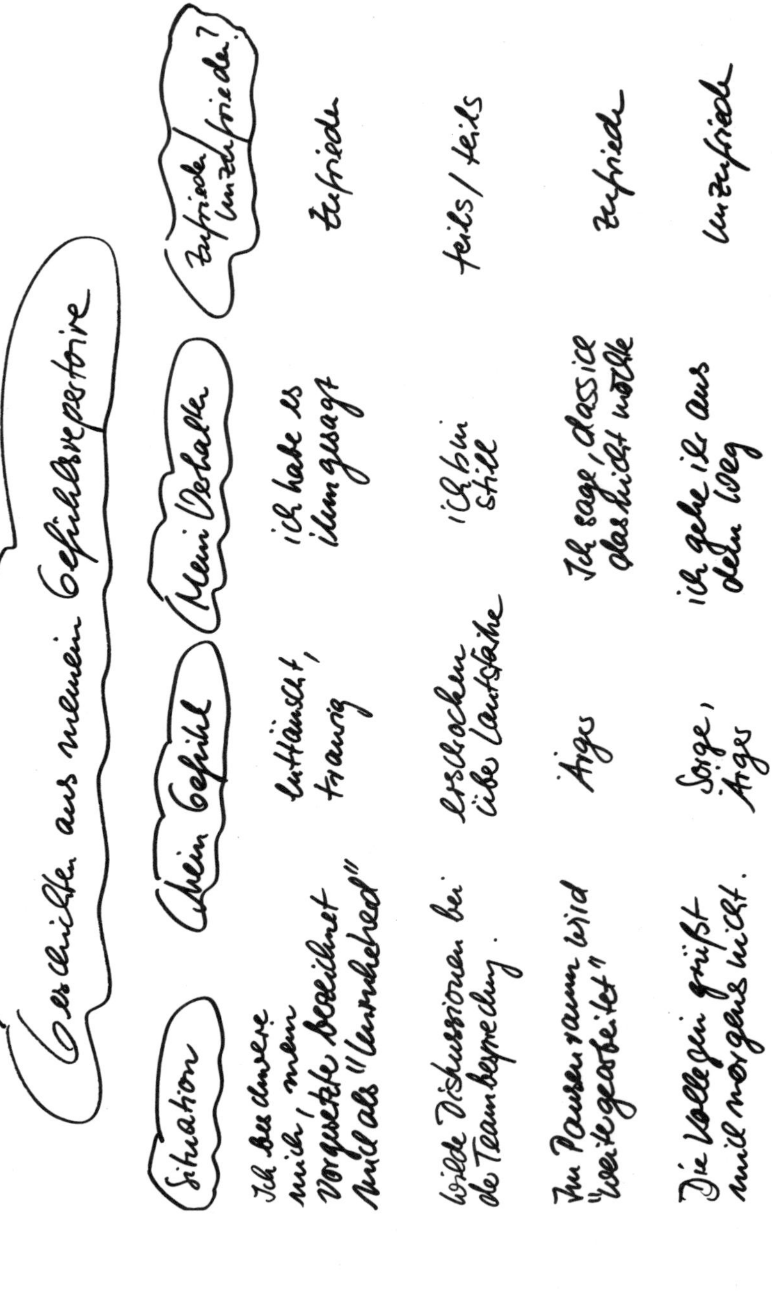

Abbildung B 11: Geschichten aus meinem Gefühlsrepertoire

Teil 3
Wer möchte, stellt eine positiv erlebte Situation vor und benennt sein Gefühl. Auch der positive Affekt kann im Körper lokalisiert und, wenn möglich, in Mimik, Gestik, Körperhaltung gezeigt werden. Indem die Klienten ihre Gefühle bewusst wahrnehmen und benennen, übernehmen sie Verantwortung dafür und erleben sie als beeinflussbarer.

Die Übung erfordert viel Gespür für das, was im Augenblick und vor der Gruppe möglich ist. Der körperliche Ausdruck intensiver Gefühle ist oft mit Angst verbunden – es reicht auch aus, diesen zunächst nur zu benennen oder sich vorzustellen oder ein kleines Segment der vorgestellten Bewegung zu zeigen. Das Ballen der Faust vor Zeugen kann schon ein »dramatischer« Fortschritt für jemand sein, der sehr ängstlich auf Ärger reagiert. Ziel dieser Erforschung ist es, dass die Teilnehmer vertrauter mit ihren affektmotorischen Schemata werden, dass sie »auftauen« und dass sie lernen, diese zu differenzieren, zu regulieren und zu nuancieren (siehe Downing 2007).

Situationsanalyse »Gefühle« (1)

(CD-41, Einzel- oder Gruppenübung, 10 Min.)

Bei der Besprechung individueller Situationsbeispiele wird spätestens von nun an besonders nach den begleitenden Gefühlen und dem konkreten Verhalten gefragt. Es wird betont, dass das Benennen der Gefühle sprachliche Repräsentanzen im Gehirn aktiviert, die uns helfen, unser Wissen über entsprechende Situationen abzurufen und auch die Vernunft bei der Reaktion einzubeziehen. Dieses Benennen und Beschreiben kann auch mit einer **Bewertung der Intensität (0 – 100)** verbunden werden und ist auch im Alltag beim Auftreten heftiger Gefühle empfehlenswert. Erfahrungsgemäß nimmt schon während des Analysevorgangs die Gefühlsintensität ab.

Gefühle sind da – ob Sie wollen oder nicht. Zunächst meinen Sie wahrscheinlich, dass Sie durch die Zuwendung und Analyse der Gefühle Zeit verlieren – tatsächlich aber gewinnen Sie wertvolle Zeit und machen die Erfahrung, dass man Gefühle durchaus aushalten und nicht sofort »wegmachen« oder »ausagieren« muss. Dies würde rein körperlich gar nicht funktionieren, da durch die Stressreaktion Hormone und andere Boten-

stoffe Veränderungen im Körper anstoßen, die nicht einfach rückgängig zu machen sind. Wenn Sie Zeit gewinnen, kommt das »Denkhirn« nach, und Sie können überlegen, was zu tun ist.

An den Situationsbeispielen lassen sich die Zusammenhänge von Physiologie, Kognitionen, Gefühlen und Verhaltenstendenzen weiter verdeutlichen. Zum Beispiel ist Wut auf der körperlichen Ebene eigentlich durch eine Kampfreaktion gekennzeichnet. In diesem Zustand ist die Tendenz zu einer emotionalen Überreaktion und zur Generalisierung des Ärgergefühls auf andere Umgebungsaspekte erhöht, vor allem dann, wenn die bereitgestellte Energie nicht zeitnah in Aktion umgesetzt wird. Einigen wird bewusst werden, wie sich zum Beispiel der im Arbeitsalltag angestaute Ärger an anderer Stelle, meistens zu Hause, »Luft macht«. Eine weitere Entdeckung bei Sichtung der Beobachtungsbogen kann sein, dass die körperlichen, psychischen und handlungsbezogenen Reaktionen nicht zueinander»passen« oder sich sogar widersprechen, zum Beispiel, wenn jemand vor Wut »fast platzt«, nach außen hin jedoch ein freundliches Gesicht zeigt und bewegungslos bleibt. Im Wissensbaustein wird näher darauf eingegangen, wie dieses Verhalten vielleicht sozial konform, aber psycho-somatisch gefährdend sein kann.

Situationsanalyse »Gefühle« (2)

Ü

(Einzelarbeit in der Großgruppe)

Eine Erweiterung und Vertiefung der Gefühlsanalyse kann die erfahrene Kursleiterin dadurch erreichen, dass sie mit einem Klient den »wunden Punkt« erforscht, der eventuell dem aktualisierten Gefühl zugrunde liegt. Gelingt das, hat dies ein besseres Verstehen der eigenen, heftigen Gefühlsreaktion zur Folge, und die Handlungsintentionen können neu und situationsangemessener reflektiert werden.

Hier der Ablauf der Situationsanalyse an einem Beispiel (siehe Abb. B 12):

- Kurze, prägnante Benennung des Problems im Sinne einer Überschrift (z. B. *Grenzverletzung*)
- Beschreibung einer Schlüsselsituation in Videotechnik *(Kollegin holt sich Papier von meinem Schreibtisch, ohne mich zu fragen)*
- Erforschung der verschiedenen Erlebensebenen:
  - Wo spürst du das im Körper? *(Kloß im Bauch, Zittern)*

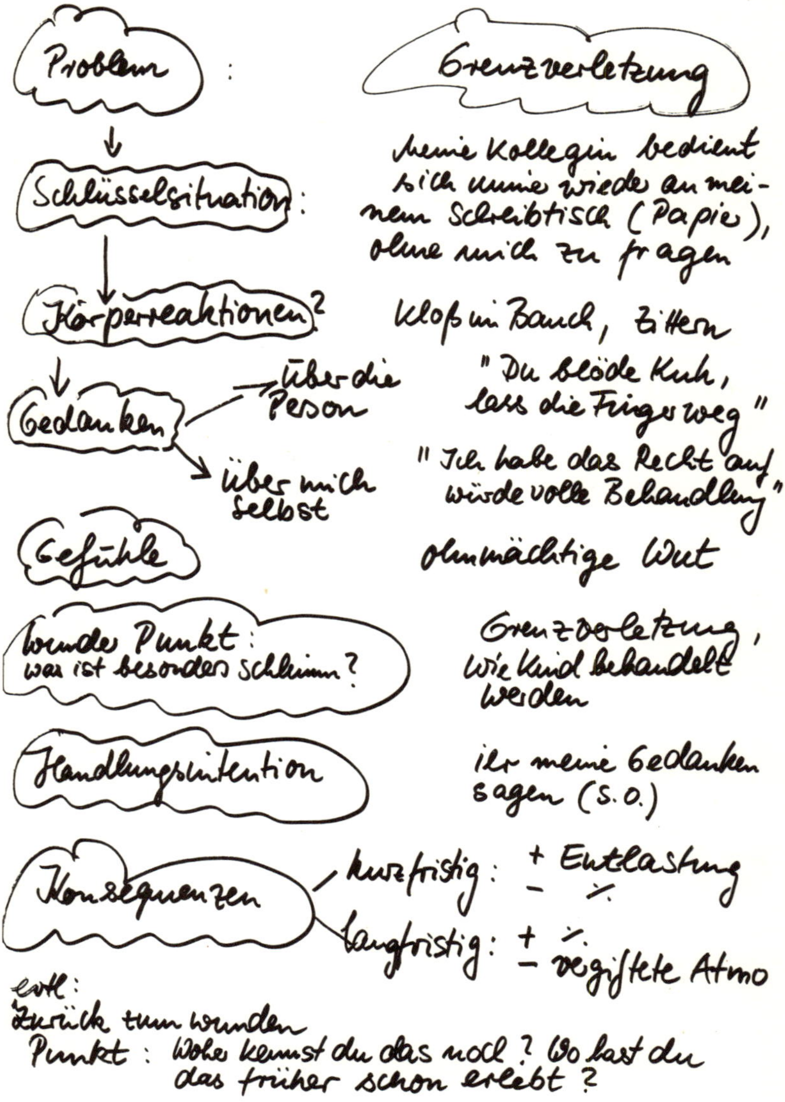

Abbildung B 12: Der wunde Punkt

- Welche Gedanken hast du über die beteiligte Person, welche Gedanken über dich selbst? *(du dumme Kuh, lass die Finger weg; ich habe ein Recht auf würdevolle Behandlung)*
- Welche Gefühle spürst du? *(ohnmächtige Wut)*

- Eruierung des wunden Punktes: Was ist an der Situation besonders schlimm? *(Grenzverletzung, wie ein Kind behandelt zu werden)*
- Was ist deine Handlungsintention in dieser Situation? *(zur Kollegin die o. g. Sätze sagen)*
- Was vermutest du als kurz- und langfristige positive und negative Konsequenzen, wenn du dem Handlungsimpuls folgst? *(kurzfristig: Entlastung; langfristig: vergiftete Atmosphäre)*
- Wenn du möchtest, gehen wir jetzt noch mal zum wunden Punkt zurück: Erinnert dich diese Situation an eine frühere Situation (in der Kindheit)? Woher kennst du dieses Gefühl noch? *(heftige Streitigkeiten der Eltern, in denen die Mutter das Kind ins Auto »packte« und wegfuhr)*
- Wie geht es dir jetzt, nachdem wir dies zusammen erforscht haben? *(tiefe Traurigkeit und Wut bei der Erinnerung an die damalige Hilflosigkeit, ruhiger in Bezug auf den aktuellen Konflikt)*
- Danach kann noch einmal überlegt werden, wie sie mit dem Konflikt »erwachsen« umgehen möchte.

4.3 Gefühle finden im Körper statt

Gefühle sind uns angeboren, sie haben wichtige Anpassungs- und Überlebensfunktionen im Wechselkreis mit Körperreaktionen, Gedanken und Verhalten. Schon bei der Sammlung von Redewendungen im Körperbaustein haben wir darüber gesprochen, wie eng sie besonders mit Körperreaktionen zusammenhängen: Das Herz hüpft vor Freude, ich versuche, meinen Ärger zu schlucken, und er sitzt mir wie ein Kloß im Hals. Bei Wut kann jemand unwillkürlich die Zähne zusammenbeißen (um nicht wirklich zuzubeißen?), bei Scham bis in die Haarwurzeln erröten, bei Schreck erbleichen. Die biologischen Grundlagen dieser Körperreaktionen wurden im ersten Kursblock dargestellt (z. B. Erbleichen in der Schrecksekunde als parasympathische Aktivierung, Erröten in der Alarmsituation als Umverteilung des Blutes durch sympathikotone Erregung). Dieser Zusammenhang findet seinen Ausdruck in den Bezeichnungen »psycho-physiologische« oder »psycho-somatische« Reaktion. Damit ist gemeint, dass psychische Faktoren einen erheblichen Einfluss auf körperliche Vorgänge haben und umgekehrt.

Ü Der Körper in der Sprache

(Klein- oder Großgruppengespräch, ca. 20 Min.)

Auch das Bedürfnis nach Ausdruck von Gefühlen in Mimik, Gestik, Körperhaltung und Tonfall ist uns angeboren. Wir melden damit unserer Umwelt zurück, wie bestimmte Außenreize auf uns wirken ***(Information)****, kündigen eigene Verhaltenstendenzen an* ***(Warnung)*** *oder legen sie dem Gegenüber nahe* ***(Appell)****, zum Beispiel durch eine Drohgebärde. In vorsprachlicher Zeit wurden Gefühle ausschließlich mittels dieser körperlicher Signale zum Ausdruck gebracht. An die Stelle einer Gebärde oder Körperbewegung ist heutzutage oft ihre sprachliche Beschreibung getreten, manchmal ist diese sogar zu einer Redensart geworden.*
Bei der folgenden Übung geht es darum, sich unserer Ausdruckspalette wieder bewusst zu werden und die genannten Zusammenhänge weiter zu begreifen (Beispiele: Bleib mir vom Hals, sonst geh ich dir an den Kragen; den kann ich nicht riechen etc.).

Die Teilnehmer sammeln in Kleingruppen oder im Plenum Formulierungen für »Gemüts-Bewegungen« und beschreiben, was diese gefühlsmäßig bedeuten (siehe Abb. B 13).

Ü Die Sprache des Körpers: eine Gestensammlung

(Großgruppenübung, ca. 20 Min.)

Diese Übung kann zur Auflockerung angeboten werden, bestenfalls nachdem die Teilnehmer Gelegenheit hatten, schon zu Hause Beispiele zu sammeln.

Es werden Elemente der Körpersprache gesammelt und ausprobiert, die in bestimmten Gruppen oder Kulturen in die Kommunikation eingegangen sind. Ausmaß symbolischer Gesten und Reichtum der Körpersprache schwanken kulturell ziemlich stark. Sogar dieselbe Geste kann regionalspezifisch sehr Unterschiedliches bedeuten und gravierende Missverständnisse mit Fremden zur Folge haben. Im Fol-

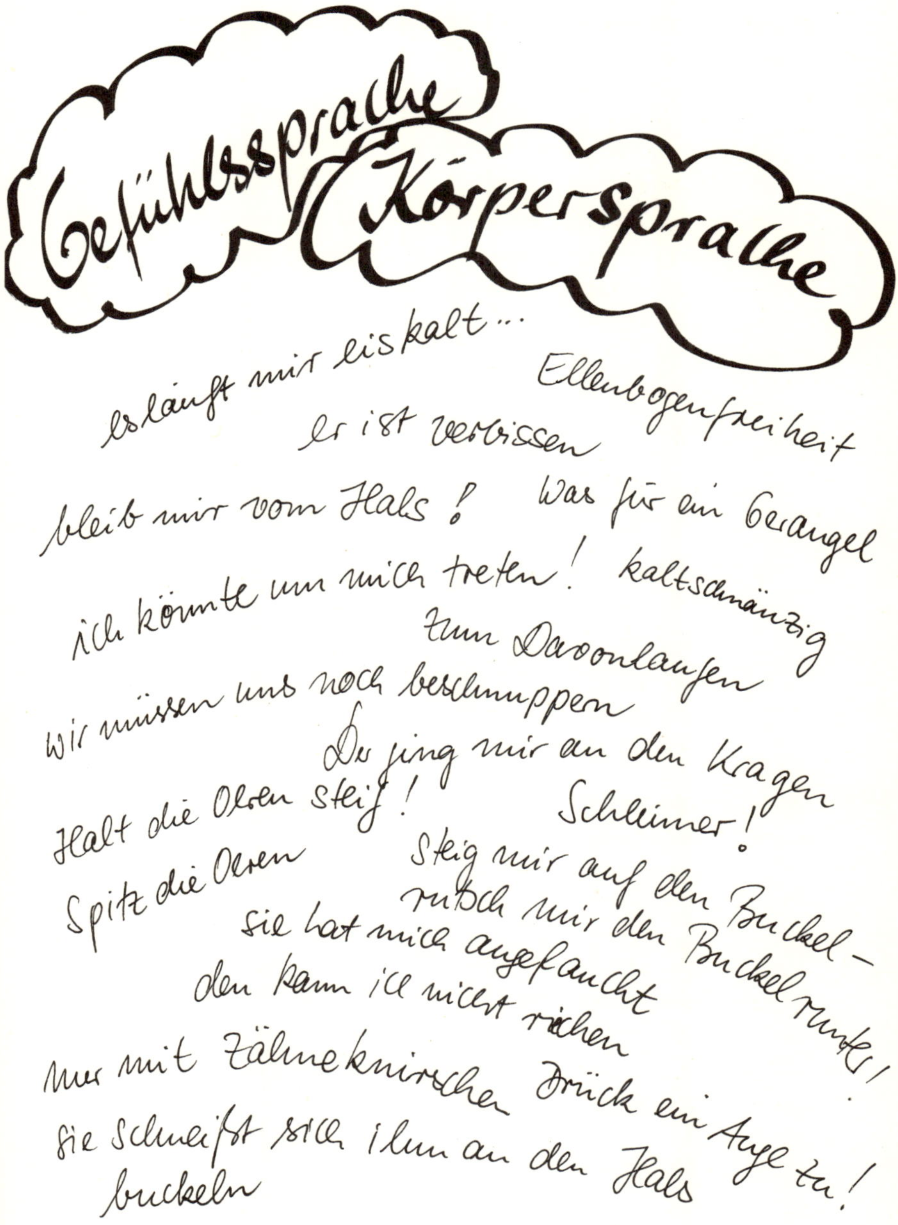

Abbildung B 13: Gefühlssprache – Körpersprache

genden einige Beispiele zu körpersprachlicher Kommunikation (aus Morris 1994):

- Die geballte Faust; der gestreckte Finger als »symbolische Keule«; der »stochernde« oder »stechende« Zeigefinger, der gestreckte Mittelfinger als Phalluszeichen;
- das »O.-K.-Zeichen« in USA steht in anderen Kulturkreisen für eine intime Körperöffnung und ist eine üble Beleidigung;
- die »Feigen-Geste«: bei geballter Faust den Daumen zwischen Zeigefinger und Mittelfinger durchschieben. Symbol für weibliche Genitalien, ursprünglich (und bis heute in Portugal) Schutz- oder Segensfunktion, inzwischen meistens sexuelle Anzüglichkeit oder Beleidigung;
- am Ohr zupfen: in Italien: *Du solltest Ohrringe tragen*; in Portugal: *Erste Klasse*; in Spanien: *Du Schnorrer*;
- das Victory-Zeichen: Handfläche nach außen Siegeszeichen, Handfläche nach innen in England eine grobe Beleidigung, zurückgehend auf eine Schlacht im 15. Jahrhundert, als französische Söldner den englischen Bogenschützen drohten, ihnen die Bogenfinger abzuschneiden. Nach ihrem Sieg zeigten diese den französischen Gefangenen verhöhnend die gesunden Finger.

Ü Verkörperte Gefühle – Bewegungsübungen zur Auflockerung

Wie man geht, so geht es einem.

Mit dem Kopf durch die Wand (Material: Kissen)

Stellen Sie sich vor eine Wand, ein Bein ist nach hinten versetzt. Legen Sie ein Kissen zwischen Ihren Kopf und die Wand und drücken Sie nun, als wollten Sie durch die Wand. Lassen Sie die Kraft ausgehend von den Beinen durch den ganzen Körper bis in die Stirn gehen, und atmen Sie tief ein und aus. Sie können dabei auch Töne machen (Stöhnen, Ächzen, Knurren etc.).
Fragen an die Teilnehmer: *Wie fühlte sich das an? Kennen Sie den Impuls bei sich im Alltag? Wie war es, das einmal körperlich zu versuchen?*

Um sich treten

Treten Sie mit jedem Bein abwechselnd in alle Richtungen in die Luft. Atmen Sie bei jedem Tritt aus. Wer möchte, kann es auch mit geschlossenen Augen versuchen.
Fragen an die Teilnehmer: *War das nur eine Übung, oder kamen auch Gefühle und Fantasien auf, wen oder was Sie wegtreten?*

Tarzan

Stehen Sie breitbeinig und trommeln Sie sich mit beiden Fäusten auf die Brust. Machen Sie dabei beliebige (Urwald-)Laute und klopfen Sie sich so die ganze Brust und gerne auch die Schultern ab.
Fragen an die Teilnehmer: *Wie ist das für Sie? Trauen Sie sich, kommen Sie sich blöd vor, macht es Spaß? Haben Sie solche Gesten oder Spiele als Kind gespielt? Wie fühlt sich die Brust jetzt an?*

Mein Raum

Stehen Sie breitbeinig, mit den Armen auf Brusthöhe angewinkelt. Ziehen Sie beim Ausatmen die Ellenbogen heftig nach hinten und atmen Sie dabei aus. Beim jeweils zweiten Mal schwingen Sie die Arme ausgestreckt nach hinten und atmen Sie tief aus (gerne mit Tönen). Zum Schluss die Ellenbogen abwechselnd nach hinten ziehen und dabei denken oder sagen: Lass mich!
Fragen an die Teilnehmer: *Wie war das für Sie? Was haben Sie dabei empfunden? Was bedeutet Ihnen Ihre Ellenbogenfreiheit? Haben Sie dazu Fantasien oder Erinnerungen?*

4.4 Zum Umgang mit (negativen) Gefühlen

Ich kann meinen Ärger nicht ausleben. Das ist eines meiner Probleme. Stattdessen brüte ich einen Tumor aus.
Woody Allen in »Stadtneurotiker«

Bei der vertieften Situationsanalyse konnte gezeigt werden, dass heftigen Gefühlen meistens alte bzw. frühe emotionale Wunden zugrunde liegen, die durch bestimmte Personen oder Situationsmerkmale aktualisiert werden. Selbstverurteilung hilft hier nicht, sondern wiederholt das alte Muster.

Die Informationen aus dem Wissensbaustein stellen die Grundlage für ein Gruppengespräch über den Umgang mit (negativen) Gefühlen dar.

W Steter Ärger zehrt am Herzen – wohin mit meiner Wut?

Emotionaler Ausdruck gehört zur Grundausstattung der menschlichen Natur und hat für den Einzelnen und die Gemeinschaft eine existenzielle kommunikative Funktion. Fast alle Menschen stimmen in der Beurteilung von ausgedrückten Grundgefühlen unabhängig von Sprache und Sozialisation überein. Deshalb ist die affektive Grundstimmung während einer Interaktion oft bedeutender als ihr sprachlicher Inhalt. Außer dieser Aufgabe im Sinne **sozialer Kommunikation** hat Gefühlsausdruck auch eine wichtige physiologische Bedeutung: Erregung wird auf eine für den Organismus unschädliche Art umgesetzt und abgebaut. Gefühle sind bereitgestellte **Energie**, die zum Handeln motiviert und verbraucht bzw. ausgedrückt werden sollte.

Im Lauf seines Lebens hat jeder persönliche Strategien zum Umgang mit unangenehmen Gefühlen entwickelt:

Belastende Gefühle werden weggeschoben, Situationen werden vermieden, in denen man unangenehme Gefühle erwartet. Die Auffassung, dass Gefühle störend oder sogar schädlich sind, ist besonders in der Arbeitswelt immer noch weit verbreitet. Emotionales Ausdrucksverhalten wird häufig mit Gefühlsduselei verwechselt und gilt als egozentrisch und charakterschwach. Zumindest unerwünschte Emotionen sollen verborgen und, was fast noch schlimmer ist, dafür umso mehr erwünschte gezeigt werden. Menschen, die sich auf diese Weise selbst verleugnen und mit doppelter Buchführung langfristig leben, sind stark belastet, viele suchen sich Ersatzbefriedigungen. Jeder weiß aus eigener Erfahrung, dass viele Konsumgewohnheiten dazu dienen, Ärger und Frustration zu dämpfen oder sich zu beruhigen.

Verbreitet ist auch die **Selbstbestrafung** dafür, dass man (negative) Gefühle hat und sie (unfreiwillig) zeigt. Diese äußert sich zum Beispiel

in Vorwürfen, Scham- und Schuldgefühlen, Abwertung von sich und anderen, Grübeln und letztlich in mehr Belastungserleben.
Die einen versuchen Gefühle durch Nichtbeachtung loszuwerden, die anderen durch schnelles Handeln, zum Beispiel durch **impulsives Ausleben von Gefühlen**. Emotionaler Ausdruck ist gesund, aber je nach Intensität nicht immer nützlich für das Zusammenleben. Ein Dilemma also: Weder durch Vermeidungsstrategien noch durch ungebremstes Agieren werden wir Gefühle los – im Gegenteil:

Was wir loswerden wollen, holt uns ein.
Die Unterdrückung von Emotionsausdruck mag der Vermeidung von zwischenmenschlichen Konflikten zunächst einmal dienen, vermag diese aber nicht zu klären. Der energetische Aufwand bleibt bestehen, häufig werden die Gefühle sogar stärker. Auch die Vermeidung emotionsauslösender Situationen ist nur beschränkt möglich, die betroffene Person bleibt innerlich damit beschäftigt, ihr Erlebens- und Handlungsspielraum ist eingeschränkt. Das negative Selbstbild wird bestätigt, und sie traut sich immer weniger zu. Auch impulsives Ausleben ist keine Lösung: Zwar haben wir festgestellt, dass Gefühle subjektiv, spontan und authentisch sind und das Ausdrücken eine gesundheitsförderliche Wirkung hat, es hilft aber wenig, seinen Ärger ständig an den anderen »auszulassen« – das hat eskalierende Konflikte und weiteren Ärger zur Folge.

Was also tun?
Menschen haben ein angeborenes Bedürfnis, dass Befinden und Handlungen im Einklang sind (**Konsistenz,** Grawe 2004). Im heutigen Alltag ist die Befriedigung dieses Bedürfnisses oft schwer, wir müssen ständig miteinander konkurrierende Reaktionstendenzen ausgleichen: zum Beispiel einerseits keine Lust auf eine Einladung zu haben, aber die Freundin nicht enttäuschen zu wollen; eine Arbeit erledigen zu müssen, die langweilt oder anstrengt; bei der Begegnung mit einer Konfliktperson in Wallung zu geraten, aber »stillzuhalten« usw. Da das Bedürfnis nach authentischer Mitteilung angeboren ist, verlangt seine Unterdrückung vom Nervensystem zusätzliche Arbeit. Es gibt wissenschaftliche Hinweise dafür, dass starke Diskrepanz zwischen erlebten und gezeigten Gefühlen ein Energiefresser ist, sich direkt nega-

tiv auf Gedächtnis und Leistungsfähigkeit auswirkt und auf Dauer ein wichtiger Faktor bei der Entstehung von psychosomatischen Erkrankungen ist. Am besten geht es Menschen, die ihren Gefühlen kontrolliert und gezielt **Ausdruck geben** können, die offen um Klärung bemüht auf andere zugehen und Bereitschaft zur Lösung signalisieren – und die es ertragen können, wenn sie in diesem Ansinnen abgelehnt werden.

Ärgerhygiene und Ärgervermeidung sind eine Überlebensstrategie besonders für die, die durch ihr Temperament (»Hitzkopf«) schnell auf 180 kommen: Stress scheint einer der neun wichtigsten Risikofaktoren für Herzinfarkt zu sein (INTERHEART-Studie, Yusuf et al. 2004). Hier sind kurzfristige Strategien wichtig, um »herunter« und um überhaupt zum Nachdenken zu kommen. Im Kursverlauf haben wir dafür schon viele Techniken erprobt. Auch in diesem Baustein steht am Anfang wieder die »Diagnose«:

Hinwendung, Wahrnehmung, Akzeptanz: Freund mit sich selber werden

Auch negative Gefühle haben eine wichtige Signalfunktion als Wächter unseres Befindens: Sie weisen uns darauf hin, dass etwas nicht stimmt, dass wir etwas brauchen, dass Handlungsbedarf besteht. Im akuten Zustand sind sie willentlich zwar erst einmal nicht beeinflussbar, aber sie halten meistens auch nicht lange an, wenn wir sie erst einmal aushalten, uns ihnen zuwenden und sie besser verstehen.

Der adäquate Ausdruck von Gefühlen hat zwei Aspekte: Einen gesundheitsförderlichen im Sinne der Vermeidung psychophysiologischer Übererregung und einen sozialhygienischen im Sinne von Selbstsicherheit, persönlicher Ausstrahlung und sozialer Kompetenz.

Während oder am Schluss dieser Ausführungen wird über Erfahrungen und Meinungen der Teilnehmer zu Gefühlsausdruck im gesellschaftlichen, beruflichen und privaten Kontext diskutiert.

Ich steh zu mir

Ü

(nach Hinsch und Pfingsten 2002, Klein- oder Großgruppe, 15 Min.)

Gefühle treten subjektiv, spontan und unkontrolliert auf, ob wir das wollen oder nicht. Im Unterschied zu Gedanken sind sie erst einmal nicht diskutierbar im Sinne von »richtig oder falsch«. Da hilft erst mal nur, dazu zu stehen. Bei dieser Übung geht es darum, Gefühle sozial angemessen sprachlich zu artikulieren und durch die Verwendung der Ich-Form Verantwortung für die eigenen Gefühle zu übernehmen.

Bisher ging es vor allem darum, dass wir uns Gefühle überhaupt zugestehen. Der nächste Schritt ist, sie als »selbst gemacht« zu akzeptieren und ihre Ursache nicht bei anderen zu suchen. Dies drückt sich auch im Sprachgebrauch aus. Bei Sätzen wie »du machst mir Freude« oder »er ärgert mich jedes Mal« verbergen wir, dass wir für unsere Gefühle selbst verantwortlich sind. Die ***Selbstverantwortung*** *für meine Gefühle drücke ich dadurch aus, dass ich sie in Ich-Form ausspreche und dazu stehe. Tauschen Sie sich in den folgenden Minuten jeweils zu zweit darüber aus, um welche Gefühle es bei den auf dem Übungsblatt (CD-42) beschriebenen Situationen geht und wie Sie diese noch ausdrücken könnten.*

Was tun, wenn's brennt?

W

Wie im letzten Abschnitt gezeigt, schwingen Gefühle immer mit, und manchmal kommen sie regelrecht über uns, d. h., sie sind erst einmal über die Vernunftebene gar nicht zu beeinflussen. Emotionale Erregung hat ursprünglich eine Überlebensfunktion – sie ist also per se nicht negativ, sondern kann ein Wegbereiter sein zu dem, worum es eigentlich geht. Zwei Nothilfemaßnahmen sind besonders hilfreich: einen **Abstand** zu überwältigenden Emotionen herstellen zu können und/oder **sich selbst zu beruhigen**. Wir haben in den vorigen Kapiteln schon verschiedene, wirkungsvolle Techniken beschrieben, dies zu erreichen: die Fähigkeit, die Atmung zu regulieren, Emotionen mit einem »inneren Zeugen« zu beobachten und sich dadurch zu distanzieren, die Wahrnehmung auf das Hier und Jetzt zu fokussieren, Selbstgespräche zu führen. Für überraschende, heftige Gefühlsreaktionen und um wieder klare Gedanken fassen zu können, können (ergänzend zu III, 3.7) folgende Strategien vorgeschlagen werden:

- Ich atme bewusst und vertiefe den Atem durch verlängertes Ausatmen
- Ich stelle die Füße fest auf den Boden (grounding) und »schalte« die innere Beobachterin »ein«
- Ich beschreibe, was ich sehe, höre, rieche
- Ich lege einen Grübelstopp ein unter dem Motto: Was ist gerade los mit mir? Ich benenne meine Gefühle: Das ist Angst, das ist Ärger …
- Ich frage mich: Wo spüre ich das im Körper?
- Ich schätze die Intensität ein: Wie stark empfinde ich dieses Gefühl? (0–100)
- Ich erforsche das Gefühl: Was genau hat mich gerade geärgert, worum geht es?

Diese Technik klingt banal, hat aber im Gehirn wichtige Konsequenzen: Durch den Versuch, etwas Gefühlsmäßiges in Sprache zu fassen, werden auch die Hirnregionen aktiviert, die für das rationale Denken zuständig sind und die uns helfen, über Stresssituationen klare Gedanken zu fassen – statt im Notfallprogramm zu bleiben, was uns zu unüberlegten Handlungen hinreißen kann. Wenn wir das schaffen, kann etwas gelingen, was sonst sehr schwierig ist: auf unsere Gefühle Einfluss zu nehmen.

4.5 Selbstmanagement innerer Anteile

Konzepte über innere Anteile haben eine lange Tradition und finden in jüngerer Zeit große Verbreitung. Der Erfolg des Bestsellers »Wer bin ich – und wenn ja wie viele?« zeigt die Relevanz dieses Konzeptes für viele psychologische Fragestellungen und Arbeitsfelder. Es ist mit ganz unterschiedlichen Methoden und Ansätzen vereinbar und wird im Coaching (Schulz von Thun und Stegemann 2004), in Beratung und Psychotherapie bis hin zur Therapie von Traumafolgestörungen (Fritzsche und Hartman 2010) eingesetzt.

Die meisten Modelle gehen von einem **Energie- und Teilemodell** der Persönlichkeit aus (Watkins und Watkins 2008), bei dem das Ich aus verschiedenen Ichzuständen besteht, die durch mehr oder weniger durchlässige Grenzen voneinander getrennt sind. Peichl (2007) schlägt vor, diese Ich-Zustände als neuronale Netzwerke zu beschreiben, die

Gefühle, Körperempfindungen, Gedanken in einem bestimmten Augenblick oder über einen Zeitraum festhalten und unser Verhalten in dieser Situation beeinflussen. Sie manifestieren sich als innere Stimmen und Handlungsimpulse und vertreten oft ganz unterschiedliche Positionen. Dadurch entstehen Phänomene auf einem Spektrum alltäglicher Ambivalenzen bis hin zu Symptomen einer dissoziativen Identitätsstörung. Betrachtet man die Übergänge als fließend und im Sinn eines kontinuierlichen Ansatzes, ist im gesunden Erleben ein Austausch zwischen den Anteilen möglich, bei traumatisierten Patienten ist dieser erschwert oder gar nicht möglich.

In dem hier vertretenen (hypnotherapeutischen) Konzept ist eine Grundannahme, dass innere Anteile nicht »abgeschafft« oder verändert werden, sondern dass ihre ursprünglich meistens sinnvolle Funktion verstanden, womöglich neu »verhandelt« und als Ressource für den Veränderungsprozess genutzt werden kann. Ziele einer Ego-State-Therapie sind die Differenzierung, Integration und optimierte Kooperation innerer Anteile (Clubmitglieder, nach Gunther Schmidt) und ein »Führungscoaching« für die »Chefin« des Clubs (»Frau Ich«).

Für den Kontext eines Stresskurses und für einen Einstieg in die Teilearbeit bietet sich ein vereinfachtes Teilemodell aus der Transaktionsanalyse an. Hier werden stressverursachende, stereotype Selbstanforderungen als **innere Antreiber** bezeichnet. Dabei handelt es sich um internalisierte Forderungen und Wünsche, die man als Kind konkret oder indirekt erfahren und zur eigenen Sache gemacht hat. Die Verinnerlichung von sogenannten **Überich-Botschaften** ist eine unbewusste Anpassungsleistung an die von der Umwelt vorgegebenen Werte und Erfordernisse mit dem Ziel, existenzielle Grundbedürfnisse wie Zuwendung und Bestätigung zu befriedigen. Sie dienten also ursprünglich einer Schutz- und unter besonders schwierigen Bedingungen (bei Gewalt, Missbrauch) einer Überlebensfunktion – auf Kosten der eigenen Autonomieentwicklung. Unbewusste Schemata i. S. innerer Antreiber sind meistens stark verinnerlicht und wurden im Lebenslauf immer neu bestätigt. Sie liegen oft auch dem Umgang mit Emotionen zugrunde (*Wut darf man nicht zeigen, wenn du traurig bist, bist du ein Schwächling* etc.). Die Emotionen sind zwar da, werden aber nicht mehr gespürt oder gar gezeigt (siehe auch Kap. III, 3.4).

Drei Ich-Zustände

(TA, Berne 2001)

Wie der Name sagt, beschäftigt sich die Transaktionsanalyse (TA, Stewart und Joines 1990, Berne 2001) mit der Analyse zwischenmenschlicher Interaktionen. Nach diesem Ansatz ist es hilfreich für das bessere Verständnis menschlicher Kommunikation, von verschiedenen »Ich-Zuständen« auszugehen, die unser Verhalten in bestimmten Situationen beeinflussen. In der Umgangssprache bezeichnet man diese Ich-Zustände als Eltern-Ich, Erwachsenen-Ich und Kind-Ich.

Das **Eltern-Ich** vertritt Normen, Regeln, Gebote und Verbote, Sitten und Gebräuche, die wir von erwachsenen, meistens den elterlichen Bezugspersonen übernommen haben. Je nachdem, ob wir diese Bezugspersonen unterstützend und fürsorglich oder kritisch, fordernd oder gar strafend erlebt haben, macht sich das Eltern-Ich in alltäglichen Anforderungssituationen als nährend-fürsorglich oder als kritisierend, einschränkend, mahnend bemerkbar. Beispiele: Eine unterstützende innere (und äußere) Stimme könnte sagen: *Was können wir tun, um diesen Fehler zukünftig zu vermeiden?*, ein (über-)fürsorglicher Satz ist: *Lass, ich mach das schon für dich;* eine kritische Stimme und »innerer Antreiber« könnte sein: *man darf nicht …, man muss immer daran denken, dass …, das kannst du sowieso nicht etc.* Die Nichtbefolgung dieser inneren Prinzipien und Vorschriften erzeugt oft Schuldgefühle, diese werden im Bewusstsein jedoch selten hinterfragt.

Das **Kind-Ich** vertritt natürliche Impulse und Verhaltensweisen, die Kinder gewöhnlich zeigen. Diese können spontan und unkontrolliert (zum Beispiel: *Ich will sofort …*), intuitiv, kreativ, manipulativ (zum Beispiel: *Lass es uns doch einfach ausprobieren*), aber auch angepasst, zaudernd und brav sein (zum Beispiel: *Ich bin lieber still*). Bei Reaktionen aus dem »Kind-Ich« heraus befinden wir uns gefühlsmäßig oft im »Heimkino« früher Erfahrungen und wundern uns dann später selbst über unangebrachtes Verhalten in bestimmten Situationen.

Das **Erwachsenen-Ich** vertritt das planende, vernünftige Abwägen, den eigenen Standpunkt unter Einbeziehung der eigenen Lebenserfahrungen und Entscheidungen. Hier werden Informationen gesammelt, abgestimmt und flexibel genutzt. Diese Instanz entscheidet auch, welcher der anderen Ich-Zustände zum Zuge kommt, und kann deren

Reaktionen auch hinterfragen (zum Beispiel: *Sind hier Schuldgefühle wirklich angebracht?*). Ein Ergebnis dieses inneren Prozesses könnte zum Beispiel sein: *Trotz einiger Nachteile habe ich mich dazu entschlossen, ...*

Nach dem hier vorgestellten Persönlichkeitsmodell geht es einem Menschen gut, wenn die drei Ich-Zustände in einem ausgeglichenen Verhältnis zueinander stehen und als innere Berater zu gegebener Zeit und in passender Umgebung zum Zuge kommen. Ist das Kind-Ich blockiert, hat ein Mensch wenig Freude am Leben, verhält sich oft rigide und unflexibel. Ohne Eltern-Ich hätte er keine Moral und kein Gewissen und ohne Erwachsenen-Ich keinen Bezug zur Realität. Bestenfalls übernimmt das Erwachsenen-Ich die Verantwortung über den Kontakt zur Außenwelt. Es hält inne, wägt ab und entscheidet, welchen Impulsen der verschiedenen Ich-Zustände in welchen Situationen Rechnung getragen wird. Es weiß einzuschätzen, wann es ausgelassen und impulsiv sein kann und wann es besser ist, kindlichen Trotz, Groll oder Übermut hintenanzustellen. In bestimmten Situationen mag man sich so entscheiden, wie es vielleicht auch Vater oder Mutter getan hätte, in anderen Fällen wird »Frau Ich« aufgrund der inzwischen gemachten eigenen Erfahrungen zu ganz neuen Ergebnissen kommen. Frei ist nach diesem Modell eine Person, die sich in ihrem Handeln an eigenen Präferenzen ausrichtet und selbstverantwortlich bestimmt, auf welche Weise sie ihr Leben verbringen will.

Eltern-, Kind-, Erwachsenen-Ich

(Zweierübung, 10 – 15 Min.)

Ü

Um sich mit den Botschaften aus den beschriebenen Ich-Zuständen etwas vertrauter zu machen, diskutieren Sie bitte in Zweiergruppen die folgenden Aussagen und ordnen diese einem der Ich-Zustände zu (s. Übungsblatt CD-43).

Beim anschließenden Austausch in der Großgruppe wird anhand persönlicher Beispiele der Teilnehmer wieder der Zusammenhang zum Thema »Stress« hergestellt.

Innere Antreiber

Von der Geburt bis zum Tod leben wir in Gruppen und werden von ihnen geprägt. Kinder können allein nicht überleben. Sie sind über relativ lange Zeit existenziell und emotional davon abhängig, dass andere sie versorgen – deshalb passen sie sich komplett an wichtige Bezugspersonen an. Eine gesunde Entwicklung des Selbstwerts ist stark gekoppelt an die Wertschätzung und Anerkennung, die das Kind von wichtigen Bezugspersonen erfährt. Jeder kennt das schöne Gefühl, wenn sie sich für ihn interessierten und ihn lobten, und jeder weiß, wie schmerzlich es war, dieses Gefühl zu vermissen oder gar abgelehnt zu werden. Kindern bleibt nichts anderes übrig, als sich »zu arrangieren«. Dies gelingt am ehesten, wenn sie sich bestimmte **Regeln und Anforderungen** der sozialen Umwelt zu eigen machen. Einmal entwickelte Bewältigungsstrategien werden immer wieder angewandt und brennen sich regelrecht im Gehirn ein, bis sie irgendwann automatisch und unbewusst ablaufen und das Verhalten auch im Erwachsenenalter steuern *(Ich mach's allein …)*, selbst wenn man darunter einmal gelitten hat, und auch, wenn sie inzwischen überflüssig geworden sind.

Da die Zufriedenheit der Eltern ein grundlegendes Bedürfnis des Kindes ist, macht es sich nicht nur ihre tatsächlichen, sondern auch **vermeintliche Aufträge** zu einem Teil der eigenen Identität: *Mein Vater wollte immer studieren, aber als Nachkriegskind war es ihm nicht möglich. Ich muss schaffen, was er nicht erreicht hat.* Hier wirken die unerfüllten Träume und Hoffnungen der Eltern stärker als die eigene Motivation und Begeisterung für eine Sache, unabhängig davon, dass ihre Urheber inzwischen räumlich weit weg leben oder vielleicht schon gestorben sind.

Auch **»unverdientes Glück«** kann innere Antreiber auslösen, zum Beispiel, wenn ein Geschwisterkind früh gestorben oder behindert ist oder wenn Familienmitglieder ein schweres Schicksal hatten: *Warum er und nicht ich? Womit habe ich das verdient?*

Gruppengespräch über innere Antreiber und innere Erlauber

Ü

(30 Min.)

Ziel der folgenden Übung ist es, deutlicher zwischen inneren und äußeren Anforderungen und eigenen Bedürfnissen zu unterscheiden und bewusste, selbstbestimmte Entscheidungen über eigene Lebensprinzipien zu fällen.

Als Diskussionsgrundlage kann eine Sammlung gängiger Antreiber dienen (Abb. B 14, siehe auch Kälin et al. 2005).

Nehmen Sie sich Zeit für einen kurzen Ausflug in Ihre Vergangenheit und gehen Sie in Gedanken zurück in Ihre Kindheit und Jugend …

Welche Forderungen, Gebote, Verbote, Verhaltensanweisungen und Erwartungen haben Sie bei Ihren Bezugspersonen wahrgenommen?

Manche davon sind Ihnen vielleicht noch im Ohr, weil es sich um umgangssprachliche Sprüche und prägnante Sätze handelt: Erst die Arbeit …, ein Indianer kennt keinen Schmerz etc., andere wurden vielleicht gar nicht explizit ausgesprochen, sie gingen selbstverständlich in Fleisch und Blut über, wurden »mit der Muttermilch« aufgenommen: Man spielt sich nicht in den Vordergrund, was werden die anderen denken? Du bist nur etwas wert, wenn du … etc.

Die Kursleiterin schreibt die Nennungen der Teilnehmer auf die eine Hälfte eines Flipchart-Blattes. Die Sammlung ist Grundlage für einen Austausch in der Gruppe darüber, welche dieser Sätze zu inneren Antreibern geworden sind, mit denen man sich und anderen noch heute das Leben schwer macht. Manche Teilnehmer werden ihre Prinzipien verteidigen und sie weiterhin für sich als sinnvoll erachten, sie sollten dann aber negative Folgen selbstverantwortlich in Kauf nehmen (zum Beispiel: *Wichtiges macht man am besten allein*).

Die Kursleiterin moderiert die Diskussion am roten Faden entlang: *Was hat das alles mit Stress zu tun?* Zum Schluss schlägt sie eine Runde vor. Wer möchte, kann dabei auf die folgenden Fragen eingehen:

- *Ist Ihnen einer Ihrer eigenen inneren Antreiber aufgefallen?*
- *Erinnern Sie sich, wo er herkommt? Wo war er bisher hilfreich? Wann hat er Ihnen das Leben schon einmal erschwert?*

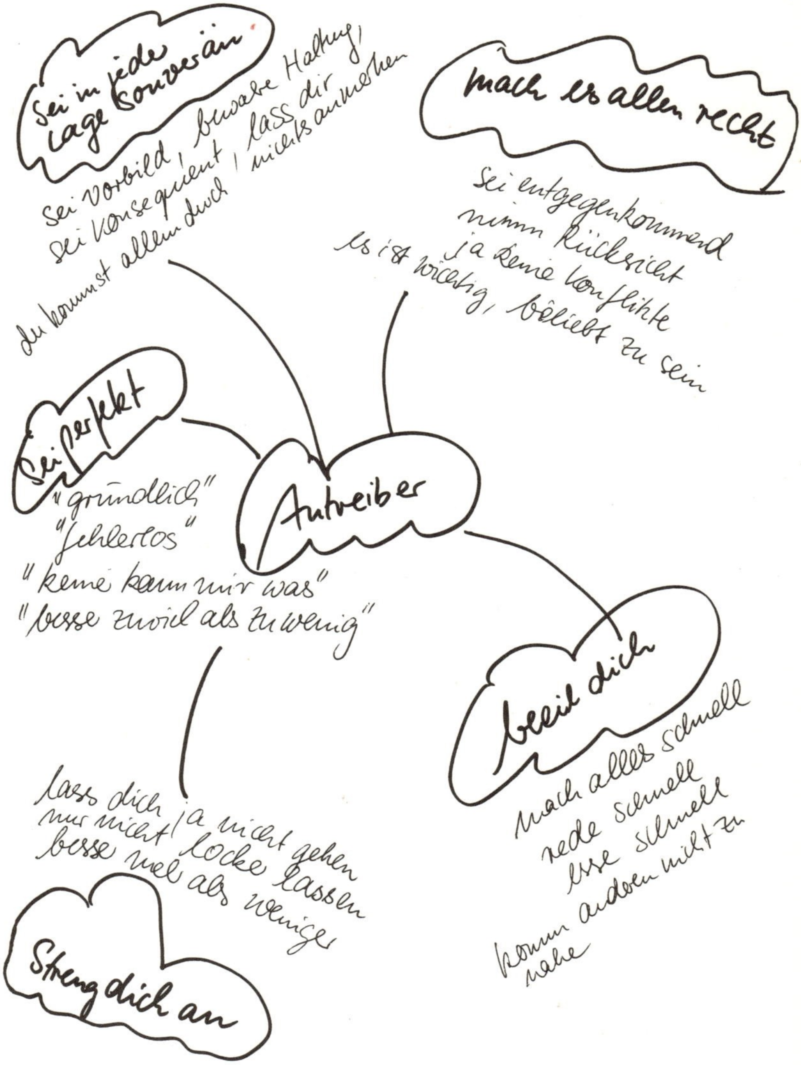

Abbildung B 14: Typische Antreiber

- *Wie möchten Sie sich als Erwachsener dazu stellen und möchten Sie dem Antreiber ein Argument aus Ihrer eigenen Erfahrung (Erlauber) entgegensetzen? (CD-44)*

Die Runde sollte nicht mehr in eine Diskussion münden, sondern für jeden eine Selbstreflexion vor der aufmerksamen Gruppe ermöglichen.

»Erlauber« sind wirkungsvoll, wenn es sich dabei um erwachsene, selbstbestimmte Argumente und nicht nur um Gegenbehauptungen handelt. Eine trotzige Umkehrung empfundener Einschränkungen in ihr Gegenteil *(mich schert es nicht, was die Nachbarn denken)* bestätigt eher, wie lebendig die elterlichen Regeln und Forderungen noch sind. In manchen Fällen hilft auch ein gelassenes »mal so, mal so« weiter. Damit werden die Regeln der Herkunftsfamilie nicht abgewertet, sie bleiben Verhaltensmöglichkeiten eines Repertoires, über das situationsabhängig verfügt werden kann.

4.6 Ressourcenaktivierung 2

In diesem Teil wird die Ressourcensuche (s.a. Kap. III, 3.5) wieder aufgenommen und vertieft. Es kann auch ein besonders gestaltetes »Ressourcenblatt« verteilt werden, auf dem die bisher aktualisierten intrapsychischen, interpersonellen, externen und transpersonalen Ressourcen festgehalten und noch weitere gesammelt werden.

Im Folgenden wird vertiefend auf lebensgeschichtliche Erfahrungen und dabei erworbene Bewältigungskompetenzen eingegangen.

4.6.1 Lebensgeschichten

Glück ist Talent für das Schicksal.
Novalis

Bei beiden Übungen geht es um die Vergegenwärtigung und Mitteilung wichtiger Daten und Stationen der privaten und beruflichen Geschichte. Üblicherweise präsentieren wir anderen Personen Bilder von uns, wie wir gesehen werden möchten, und achten darauf, uns nicht angreifbar und verletzlich zu zeigen. Wenn es nun also um sogenannte Life Events geht, dann sind eben nicht nur die »Events« im Sinne von Erfolgsstorys gemeint, sondern auch Begebenheiten und Ereignisse, die schwer und vielleicht sogar unrühmlich waren.

Diese Themen sind sehr persönlich und setzen ein hohes Maß an Bereitschaft voraus, sich mitzuteilen und sich den Geschichten anderer ganz zuzuwenden. Wer seine Geschichte vorstellt, der braucht besonderen Schutz und Aufmerksamkeit. Wenn dies gelingt, ist dies immer ein Gesamtwerk der Gruppe, an dem jeder Einzelne seinen persönlichen Anteil hat. Dabei kann auch bewusst werden, wie viel Zeit, Glück und Unterstützung jeder Einzelne schon geschenkt bekommen hat.

Ü Inhaltsverzeichnis 1, Lebensweg

(Einzel- und Gruppenübung, ca. 60 Min.)

Ich lade Sie ein, in Gedanken Ihre Lebensgeschichte durchzugehen und die wichtigen Ereignisse und Stationen zu notieren. Welches waren besonders glückliche Ereignisse? Welches waren schwere Phasen? Es werden vorhersehbare und geplante Ereignisse auftauchen und überraschende, plötzliche Veränderungen. Notieren Sie diese Ereignisse wie Kapitelüberschriften für das Inhaltsverzeichnis Ihrer Autobiografie. Wie würden die Kapitelüberschriften heißen?
Wenn Sie möchten, fügen Sie einige Kapitel für die Zukunft hinzu, mit schweren Ereignissen, die Ihnen noch bevorstehen könnten, und solchen, die Sie sich besonders wünschen (20 Min.).
Bilden Sie nun Dreiergruppen, wenn möglich mit Personen, die bisher wenig persönlichen Kontakt miteinander hatten. Stellen Sie einander Ihre Inhaltsverzeichnisse vor und achten Sie darauf, was besondere Aspekte des jeweils ganz persönlichen Schicksals sind (30 Min.).

Ü Inhaltsverzeichnis 2, Beruflicher Weg

(Einzel- und Gruppenübung, ca. 60 Min.)

Analog zur ersten Übung geht es hier um Stationen und Erfahrungen der beruflichen Laufbahn, die Ihre Entwicklung geprägt und beeinflusst haben. Beginnen Sie mit dem Ereignis, das Sie als erste Station Ihres beruflichen Weges sehen. Wie würden die Kapitelüberschriften Ihrer beruflichen Autobiografie heißen? Wie sind Sie beruflich der geworden, der Sie heute sind?
Dabei geht es nicht darum, eine Karriereleiter darzustellen, sondern eher um die Frage, was einzelne Wendepunkte und Phasen Ihres Berufslebens

(Sitzenbleiben, Ausbildungen, Arbeitsplatzwechsel, Beförderungen, Arbeitslosigkeit, Umschulungen etc.) für Sie und für Ihre Entwicklung bedeutet haben. Wenn Sie möchten, können Sie auch »Zukunftskapitel« darüber anhängen, was Sie beruflich noch erreichen möchten (20 Min.). Bilden Sie dann Dreiergruppen, wenn möglich mit Personen, die bisher wenig persönlichen Kontakt miteinander hatten. Stellen Sie einander Ihre Inhaltsverzeichnisse vor und achten Sie auf besondere Aspekte des jeweils ganz persönlichen Werdegangs (30 Min.).

Lebenslinien

(Kleingruppenübung à 3)

Arbeitsmaterial: Pro Teilnehmer ein DIN-A3-Blatt und ein Filzstift

Diese Übung ist eine Variante der Übungen »Inhaltsverzeichnis«. Statt die Ereignisse wie Kapitelüberschriften zu präsentieren, wird mit einem Filzstift die Lebenslinie mit Höhen und Tiefen gezeichnet, von der Geburt bis jetzt.

Die Senkrechte markiert die Hochs (nach oben von 0 bis 10) und die Tiefs (nach unten ebenfalls), die Waagrechte markiert eine Zeitlinie, um erkennbar zu machen, wie alt Sie bei wichtigen Ereignissen waren. Mit roter Farbe kann bei den Tiefs eingezeichnet werden, wer oder was geholfen hat, die Krise durchzustehen.

In den Kleingruppen werden die Lebenslinien zunächst in die Mitte gelegt und gemeinsam betrachtet: *Wie wirken die einzelnen Bilder auf mich? (unruhig, regelmäßig, mit vielen/wenig Höhen und Tiefen …).* Danach stellt jeder seine Lebenslinie den anderen vor.

Aus meinem Leben

(Zweierübung, 30 Min., CD-45)

Bei der folgenden Übung spricht jeweils eine Person zum Thema: *Was schwer war in meiner Herkunftsfamilie und mit welchen Ressourcen ich das bewältigt habe* (15 Min.). Der Partner ist ausschließlich »Wächter« des Prozesses und hört aufmerksam zu.

Folgende Fragen dienen als Strukturierungshilfe:

- *Was war schwer in deiner Familie / in deinem Leben?*
- *Welche besonderen Qualitäten hast du daraus entwickelt – für deinen Job, für dein Privatleben?*
- *Wer war dir dabei eine Hilfe?*
- *Was ist noch nicht geheilt, was bleibt noch?*
- *Wer, was wird für deine weitere Entwicklung hilfreich sein?*

Ü Sätze der Kraft

(Imagination nach Dirk Revenstorf)

Du weißt inzwischen schon, wie du dich bequem hinsetzen kannst und, wenn du willst, alles wahrnehmen, was gerade in die Sinne kommt … Das Licht, Geräusche, bestimmte Teile deines Körpers, dein Gewicht auf dem Stuhl, dein Atmen … Und schon während ich das sage, du mit deinem Atmen tiefer und weiter in den Stuhl hineinsinken kannst und vielleicht wahrnehmen, … Gedanken, Empfindungen oder ein Gefühl … Und wenn das so ist, einfach zu sagen: »Ich weiß, dass du da bist«, und wenn etwas drängt: »Ich kann darauf zurückkommen«, und wenn da Zweifel sind: »Ich höre dir zu«, und dann zum Atem zurückkehren, … ausatmen und beginnen, mehreres gleichzeitig wahrzunehmen: die Füße, Beine, Oberschenkel, die Hände, … und beim Ausatmen noch etwas mehr loslassen, und wenn du so weit gekommen bist, ein Gefühl für den ganzen Körper entwickeln … Das Atmen, die Schwere, die Leichtigkeit gleichzeitig wahrnehmen, … und einen inneren Zeugen haben, der alles registriert, was du wahrnimmst, die Körperempfindungen, Gedanken, Geräusche …
Und er kann sagen: »Das ist so.« Das Ticken der Uhr, die Autos draußen vor dem Haus, die Stimmen auf dem Gang (bitte aktuelle Geräusche verwenden) …
Und wenn du auf diese Weise innere Ruhe hergestellt hast, kann es sein, wie wenn der Zeuge auf einen See schaut mit glatter Oberfläche …
Und jetzt, wo ich es sage, du dir vielleicht eine Stimme vorstellen willst, die dir angenehm ist, … und sie kann dir etwas sagen, und du kannst merken, ob es dich berührt …, und diese Stimme sagt: ***»Du bist willkommen«*** *…*
Und es wirken lassen und prüfen, wie es dich berührt, und wieder Ruhe einkehren lassen, … sehen, wie der See sich glättet, und noch einmal diese

*Stimme hören, die sagt: »**Ich bin für dich da**« … Und überprüfen, ob dich der Satz berührt und wie …*
*Und wenn wieder Ruhe eingetreten ist, sagt die Stimme zu dir: »**Du kannst es auf deine Weise tun**« … Und du kannst überprüfen, wie dieser Satz dich berührt, … und wieder Ruhe eintreten lassen, innerlich … Und dann die Stimme hören, wie sie sagt:*
*»**So, wie du bist, ist es in Ordnung**« … Und du kannst wieder nachhören und prüfen und noch einmal die Stimme hören, die sagt: »**Du bist wichtig**, … du bist wichtig, … du bist mir wichtig …«*
*Und wenn dann wieder Ruhe eingetreten ist, kann die Stimme ein letztes Mal sagen: »Du musst nichts beweisen, … **du musst nichts beweisen**« … Und ein letztes Mal prüfen, ob und wie der Satz dich berührt, Regungen und Empfindungen registrieren …,*
und dir ein Weilchen Zeit geben, um die Übung abzuschließen … Und dich zu aktivieren.
Wer möchte, tauscht sich mit der Nachbarin darüber aus, wie es ihm bei der Übung ergangen ist, welcher Satz ihn wie berührt hat.

Bei Bedarf Nacharbeit in der Großgruppe.

Ressourcenrad

Ü

(Einzelübung innerhalb der Großgruppe, 45 Min.)

Bei dieser Übung können Sie sich die Einflüsse wichtiger Bezugspersonen noch bewusster machen.

Der Kursleiter zeichnet ein Raster mit 6 Kreisen und 6 Segmenten auf einer Stellwand auf und bittet die Teilnehmer, dies auf einem Blatt Papier ebenfalls zu tun (Abb. B 15). Im Innenkreis steht: *Ich und meine Aufgabe*. In den Segmenten des nächsten Kreises steht: *Vater, Mutter, Freund/Freundin, Lehrer/Ausbilder, Vorgesetzter/Vorgesetzte*. Im freien Segment des dritten Kreises steht: *Eigenschaften*. Die Teilnehmer werden nun gebeten, die Segmente für jede Person mit deren Eigenschaften auszufüllen. Wer fertig ist, legt das Schreibgerät nieder. In die freien Segmente der folgenden Kreise wird nach und nach eingetragen: *Implizite/explizite Botschaft, beeinflussen mich diese Botschaften noch positiv oder negativ? In welchen Situationen? Was habe ich von dieser Person gelernt und möchte ich mitnehmen?* So wird der Gesamtkreis langsam aufgebaut.

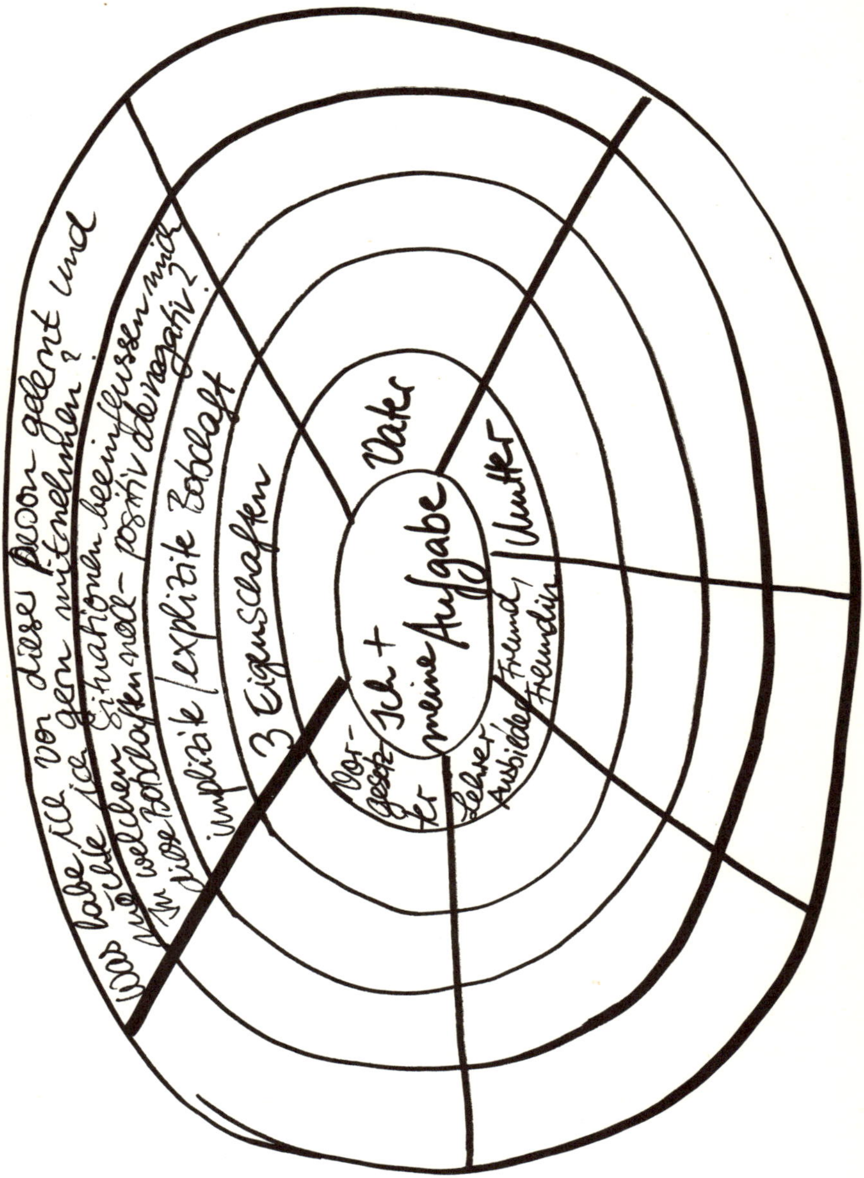

Abbildung B 15: Ressourcenrad

Nach der Übung findet entweder eine Runde oder ein Austausch in der Gruppe statt.

4.6.2 Anker als Helfer der Ressourcenaktivierung

In diesem Abschnitt geht es um Möglichkeiten, die (wieder-)entdeckten Ressourcen zu »ankern«, um sie im Alltag bei Bedarf verfügbar zu haben. Als Anker werden hier v. a. visuelle (Gesten, Symbole, Bilder, Farben), auditive (Sätze, Worte) oder kinästhetische (Berührung) Stimuli eruiert, die mit einem positiv besetzten Zustand (Selbstwirksamkeit, Freude, Vertrauen) verknüpft werden mit dem Ziel, dass bei Auftreten des Stimulus dieser Zustand leichter aktiviert wird.

Die Glücksbohnen

Ü

Ein Einstieg ins Thema könnte sein, dass die Kursleiterin ein Säckchen mit Bohnen herumgibt, aus dem sich jeder einige nimmt. Danach erzählt sie die Geschichte von den Glücksbohnen – auf die sie in den folgenden Sitzungen immer wieder zurückkommt.

> ***Die Glücksbohnen***
> *Es war einmal ein Bauer, der steckte jeden Morgen eine Handvoll Bohnen in seine linke Hosentasche. Immer wenn er während des Tages einen Glücksmoment erlebte, in dem er sich selbst auf die Schulter klopfen konnte, weil er zufrieden mit sich war oder in dem er sich über kleine Lebensereignisse freute, nahm er eine Bohne aus der linken Hosentasche und gab sie in die rechte.*
> *Am Anfang kam das nicht so oft vor. Aber von Tag zu Tag wurden es mehr Bohnen, die von der linken in die rechte Hosentasche wanderten. Der Duft der frischen Morgenluft, der Gesang der Amsel auf dem Dachfirst, das Lachen seiner Kinder, das nette Gespräch mit seinem Nachbarn, etwas, was er selbst gesagt oder ganz bewusst nicht gesagt oder getan hatte – immer wanderte eine Bohne von der linken in die rechte Tasche.*
> *Bevor er am Abend zu Bett ging, zählte er die Bohnen in seiner rechten Hosentasche. Und bei jeder Bohne konnte er sich an das positive Erlebnis erinnern. Zufrieden und glücklich schlief er ein – auch wenn er nur eine Bohne in seiner rechten Hosentasche hatte.*

In einem Kurs vereinbarten die Teilnehmer, sich die Bohnen nicht nur selbst, sondern gegenseitig als anerkennende Geste zu geben.

W Anker

Jeder kennt das Phänomen, dass kleine Auslösereize das ganze Erleben verändern können: Eine bestimmte Musik versetzt jemand in alte Zeiten zurück, ein typischer Geruch in die Turnhalle und den Sportunterricht von früher, der Terminkalender löst Gedanken an das anstehende Gespräch mit dem Chef und eine körperliche Reaktionspalette aus. Manche betreten das Haus ihrer Eltern und fühlen sich wieder wie ein Kind, andere erwischen sich bei Urlaubsträumen, wenn sie das Foto auf dem Schreibtisch betrachten.
Solche festen Reiz-Reaktionsverbindungen sind gespeicherte Erfahrungen. Im Folgenden werden Auslösereize für die Aktivierung einer Erfahrung als »Anker« bezeichnet. Sie können einen oder alle Sinneskanäle betreffen und funktionieren meistens unbewusst (z. B. über Geruch, Geschmack, äußere Ähnlichkeiten) oder laufen zumindest automatisch ab. Meistens fallen uns dazu negative Beispiele ein (der weiße Kittel, eine Nase, die mir nicht gefällt, Uniformen, Lebertran usw.). Sie lassen sich aber auch zur Aktivierung positiver innerer Zustände nutzen. Schon bei der Ressourcensuche im letzten Kapitel wurden positive Anker genannt: das Plüschtier aus der Kindheit, Talismane, Urkunden an der Wand, Schmuckstücke, Fotos etc. Der bewusste Einsatz von Ankern für positive Erinnerungen kann es erleichtern, schneller Zugang zu Ressourcen zu haben, kurzfristig auf andere Gedanken zu kommen und negative Aspekte einer Situation zu relativieren.

Ü Gruppentrance zum Suchen und Finden

Die folgende Imaginationsübung kann die Suchprozesse nach Ankern unterstützen.

Machen Sie es sich auf Ihrem Platz bequem, so, wie Sie es von den vielen Malen hier schon kennen, und so, wie es für Sie am angenehmsten ist … Nimm dir einen Moment ganz für dich, … und du kannst es einem inne-

ren Teil einfach überlassen, Dinge wegzutun, dass Platz da ist, und ein anderer Teil kann schauen: Was war in letzter Zeit ein Helfer für dich? Gab es ein Schmuckstück …, vielleicht waren es auch bestimmte Schuhe, oder es gab eine bestimmte Tätigkeit, die hilfreich war: der Kaffee am Morgen, um den Tag anzufangen, ein kleines Ritual, wenn du zur Arbeit kommst, … manchmal gibt es bestimmte Gedanken, die immer wieder hilfreich sind, oder Redeweisen … etwas, was du gehört hast vom Großvater oder von einem Kind auf der Straße oder von jemand ganz anderem … Und so kannst du die letzte Zeit einfach durchgehen und, wenn du willst, eine Sammlung anlegen von Helfern, um dich sicherer zu fühlen …
Es kann sein, dass du die Sammlung aufbewahren willst, in einer Schachtel oder in einem Buch oder ganz woanders …, und wenn du willst, kannst du das Zeitrad noch ein wenig zurückdrehen und dich erinnern an Helfer aus jener Zeit: ein Plüschtier, ein Teddy, ein Stein, eine Muschel, eine Geste wie »über die Schulter spucken«, … vielleicht bist du auch auf bestimmte Art auf dem Randstein gehüpft und weißt es noch, wie eine gerade Zahl und das linke Bein Glück und Sicherheit gebracht haben, … und dass auch reale Personen Helfer waren … Für den einen war es vielleicht ein Nachbar, für die andere eine Großmutter oder Tante … Manchmal auch Tiere, … ein Hund oder ein Pferd, … und dieses Gefühl, dass sie Sicherheit geben …
Und wenn du willst, dir wieder die Zeit nehmen, die du brauchst, die ganz deine Zeit ist, zum Sammeln von Helfern …
Und auf irgendeine Art die Sammlung abschließen und sie so bewahren, wie es richtig ist …, und dich von jener Zeit verabschieden und das Zeitrad wieder vorwärtsdrehen, um zurückzukommen an diesen Ort hier und in diese Zeit jetzt …

Nach dieser Übung tauschen sich die Teilnehmer mit ihren Sitznachbarn einige Minuten darüber aus, welche Helfer sie in der Kindheit hatten, welche sie in der Jetztzeit haben und was die Unterschiede zwischen Helfern im Kindes- und im Erwachsenenalter sind.

Im Lauf eines Beratungsprozesses kann es hilfreich sein, wenn Klienten entweder vorhandene Anker für Ressourcen »reaktivieren« (zum Beispiel Fotos) oder sich auf die Suche nach neuen Ankern machen. Die Auswahl eines persönlichen Ankers sollte auf jeden Fall durch die Klienten selbst erfolgen. Die besten Anker sind einfach, spezifisch und unverwechselbar, und wenn es Gegenstände sind, sollten sie handlich und einfach mitzuführen sein.

Hier einige Beispiele aus der Beratung für den hilfreichen Einsatz von Ankern:

- Ein Gruppenteilnehmer, der völlig vereinnahmt von den Konkurrenzkämpfen am Arbeitsplatz war, stellte sich ein Foto auf den Schreibtisch, das die Familie im Krankenhaus zeigte, in dem eines seiner Kinder gerade von schwerer Krankheit genesen war. Mancher »Kleinkram« relativierte sich, wenn er sich bewusst machte, dass es ihm privat wieder besser ging.
- Eine Teilnehmerin hatte sich – ganz entgegen ihren bisherigen inneren Regeln – für sich selbst eine Halskette gekauft. Sie verband damit Selbstfürsorge und Stolz auf ihre Weiblichkeit und berichtete, dass sie die Kette immer zu Anlässen trug, an denen ihr diese Gefühle besonders wichtig waren.

Die Teilnehmer werden eingeladen, eigene Anker mitzubringen und den anderen vorzustellen. Sie können auch gemeinsam oder einzeln (vergängliche) Tagessymbole suchen und mitbringen. Bevor die Bedeutung der Mitbringsel erklärt wird, teilen die anderen ihre Assoziationen darüber mit.

Ü Ein hilfreiches Erleben ankern

(Imagination nach Martin Schulmeister)

Bei der folgenden Übung geht es darum, sich an jemanden zu erinnern, der Ihnen einmal in einer schwierigen Situation geholfen hat.

Nimm dir Zeit, von außen nach innen zu gehen, bei dir anzukommen …, lass den Körper dazukommen, dass du spüren kannst, wie es dir gerade geht, bemerke, ob dich etwas beschäftigt, Gedanken, Gefühle …, und schau, ob du innerlich mitgehen möchtest zu einer Situation, die du erlebt hast mit einem hilfreichen Menschen in einer Zeit, wo es schwer war für dich …, vielleicht war es ein Freund, eine Kollegin, wer auch immer …, und schau, ob dir ein Bild kommt, ein Gefühl – jemand, der dir hilfreich zur Seite stand, der etwas gesagt hat oder getan, was für dich wichtig war. Lass dir Zeit, ob du dich erinnerst oder dein Körper … Wie nimmst du die Szene wahr? Was passiert da in diesen hilfreichen Momenten/Minu-

ten? Kannst du die Szene lebendig werden lassen, was da vom anderen ausgeht für dich: ein Signal, Worte, eine Botschaft zwischen den Zeilen …? Manchmal ist das sofort klar, manchmal kannst du es eher vom Körper her spüren … Achte mal darauf: Wo spürst du das im Körper? Gibt es sogar eine bestimmte Stelle, wo das Gefühl im Körper auftaucht? … Du kannst die Hand hinlegen, die Stelle spüren, die auf Körperebene erreicht wird durch die gute Begegnung … Was tut der Stelle so gut, was nimmst du auf einer tieferen Erlebnisebene für eine Botschaft auf?
Vielleicht kannst du sogar dafür Worte finden … Vielleicht schwingt es auch ohne Worte in dir … Lass es sich ein kleines Stück ausbreiten oder sogar in den ganzen Körper: dass dieses Gute sich verankern kann – als Farbe oder als Symbol, das an dieser Stelle entsteht …
Und dieses Gefühl für dich abrunden, und wenn du möchtest, dich mit dem Nachbarn austauschen darüber.

4.7 Selbstbewusstsein und Selbstwertgefühl

Man müsste sich ein bisschen Sonne suchen,
ohne einen anderen in den Schatten zu drängen.
V. van Gogh

Zu mir stehen

Ü

(nach Erika Lützner-Lay, Gruppenübung, evtl. mit Musik)

Such dir einen Platz im Raum, komm an mit Füßen und Körper, dafür kannst du gern die Schuhe ausziehen …
Schau, wie dein Stand ist, wie du zu dir stehst, wie es ist, das Gewicht dem Boden zu überlassen. Was erzählen deine Füße im Kontakt?
Und von rechts nach links wiegen, die Knie lockerlassen wie beim Skifahren … Und wenn du möchtest, das Ausatmen mit einem Ton begleiten, und das geht gut mit einem Ahhh … Erlaube dir, lange und tief auszuatmen und die Füße dabei zu spüren … Und spüren: Sind die Knie durchgedrückt oder locker? Und bei den Tönen bleiben und Schritte durch den Raum machen …
Und widme dich liebevoll deinen Füßen und gib dir mit jedem Ausatmen mehr die Erlaubnis, hier anzukommen, so wie du gerade unterwegs bist …
Wie erlebe ich Verbindung zu meinen Füßen, die mich durchs Leben tragen? Was erzählen sie mir über den Stand zu mir selbst? Können sie mir

Gewicht geben? Was erzählen sie, wie ich gerade zu mir stehe? Wie fühlt es sich an, wenn ich sage: Hier bin ich, ich bin hier wichtig, ich trete hier auf (stärker auftreten) …, spüren, wie das ist, hier aufzutreten, bleib noch ganz bei dir und spüre: Wie bin ich da?

Und dir Erlaubnis geben, eine Bewegung zu finden, die dir hilft zu entspannen … Wie fühlt es sich an, wenn ich mir Raum nehme? Ach, sagen die Ellenbogen, wir können dir helfen, dir Raum zu nehmen … (die Ellenbogen mitbewegen) …

Und Hüften und Bauch sagen das auch …, und die Schultern und Hände … (jeweils mitbewegen) … *Bewege dich durch den Raum. Welche Qualität hat diese Bewegung? Und durch den Raum gehen und kleine Kontakte machen …, zum Beispiel sagen: Hallo Martina, ich bin da und ich will was …* (weitermachen, bis zwischen allen ein Austausch stattgefunden hat).

Dann stehen alle, und spüre: Wie bin ich jetzt angekommen, wie fühlen sich die Füße jetzt an?

Kurzer Austausch: Wie geht es mir jetzt?

W Mit sich selbst befreundet sein

Ein gesundes Selbstwertgefühl fungiert wie ein »Stressfilter« gegen Anfechtungen und ist eine wesentliche Grundlage für Lebenszufriedenheit. Es befähigt auch bei gegensätzlichen Informationen von außen dazu, die eigenen, positiven Anteile zu sehen, und fördert eine optimistische Grundhaltung, und es hilft, Unvollkommenheiten bei sich selbst und anderen zu akzeptieren und nicht zu hoch zu bewerten. Das Gefühl von Selbstwert und Selbstvertrauen resultiert aus der Selbsteinschätzung im Vergleich zu den (vermeintlichen) Anforderungen der Umgebung. Seine gesunde Entwicklung ist stark gekoppelt an die Wertschätzung und Anerkennung, die wir als Kind von wichtigen Bezugspersonen erhalten haben. Das natürliche, tiefe Bedürfnis nach Bestätigung und Lob steht jedoch nicht selten im Widerspruch zu den Normen der direkten Umgebung, deren Wertvorstellungen wir lernen und verinnerlichen müssen, um in ihr zu überleben. Diese Überlebensstrategie der Anpassung an die Bedürfnisse und Erwartungen der Großen lernt schon der Säugling. Selbstbestätigung ist also schon früh an die Erfüllung der Erwartungen von anderen geknüpft. Die Ent-

täuschung dieser Erwartungen geht dann mit Schuldgefühlen, (Selbst-)Abwertung und Angst vor Verlust der Zugehörigkeit einher. Menschen ergreifen mit der Zeit unterschiedliche Maßnahmen, um ihren Selbstwert zu erhalten, zu schützen oder zu steigern: sei es, sich möglichst klein zu machen, um nicht negativ aufzufallen, oder eigene Leistungen mehr als nötig zu betonen und die eigenen Belastungs- und Fähigkeitsgrenzen zu verschleiern, um möglichst keine Unterstützung von anderen beanspruchen zu müssen. Diese Strategien zeigen, wie sehr wir uns auch als Erwachsene noch von den Reaktionen der Umgebung abhängig machen.
Ziel persönlicher Entwicklung ist es, das eigene, innere Erwachsenen-Ich und die Selbsteinschätzung darüber zu stärken, womit Sie selbst zufrieden sind, wo Sie zu Ihren Mängeln stehen, was Sie an sich verändern und entwickeln möchten. Für den Erhalt des inneren Gleichgewichts ist es eine schwierige und anhaltende Aufgabe, zwischen den Extremen »ich muss mich größer machen, als ich bin« und »ich zeige möglichst wenig von mir« zu oszillieren und eine angemessene Selbsteinschätzung auch nach außen zu vertreten. Dies ist das Thema bei den folgenden Übungen.

Gruppenübung »Ich«

(Rundenarbeit, ca. 30 Min.)

Bei der folgenden Übung geht es darum, sich seine Kompetenzen und Stärken bewusst zu machen, diese vor anderen zu benennen und dafür gewürdigt zu werden.

Bei der Arbeitsrunde in der Gesamtgruppe äußert sich jeder Teilnehmer zu folgenden zwei Fragen (CD-46):

1. *Welches Ereignis in meinem beruflichen und welches Ereignis in meinem privaten Leben hat mir das Gefühl von Stolz und Selbstvertrauen gegeben?*
2. *Welche Eigenschaften oder Merkmale schätze ich an mir selbst? (Mindestens ein Merkmal, das nichts mit Leistung zu tun hat)*

Die Anweisung scheint einfach und fast banal, erzeugt aber meistens eine Atmosphäre von Dichte, manchmal auch von Spannung in der Gruppe. Manche Teilnehmer reagieren stark emotional bei dieser

Übung – sei es mit Traurigkeit, Scham oder sogar Verweigerung. Sie versuchen, auszuweichen oder von sich abzulenken (z. B. *Ich bin stolz auf meine Familie; ich versuche, pünktlich zu sein* etc.). Hier hakt der Kursleiter nach und bittet gegebenenfalls die anderen Teilnehmerinnen, schätzenswerte Merkmale zu benennen, die sie bisher an dieser Person wahrgenommen und kennengelernt haben. Andere wiederum werden besonders viel Raum einnehmen, was als peinlich erlebt wird. Es kann auch hier aufgegriffen werden, warum viele Teilnehmer eher »man« als »ich« sagen, und dass es einerseits geradezu »verpönt« ist, sich in den Mittelpunkt zu stellen, andererseits jeder gerade danach eine große Sehnsucht hat.

Während der Runde geht die Kursleiterin auf die Gefühle und die angesprochenen Themen der jeweils beteiligten Person ein: *Was macht es so schwer, sich selbst wertzuschätzen? Warum fällt es anderen so leicht, sich zu loben? Was hat die Übung mit Selbstwert zu tun, was mit Antreibern? Was ist ein guter Umgang mit sich selbst? Wie kann ich mich liebevoll selbst »beeltern«?*

Warum andere einmal gern an mich denken werden

(Einzel-, Dreierübung)

Die Übung eignet sich gut als ergänzende Aufgabe für zu Hause (CD-47). Die Ergebnisse können dann in Dreiergruppen einander vorgestellt werden.

Stellen Sie sich Ihre Kinder oder andere Menschen aus Ihrem Leben vor und erzählen Sie, warum diese einmal gern an Sie denken werden.

- *Welche Ihrer Eigenschaften und Verhaltensweisen waren für andere schon hilfreich, haben ihnen Kraft, Zuversicht, Vertrauen gegeben?*
- *Womit haben Sie anderen besonders gutgetan?*
- *Welche schönen Momente haben sie schon mit Ihnen erlebt?*
- *Wem waren Sie hilfreich? Wer könnte Ihnen dankbar sein und wofür?*

In Anlehnung an unsere vielen Übungen zur Situationsbeschreibung soll die Beschreibung möglichst anhand konkreter Beispiele erfolgen.

Zusammenfassung

(CD-48)

5. Leistung und Beziehungen leben

5.1 Überblick und Ziele
(CD-49)

Wir haben die Arbeit untersucht und sind dabei auf das Leben gestoßen.
Nick Kratzer, Sozialforscher

Die Entwicklungen moderner Lebens- und Arbeitsformen verwischen immer mehr die Grenzen zwischen Privat- und Berufsleben. Schier unerschöpfliche Informations- und Interaktionsangebote, ständige Erreichbar- und Verfügbarkeit, Ortsunabhängigeit und Flexibilisierung beruflicher Tätigkeiten sind üblich geworden und werden auch eingefordert. Die Abkehr von starren Arbeitszeiten wird abgelöst durch harte Zielvorgaben und mangelnde Anerkennung der Arbeitskraft als solcher. Die (scheinbar) erweiterte subjektive Gestaltungskraft gibt der Tätigkeit Einzelner unternehmerische Züge, führt aber auch dazu, dass freiwillig mehr und in der Freizeit gearbeitet wird. Es gibt keine Rückzugsmöglichkeit mehr, vieles wird dem »betrieblichen Leben« untergeordnet oder zumindest mit ihm verknüpft, sei dies bei Arbeitsessen, Betriebssport oder Gesundheitsseminaren. Gleichzeitig werden berufliche Perspektiven für Einzelne unsicherer und der Zugang zu grundlegenden psychosozialen und materiellen Ressourcen erschwert.

Die damit verbundenen Stressbelastungen weisen im Vergleich zu den in klassischen Stresstheorien beschriebenen Stressoren neue Merkmale auf. Körperliche Belastungsfaktoren haben eher ab-, interpersonelle Stressoren, also Mensch-Mensch-Schnittstellenprobleme, stark zugenommen. Probleme sind meistens lang anhaltend, komplex, sich wiederholend und stark mit Arbeitsfaktoren und psychosozialen Konflikten verknüpft. Die gesundheitlichen Auswirkungen dieser Entwicklung von Arbeit lassen sich nicht abschließend beurteilen. Kein Zweifel besteht daran, dass psychische Belastungen und chronische Stressreaktionen am Arbeitsplatz immer häufiger werden. Das hat nicht primär individuumbezogene Gründe, sondern steht in Zusammenhang mit psychosozialen Problemen, mangelnder Handlungs- und Entscheidungsfreiheit, Unerreichbarkeit selbst gesteckter Ziele, Frustration von Wünschen und Bedürfnissen, Mangel oder Überschuss an Informationen und mangelnder Anerkennung für Arbeit (Schulze 2009). Dessen ungeachtet erklären amerikanische Führungsphilosophien Druck und Angst bei den Mitarbeitern sogar zur Führungsaufgabe: Angst vor dem Wettbewerb, Angst, einen Fehler zu machen, und Angst, zu verlieren, können starke Motivierungskräfte sein (Grove 2002). Gesundheitsförderlich sind Angst und Druck sicher nicht: Nach neueren Studien von DAK, AOK und Allianz LV haben Depressionen und Ängste von 1997 bis 2007 um 70% zugenommen, zwischen 2004 und 2010 sind die Krankschreibungen bei über 10 Millionen AOK-Versicherten in Deutschland um das 9-Fache gestiegen (Badura et al. 2011), obwohl Burnout bisher gar nicht als offizielle Diagnose in der internationalen Klassifikation von Krankheiten (ICD-10) geführt wird. Wichtige Merkmale aller gängigen Burnout-Konzepte sind, dass die Symptome generell arbeitsbezogen sind und auch bei Personen vorkommen, die bis Auftreten des Burnout keine gesundheitlichen Probleme hatten (siehe Kap. I, 1.1). Damit kann hier nur angedeutet werden, welche wichtige Rolle ernst gemeinte Unternehmensgrundsätze und strukturelle Maßnahmen bei der Prävention stressbedingter Erkrankungen spielen. Gleichzeitig ist es eine Herausforderung für die Kursleiterin, mit dem häufigen Argument *»das System ist halt so, wir können sowieso nichts machen«* umzugehen. Im Sinne von Paul Watzlawick wird hier für eine **»Kettenreaktion des Guten«** plädiert in dem Sinn, dass jeder Einzelne seine Spielräume auslotet und ausschöpft, Gewohnheiten überprüft und Trägheiten überwindet, um seinen Beitrag für eine förderliche Arbeitswelt zu leisten.

Ein weiteres Thema in diesem Baustein ist die Wichtigkeit von **sozialer Einbindung** für die Gesundheit. Der Mensch als soziales Wesen ist grundsätzlich und lebenslang auf Bindung und Beziehung angewiesen. Es ist ein angeborenes Bedürfnis, in Not und Gefahr Unterstützung zu suchen. Unsichere Bindungserfahrungen und frühe Traumatisierungen sind vorwiegend im impliziten Gedächtnis gespeichert und nach Grawe als »der größte Risikofaktor für die Ausbildung einer psychischen Störung anzusehen, den wir bis heute kennen« (Grawe 2004, S. 216). Umgekehrt gilt das Wissen um soziale Unterstützung als stressprotektiv und gesundheitsfördernd. Die Bedeutung von Beziehungserfahrungen für unsere Gesundheit wird durch eindrückliche Forschungen der Neurobiologie und der Bindungsforschung bestätigt (Bauer 2005, Strauß und Schwark 2007).

In diesem Baustein wird mit einigen Anregungen aufgezeigt, wie individuelle Kompetenzen zum besseren Umgang mit oben genannten Risikofaktoren beitragen können, wohl wissend, dass die Themen »Zeit«, »Werte« und »Ziele« weit über die Möglichkeiten eines Manuals zur Stressbewältigung hinausgehen. Muße und Müßiggang können nicht aus Büchern oder in Kursen gelernt werden, innere Ruhe oder gar Stille ist nicht einfach vermittel- bzw. lernbar. Man findet sie, oder sie kehren ein – und dazu braucht es eben Zeit, Übung und langen Atem. Wenn im Folgenden einige Anregungen und Übungen zum Bewusstwerden eigener Verhaltensstile, Motive und Ziele und zum Austausch darüber zusammengestellt sind, dann in der Hoffnung, den Leser und seine KursteilnehmerInnen für diese Themen zu sensibilisieren und zur eigenen Suche zu motivieren.

Die Ziele sind:

- Förderung von Selbstverantwortung im Umgang mit Zeit
- Sensibilisierung für die Bedeutung sozialen Austauschs und sozialer Verantwortung
- Selbstbestimmter Umgang mit alltäglichen und langfristigen, persönlichen Zielen unter Einbeziehung organismischer Bedürfnisse
- Reflexion persönlicher Motive und Wertvorstellungen

5.2 Leistung und »freie« Zeit

- W Zeitverwaltung und Zeitmanagement
- Ü Zeit im allgemeinen Sprachgebrauch
- Ü Meine Tagesrhythmen
- W Leistungsfähigkeit und Pausen
- Ü Bestandsaufnahme: Freie Zeit

5.3 Zur Bedeutung zwischenmenschlicher Beziehungen

- W Warum wir einander brauchen
- Ü Hilfreiche Menschen in meinem Leben 1
- Ü Hilfreiche Menschen in meinem Leben 2
- Ü VIP-Karte
- Ü Beratung eines Anliegens

5.4	**Ziele und Werte**
	Ü Wie will ich meine freie Zeit verbringen?
	Ü Balance meiner Lebensbereiche
	W Ziele
	Ü Begrenztes Leben

5.2 Leistung und »freie« Zeit

Wir sind nicht gestresst, weil wir keine Zeit haben,
sondern wir haben keine Zeit, weil wir gestresst sind.
Stefan Klein

Zeit ist leicht vergängliches Luxusgut geworden, das jeder will und kaum einer noch hat. Der ohnehin fast unüberschaubare Seminar- und Ratgebermarkt wird zunehmend durch Angebote zum Selbst- bzw. Zeitmanagement aufgestockt (z. B. Knoblauch 2007, Covey 2005, Seiwert 2009). Es werden Strategien vermittelt, wie Aufgaben und Termine innerhalb eines verfügbaren Zeitraums effektiv abgearbeitet werden können. Auf die Darstellung verbreiteter Ratschläge und Methoden wie z. B. das Eisenhower-Prinzip (Wichtigkeit vor Dringlichkeit) oder Tipps zur Erstellung eines Tagesplans wird hier verzichtet – ich persönlich sehe in diesen Angeboten eher ein Symptom allgemeinen Überforderungserlebens als eine Methode zu dessen Bewältigung.

Im Folgenden können die Teilnehmer ihr Zeitverständnis und ihren Umgang mit Zeit reflektieren und werden zu kreativen Selbstversuchen bezüglich ihrer (Frei-)Zeitgestaltung eingeladen.

W Zeitverwaltung und Zeitmanagement

Leben ist das, was passiert, während du eifrig dabei bist, andere Pläne zu machen.
John Lennon

Zeit ist ein wertvolles Gut. Wir wollen sie sparen und gut nutzen, bestenfalls ausschöpfen und auf keinen Fall verschwenden, und immer seltener finden wir genug davon. Bis zum Beginn der Industrialisierung hatten auch die Menschen im Westen noch einen anderen Zeit-

begriff. Sie orientierten sich an den Wechseln der Jahres- und Tageszeiten, an naturgegebenen Erfordernissen und gemeinsam erlebter Stimmigkeit für bestimmte Aktivitäten (Wind, Wetter, Sonnenauf- oder -untergang), und sie warteten mit der Begehung besonderer Ereignisse, bis alle wichtigen Beteiligten anwesend waren.
Dass die Menschen in südlichen Ländern ein anderes Zeitgefühl haben, wurde in mehreren Zeit-Studien über zahlreiche Länder bestätigt. Die ersten Plätze hinsichtlich Lebenstempo und Genauigkeit belegten die Schweiz, Irland, Deutschland und Japan, den letzten Mexiko. Hier seien Menschen, die sich zu sehr nach der Uhr richteten, sogar ein ausgesprochenes Ärgernis.
Im Westen leben die meisten jedenfalls in festen Zeitstrukturen, auch in ihrer freien Zeit. Und es geht ihnen so wie dem Frisör Fusi in M. Endes Buch, der jeden Ratschlag der Zeitsparer befolgt und doch eine seltsame Erfahrung macht: *Von all der Zeit, die er einsparte, blieb ihm tatsächlich niemals etwas übrig. Sie verschwand auf rätselhafte Weise. Seine Tage wurden erst unmerklich, dann aber deutlich spürbar kürzer und kürzer.*

Das lateinische Wort »Zeit« (tempus) kann auch mit **»Schläfe«** übersetzt werden. Im Pulsschlag der Zeit werden wir an unsere Sterblichkeit erinnert. Entsprechend zahlreich sind die Versuche, diese Begrenztheit zu überwinden, sei es im Glauben daran, dass es nach dem Leben weitergeht, sei es mit Bemühungen, die Lebenszeit zu verlängern oder das Leben zu beschleunigen. Versuche, Zeit besser zu managen, beginnen schon bei den Römern, und inzwischen erfüllen elektronische Timer immer vielfältigere Ansprüche. Diese Art der Lebensverwaltung scheint notwendig in einer immer komplexer werdenden Welt, sie führt jedoch nicht per se zu mehr Lebensqualität.
Eigentlich ist Zeit höchst demokratisch verteilt. Sie ist nicht etwas, das wir »haben«, vielmehr entscheidet jeder selbst, wie viel er sich davon nimmt und wofür. Auch wenn das die beliebten Zeitmanagement-Ratgeber suggerieren: Zeit lässt sich nicht managen oder kontrollieren, nicht sparen und nicht horten. Auch der perfekte Zeitplaner hat dadurch nicht mehr Zeit, meistens kann oder muss er eher noch mehr tun gemäß dem Sprichwort: *Wenn du etwas erledigt haben möchtest, wende dich an jemanden, der bereits viel zu tun hat.* Je mehr Zeit ver-

plant wird, umso geringer wird der persönliche Gestaltungsrahmen. Muße oder gar Leerlauf hat in einem gut gefüllten Terminkalender keinen Platz. Ob diese Zeit erfüllt ist, steht auf einem anderen Blatt. Wir können also nur darüber entscheiden, **wie** wir sie verbringen, **wofür** wir uns Zeit nehmen, und zwar hier und jetzt. Dieses **»Jetzt«** in Bezug auf Zeit ist gnadenlos, weil nicht aufzuschieben. Es setzt ständig neue, bewusste Entscheidungen voraus, um Lebensqualität in die Gegenwart zu holen.
Bei den folgenden Übungen geht es darum, sich das persönliche Zeiterleben und -verstehen und den eigenen Umgang mit Zeit bewusst zu machen.

Ein Fischer, offenbar nach getaner Arbeit, döst in seinem Boot. Ein vorüberkommender Tourist fotografiert zwar erst einmal das Idyll, will aber dann den Fischer überzeugen, am selben Tag noch einige Male zum Fischen auf das Meer hinauszufahren. Er könne sich doch von dem verdienten Geld später einen Motor kaufen, in zwei Jahren ein kleines Boot, noch später einen Kutter, und, und, … schließlich eine Marinadenfabrik erbauen und ein Fischrestaurant eröffnen. Und was wäre dann? fragt der Fischer den Touristen. *Dann,* sagt der Fremde mit stiller Begeisterung, *dann können Sie beruhigt hier im Hafen sitzen, in der Sonne dösen und auf das herrliche Meer blicken. Aber das tu ich ja schon jetzt,* sagt der Fischer, *ich sitze ruhig am Hafen und döse, nur Ihr Klicken hat mich dabei gestört.*

Nach H. Böll, Anekdote zur Senkung der Arbeitsmoral

Ü Zeit im allgemeinen Sprachgebrauch

(Klein- oder Großgruppe, 20 Min., nach Gudjohns et al. 1992)

Was also ist die Zeit? Wenn mich niemand fragt, weiß ich es.
Wenn ich es jemandem erklären will, der fragt, weiß ich es nicht.
Augustinus

Arbeitsmaterial: Wandzeitung, Filzschreiber

Kinder sind noch zeitlos, sie leben in den Tag hinein. Dieser ist lang, ein Monat endlos, ein Jahr ewig. Für Erwachsene ist Zeit kostbar: Man will sie sparen, darf sie nicht verschwenden, Zeit ist Geld – und schon Kinder

lernen Struktur und Effektivität mit »schnell«, »sofort«, »beeil dich«, »mach schon«.
Bei dieser Übung sammeln Sie Begriffe, Redewendungen und Sprüche aus Kindheit, Jugend und Jetztzeit, die mit dem Thema Zeit zu tun haben (Abb. B 16). Sie tauschen sich über Wertvorstellungen der Eltern, deren Zeitverständnis und dessen Weitergabe an die Kinder aus und überdenken Ihren eigenen Umgang mit Zeit heute.

In der Großgruppe werden die Ergebnisse gemeinsam gesichtet, danach findet eine Runde (ohne Diskussion) statt, in der jeder noch einmal seine Gedanken und Erfahrungen mitteilt.

Hilfreiche Fragestellungen können sein (CD-50):

- *Welche Gefühle/Erinnerungen entstehen durch die gesammelten Redewendungen und Sätze?*
- *Wie hängen die Sätze mit dem allgemeinen, damaligen/jetzigen Zeitverständnis zusammen?*
- *Wie gehen Sie selbst mit Ihrer Zeit um? Gibt es Redewendungen, die auch heute noch Gültigkeit für Sie haben?*
- *Was fällt Ihnen zu den Begriffen »Langeweile«, »Muße«, »Zeitverschwendung« ein?*

Meine Tagesrhythmen

Ü

(Kleingruppen mit 3–5 Teilnehmern, 20–30 Min.)

Im Spielzeugladen: »Ich hätte gern ein Geduldsspiel, aber zack, zack!«

Bei jedem tickt die innere Uhr genetisch bedingt etwas anders. Unterschiedliche »Chronotypen« haben die Schlafforscher **als Lerchen und Eulen** bezeichnet. Lerchen sind Frühaufsteher und gehen auch früher ins Bett, Eulen sind Nachtschwärmer und haben ein Morgentief. Auch wie viel Schlaf ein Mensch braucht, kann sehr unterschiedlich sein. **Langschläfer** brauchen mehr als 9 Stunden Schlaf, **Kurzschläfer** unter sechs Stunden. Der individuelle innere Rhythmus verändert sich im Lauf des Lebens: Kinder sind noch Frühaufsteher, Jugendliche werden tendenziell zu Eulen, im Alter findet meistens noch einmal ein Wechsel statt. Jedenfalls lässt sich die individuelle Chronotypologie nicht einfach umstellen – das spürt man beim Jetlag oder z. B. bei Schichtarbeit.

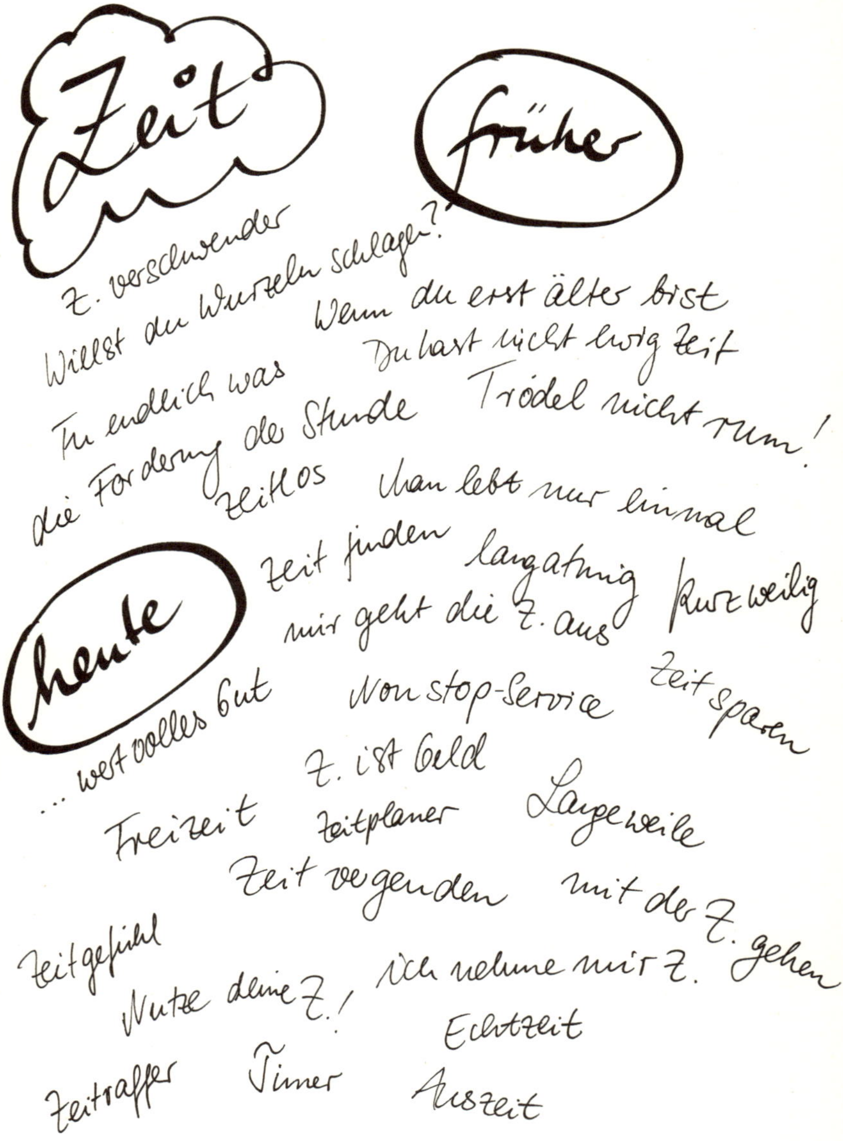

Abbildung B 16: Zeit im allgemeinen Sprachgebrauch

Dennoch gibt es eine Tendenz, sich durch die immer differenziertere Lebens- und Arbeitsorganisation von den natürlichen Tagesrhythmen und Pausenbedürfnissen weitgehend zu entwöhnen: Der Trend geht zu »Nonstop« in vielen Lebensbelangen. Das Verschwinden von »Zwangs«-Pausen gilt als Fortschritt, angefangen von der Abschaffung gesetzlicher Feiertage und mittäglicher bzw. abendlicher Ladenschlusszeiten bis hin zur ständigen Erreichbarkeit über E-Mail und Handy. Viele sind es gewohnt, stundenlang durchzuarbeiten, und empfinden nachlassende Aufmerksamkeit und Ermüdung bei sich und anderen als Schwäche oder Unzulänglichkeit.

Im Körperbaustein wurde deutlich, dass sich Phasen von Aktivierung und Entspannung abwechseln sollten und dass über den Tag hinweg immer wieder kürzere Pausen zur Aufrechterhaltung der Leistungsfähigkeit notwendig sind.

In der folgenden Übung können die Teilnehmer ihr eigenes Zeit-Gefühl und ihren Umgang mit individuellen Biorhythmen reflektieren.

Bezüglich unseres Aktivitätsniveaus unterliegen wir durch den individuellen Schlaf-Wach-Rhythmus, aber auch über den Tag hinweg Phasen von Aktivierung, Leistungsfähigkeit und Konzentration und Phasen von Ruhebedürfnis, Erholung und Regeneration. Bitte tauschen Sie sich in Kleingruppen mithilfe der folgenden Fragen (CD-51) über Ihre Erfahrungen und Gewohnheiten aus:

- *Wie sieht zur Zeit Ihr Tages-Nacht-Rhythmus aus? Unterliegt er lebens- oder jahreszeitlichen Schwankungen?*
- *Was empfinden Sie als Vor- und Nachteile, ein Früh- oder Spätaufsteher bzw. Morgenmuffel zu sein?*
- *Welche Beobachtungen haben Sie zu Ihrem persönlichen Tagesrhythmus gemacht? Wann haben Sie Hoch- und wann Tiefpunkte?*
- *Woran merken Sie in Ihrem Arbeitsalltag, dass Sie eine Pause brauchen?*
- *Wie sieht Ihre persönliche Pausengestaltung aus? Möchten Sie diese ändern? Was steht dem im Weg und wie könnten Sie dem begegnen?*

Bei der Besprechung in der Gesamtgruppe können Informationen über ultradiane Rhythmen und Pausengestaltung weitergegeben werden.

Leistungsfähigkeit und Pausen

Die wirklich tätigen Leute erkennt man daran, dass sie Zeit haben.
J. Romains

Im Arbeitsalltag ist es üblich und sozial erwünscht, körpereigene Ermüdungssignale zu übergehen oder mit vermeintlichen Muntermachern (Kaffee, Zigaretten) zu bekämpfen. Wir unterliegen jedoch nicht nur einem individuellen Schlaf- und Wachrhythmus, sondern auch sogenannten **ultradianen Schwankungen,** also Phasen von Leistungsfähigkeit und Aktivität gegenüber solchen von Pausenbedürfnis und Regeneration. Diese Phasen können individuell unterschiedlich lang sein, meistens aber treten nach 90 bis 120 Minuten anhaltender Konzentration körperliche Signale für das Bedürfnis nach einer Pause auf: Das Arbeitstempo verlangsamt sich, man möchte sich recken, aufstehen oder etwas zu sich nehmen. Besonders Bildschirmarbeit ist Schwerstarbeit für die Augen: Bereits nach zwei Stunden ununterbrochener Arbeit am Bildschirm kann es zu Sehschärfeminderung oder Farbsinnstörungen kommen. Diese Einschränkungen sind bei 15 Minuten Pause reversibel – sofern Sie in dieser Zeit nicht auf dem Bildschirm die Nachrichten lesen. Diese wissenschaftlichen Erkenntnisse schlagen sich sogar in einem seit 1996 gesetzlich verankerten Recht auf Bildschirmpausen nieder.

Mach-mal-Pause-Signale als natürliches, biologisches Phänomen zu beachten und darauf einzugehen, ist letztlich wahrscheinlich effektiver, als sie zu ignorieren. Dies kann durch eine Minipause geschehen, in der Sie sich die Beine vertreten, aus dem Fenster schauen oder zumindest Ihre Aktivitäten verlagern und sich für diese Zeiten Routinetätigkeiten reservieren, die keine hohe Konzentrationsleistung oder körperliche Leistungen erfordern: Telefonate, aufräumen, Kopien machen etc. Auch wenn Sie dies nicht tun: Der Organismus wird sich früher oder später Erholung »holen«. Dann schalten Sie unfreiwillig und unwillkürlich einfach ab, sind nicht bei der Sache, werden unkonzentriert und gereizt. Emotionale Stimmigkeit und Ausgeglichenheit sind jedoch eine wichtige Voraussetzung von Leistungsfähigkeit, auch und besonders wenn es um die Zusammenarbeit mehrerer Personen geht. Bei komplizierten Aufgaben kommen kreative Denkprozesse am ehesten im Zustand von Entspannung zustande, also gerade zwischen den Phasen voller Aufmerksamkeit und Konzentration. So viel zur Notwendigkeit von Pausen. Um die eigentliche Arbeitszeit optimal zu nutzen und die Kräfte zu bündeln, ergeben sich folgende Konsequenzen:

- *Wenn Sie an einer bestimmten Sache arbeiten, planen Sie Zeiten konzentrierten Arbeitens und Zwischenphasen bzw. Pausen ein.*
- *Während Sie arbeiten, bleiben Sie bei einer Sache, lassen Sie sich nicht ablenken oder unterbrechen (z. B. durch E-Mail-Lesen, telefonieren etc.).*
- *Heben Sie weniger anspruchsvolle Tätigkeiten für die eingeplanten Zwischenphasen auf. Das Springen zwischen unterschiedlichen Tätigkeiten kostet Energie und Zeit.*
- *Planen Sie Ihre Zeit möglichst so, dass Sie bestimmte Arbeitseinheiten abschließen können. Beenden Sie den Arbeitstag nicht mit offenen Aufgaben (die nehmen Sie dann nämlich im Kopf mit nach Hause und mit ins Bett), sondern mit einem abgeschlossenen Etappenziel.*

Bestandsaufnahme: Freie Zeit

(Einzelübung, 10 Min.)

Auch Frei-Zeit ist oft verdichtet und mit Arbeit verbunden. Angesichts der Aufrüstung der Freizeitindustrie könnte der Verdacht aufkommen, dass viele die Vollzeitwoche um ein aktives Wochenende ergänzen müssen, könnte sonst doch Nichtstun oder Langeweile aufkommen. Wer kann das noch wirklich genießen, freie Zeit ohne Effizienzdenken und ohne Statussymbole: Einen langen Spaziergang machen, einfach in den Tag hineinleben, die Seele baumeln lassen? Wenn die Teilnehmer nun einen Fragebogen zur Freizeitgestaltung (CD-52.1 und 2, nach Kessler und Gallen 1985) ausfüllen, so geschieht dies nicht mit dem Tenor, sie täten wahrscheinlich zu wenig. Die Fragebogen sollen lediglich dazu anregen, sich ohne Wertung von außen ein Bild davon zu machen, wie die freie Zeit verbracht wird.

Wer ohnehin 35 oder 40 Stunden in der Woche arbeitet, eine Familie und gesellschaftliche Verpflichtungen und folglich »fast nie Zeit« hat, dem nützen weder gute Ratschläge noch die Aufforderung, mehr für sein Privatleben zu tun. Andererseits schränken die meisten unter Belastung und beim Versuch, es möglichst allen recht zu machen, gerade persönlich befriedigende und entlastende Tätigkeiten ein oder unterbrechen sie ganz. Manchmal werden diese Hobbys auch nach Bewältigung der Belastung nicht wieder aufgenommen. Die Unterbrechung befriedigender Aktivitäten ist sowohl Konsequenz als auch Bedingung für Belastungserleben.

Menschen, Ereignisse oder Dinge, die für das Wohlbefinden bedeutsam sind, werden in der Verhaltensforschung als ***Verstärker*** *bezeichnet, und Verstärkerverlust ist eine zusätzliche, indirekte Bestrafung dafür, dass jemand ohnehin überfordert ist. Er wird als wesentlicher Entstehungsfaktor für depressive Verstimmungen gesehen, deshalb ist Verstärkeraufbau ein wichtiger Bestandteil bei der Therapie depressiver Erkrankungen (Lewinsohn et al. 1982).*

Die folgenden Fragen ermöglichen Ihnen eine persönliche Bestandsaufnahme darüber, wie häufig Sie bestimmte Tätigkeiten allein, mit Bekannten und Freunden oder mit Partner/Partnerin/Familie in Ihrer Freizeit durchführen.

Da die Fragebogen mit einer anderen Fragestellung später noch einmal vorgelegt werden, bitten Sie die Teilnehmer zunächst darum, diese nach dem Ausfüllen beiseite zu legen, um einige Zeit verstreichen zu lassen (siehe Ü: Wie will ich meine freie Zeit verbringen?).

5.3 Zur Bedeutung zwischenmenschlicher Beziehungen

Ihr seid alle die Blätter eines Zweiges und die Früchte eines Baumes.

Aus den Baha 'ì-Schriften

Soziale Unterstützung gilt als einer der wichtigsten protektiven Faktoren für Wohlbefinden, psychische und körperliche Gesundheit. Gut unterstützte Menschen sind aber nicht nur weniger krank: Sie nehmen weniger Medikamente, erholen sich schneller und haben seltener Depressionen (Kienle et al. 2006). Wichtige Komponenten scheinen instrumentelle Hilfen (z. B. alltagspraktische Unterstützung), emotionale Hilfen (z. B. Trost und Zuwendung) und informationale Hilfen (z. B. Bewertungshilfen) zu sein. Dabei scheint weniger das Gelingen der Unterstützungsabsicht relevant als vielmehr die Absicht (Klauer 2009).

Schon die Möglichkeit, belastende Erfahrungen und starke Gefühle mitzuteilen, zu einem verstehbaren Erlebnis zu integrieren und eine kohärente Narration darüber zu entwickeln, scheint besonders gesundheitsförderlich zu sein (Pennebaker 1992).

W

Warum wir einander brauchen

Der Umgang mit Stress hangt sehr stark davon ab, ob wir Unterstützung durch andere erleben. Dies kann die Erfahrung sein, dass wir geschätzt, geliebt, gebraucht werden, es kann sich aber auch um ganz konkrete Hilfsmaßnahmen im Sinne von Handlungen, Ratschlägen, Informationen, Rückmeldungen handeln.

Die Auswirkungen sozialen Rückhalts und sozialer Unterstützung werden im Rahmen der Social-Support-Forschung seit den frühen 80er-Jahren intensiv untersucht und bestätigen ein altbekanntes Phänomen: Geteiltes Leid ist halbes Leid. Alle Untersuchungen belegen, dass die sozialen Beziehungen eines Menschen grundlegenden Einfluss auf seine Gesundheit und auf seine Chancen haben, nach Krankheit zu gesunden. Alleinstehende, sozial isolierte oder in spannungsreichen Beziehungen lebende Menschen weisen bei allen Krankheiten das größere Gesundheits- und Todesrisiko auf. Menschen, die ein stabiles, soziales Netzwerk haben und dieses nutzen, werden leichter mit bedrohlichen Lebensereignissen und mit Alltagsbelastungen fertig. Sie werden seltener krank und sind weniger anfällig für Ängste und Depressionen. Sie lösen ihre Probleme nicht im Alleingang, sondern teilen sie mit anderen, deren Anteilnahme und Kompetenz sie als sicher voraussetzen. Gute Sozialbeziehungen scheinen sogar der wichtigste Schutzfaktor gegen Herz-Kreislauf-Erkrankungen zu sein: Menschen mit positiven Beziehungen erleiden 3- bis 5-mal weniger Herzinfarkte als einsame Menschen. Soziale Bedeutung für andere haben zu wollen, Sorgen und die Verantwortung füreinander zu teilen und sich in der Gemeinschaft aufgehoben zu fühlen scheint ein vitales, menschliches Grundbedürfnis zu sein, soziale Beziehungen und Bindungserfahrung gehören zu den stärksten Ressourcen für Gesundheit und Krisenbewältigung.

Diese Ergebnisse stehen in Widerspruch zur Illusion des ungebundenen Einzelkämpfers, der möglichst alle Probleme meistert, ohne auf andere angewiesen zu sein. Tatsächlich ist laut Umfragen fast für jeden beruflich stark eingespannten Menschen Partnerschaft und Familie das Wichtigste – die wenigsten leben aber danach. Dieser Wichtigkeit in Handlungen Ausdruck zu geben, setzt täglich neue Entscheidungen voraus, in großen, vor allem aber in kleinen Dingen.

Ü Hilfreiche Menschen in meinem Leben 1

(Zweierübung, ca. 20 Min.)

In der folgenden Übung machen Sie sich bewusst, welche Personen im Alltag für Sie »positiv besetzt« sind: Bei wem sind Sie froh, Kontakt mit ihm oder ihr zu haben? Die Liste kann von Menschen aus Ihrem näheren, privaten Umfeld bis zu Kollegen, dem Zeitungsverkäufer, dem Hausarzt reichen.
Unterhalten Sie sich zu zweit darüber, warum Sie froh sind, mit diesen Menschen zu tun zu haben. Haben Sie das diesen Menschen schon einmal gesagt?

W Hilfreiche Menschen in meinem Leben 2

Diese Biografieübung eignet sich auch als Aufgabe für zu Hause.

Bei dieser Übung machen Sie sich bewusst, welche Menschen in Ihrem bisherigen Leben für Sie wichtig, hilfreich, unterstützend waren.
Notieren Sie die Namen für jedes Lebensjahrsiebt und schreiben Sie in Stichworten daneben, warum Ihnen dieser Mensch eingefallen ist und welche Empfindungen/Gefühle die Erinnerung an ihn auslöst.

Ü VIP-Karte

(Einzel- und Dreierübung, nach Herwig-Lempp 2004, ca. 45 Min.)

Bei dieser Übung können sich die Teilnehmer in einer selbst erstellten Zeichnung vergegenwärtigen, wer wichtige Personen in ihrem Leben sind (und waren).

Es werden die aus dem Genogramm üblichen Darstellungen (Kreis für weiblich, Quadrat für männlich) verwendet. Außerdem sollte festgelegt werden, ob nur lebende oder auch gestorbene Personen eingetragen werden können. Bei Ersteren wird das Alter in den Kreis/das Quadrat geschrieben, bei Letzteren in die Mitte eines angedeuteten Kreuzes das Todesalter, bei Bedarf rechts oben das Todesjahr (Abb. B 17).

Jeder fertigt eine grafische Darstellung aus vier Feldern, in deren Mitte er selbst als Hauptperson eingetragen ist. Jedes dieser vier Felder repräsentiert eine bestimmte Personengruppe: Familienmitglieder, Freunde und Freundinnen, Kollegen und andere wichtige Personen. In jedes Feld können jeweils maximal fünf der »Very important persons«, also der für Sie sehr wichtigen und emotional positiv »besetzten« Personen, eingezeichnet werden. Wichtigkeit wird in der Zeichnung durch die Nähe zu Ihnen ausgedrückt. Wenn Sie Ihre VIP-Karte mit dem Datum versehen, können Sie mit zeitlichem Abstand eine neue erstellen und sie mit dieser vergleichen.

In der Kleingruppe legt jeder den anderen seine VIP-Karte vor (5 Min.), und die anderen teilen ihm mit, was ihnen an seiner Darstellung auffällt, zum Beispiel: *Mir fällt auf, dass du privat fast nur mit Frauen, beruflich nur mit Männern zu tun hast, … dass du wenige Freunde eingetragen hast, … dass viele wichtige Personen schon tot sind etc.*

Wenn Figuren (z. B. Playmobilfiguren) verfügbar sind, können die Bilder aufgestellt werden.

Beratung eines Anliegens

Ü

(nach Schulz von Thun 1998)

Wenn du Hilfe wünschst, ist Fragen hilfreich.

In der folgenden Übung kann sich ein Teilnehmer bzgl. einer Frage/ eines Anliegens von der Gruppe beraten lassen. Die Gruppenleiterin klärt das Anliegen, die Gruppe gibt Empfehlungen.

Um konkreten Rat oder Hilfe zu bekommen, ist es empfehlenswert, eine ernst gemeinte Frage zu stellen, statt nur das Problem zu beschreiben. Meistens bleiben wir nämlich im Austausch auf der Problemebene »stecken«. Das ist legitim, wenn wir uns mal »ausweinen« möchten. Wenn Sie ernsthaft an einer Hilfestellung interessiert sind, sollten Sie um diese jedoch explizit bitten in Form von Fragen.

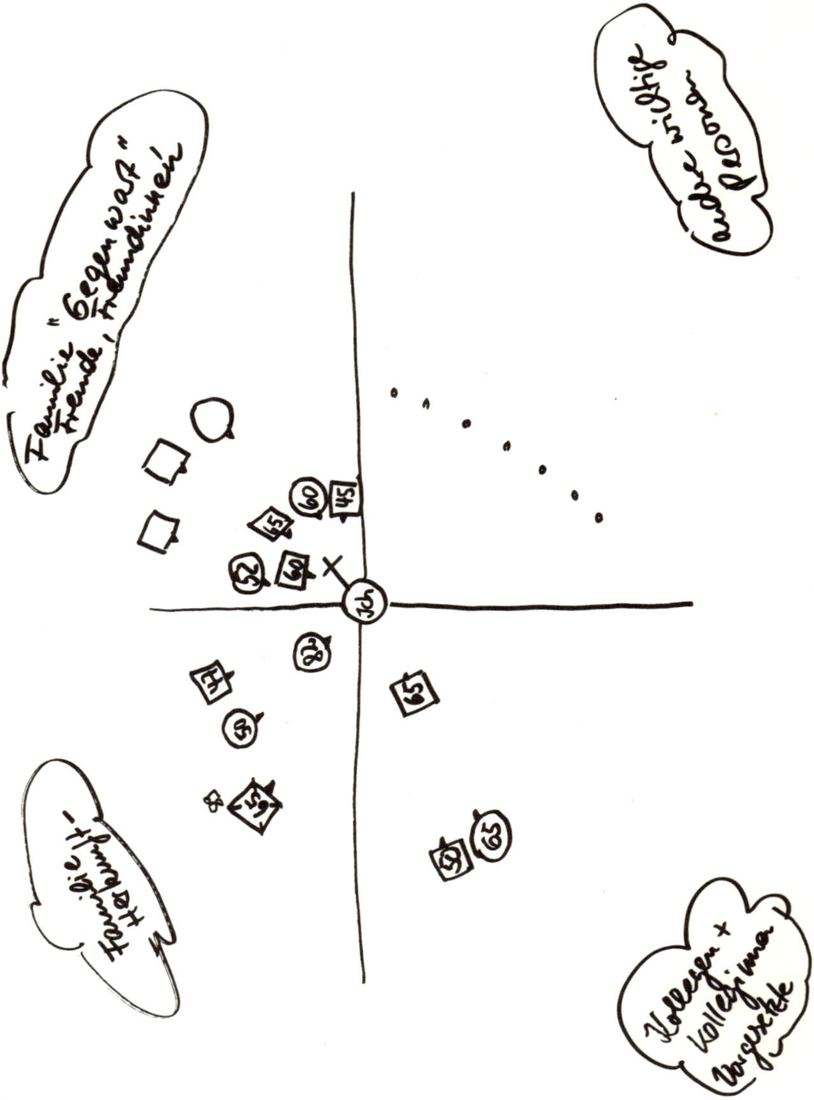

Abbildung B 17: VIP-Karte

Für die Anliegenformulierung haben sich folgende Regeln bewährt:

- *Die Frage ist offen (W-Frage: wer, wie, was etc.).*
- *»Ich« kommt darin vor.*
- *Sie hat eine positive Zielrichtung.*

Möchte sich jemand bzgl. eines Problems von den anderen beraten lassen?

Hier ein möglicher Ablauf des Beratungsprozesses:

- Was ist Ihr Anliegen, Ihre Frage? (z. B. *Wie kann ich …*)
- Nach einem ersten Formulierungsversuch eruiert der Kursleiter kurz den Kontext, eine Schlüsselsituation, auf die sich die Frage bezieht (Operationalisierung),
- die innere Situation: *Was ist so schlimm/schwer daran?*
- Zusammenfassend: *Was ist dein Ziel, deine Frage an uns?*

Variante 1

Nach diesem Zweierprozess wird die Frage nochmals an die Gruppe gestellt. Die anderen geben Empfehlungen, Rückmeldungen, Ratschläge oder Anmerkungen, was ihnen aufgefallen ist, ohne dass der Protagonist darauf eingeht. In dieser Phase beteiligt sich der Leiter an der Diskussion und kann ebenfalls Vorschläge machen.

Die Klientin gibt zum Schluss Rückmeldung, zu welchen Kommentaren sie in Resonanz ging, was sie aus der Beratung mitnimmt, welchen Rat sie favorisiert und warum.

Variante 2

Bei dieser Variante erfolgt ein Brainstorming von Ratschlägen durch die Gruppe ohne Überprüfung der Tauglichkeit dieser Vorschläge. Diese werden stichwortartig auf dem Flipchart gesammelt.

Danach vertreten einzelne Gruppenmitglieder ihren Vorschlag, indem sie für diesen jeweils etwa drei Minuten lang ein Plädoyer halten. Bleibt ein Vorschlag aus dem Brainstorming ohne Vertreter, kann auch der Kursleiter das Plädoyer für eine Variante übernehmen.

Die Klientin bewertet still die Tauglichkeit der Vorschläge (von 1 – 10) und gibt abschließend Rückmeldung.

5.4 Ziele und Werte

Wir wissen zwar nicht, wo wir hinwollen,
aber dafür sind wir schneller dort.
Georg Kreisler

Wie wir schon an anderen Stellen immer wieder betont haben, sind eigene Überzeugung und selbstbestimmte Ziele wichtige Faktoren für Lernen und Veränderung. Selbstbestimmung setzt die bewusste Wahrnehmung der eigenen körperlichen, geistigen und seelischen Bedürfnisse voraus. Dies wurde in weiten Teilen dieses Kurses immer wieder betont und geübt.

Bei der ***Wunderfrage*** *zu Kursbeginn sollten Sie möglichst detailliert und in Videotechnik beschreiben, woran Sie selbst und andere merken würden, dass sich die Gruppenteilnahme für Sie gelohnt hat. Eine konkrete Ziel- bzw. Wunschbeschreibung ist anziehender und verständlicher, als von einem Problemzustand lediglich wegzuwollen. Auch die Effektivität von Arbeitsgruppen und Teamsitzungen kann durch die einleitende Festlegung des Arbeitsziels (Wir haben gut gearbeitet, wenn …) erhöht werden.*

Persönliche Werte bezeichnen ***Richtungsziele****, die wir nach persönlicher Einschätzung als erstrebenswert, gut, bereichernd erleben: Sie betreffen Bedeutung, Sinn und längerfristige Orientierung, die wir unserem Leben und unseren Handlungen geben möchten.*

Wenn Sie Ihre Beweggründe und Werte in Ihrem (Arbeits-)Alltag ernst nehmen, werden Sie weniger auf Wertvorstellungen, Motive und Zielsetzungen von außen angewiesen sein und diese selbstbewusst mit der eigenen Bedürfnisstruktur abstimmen. Leider geht diese Bewusstmachung und Formulierung eigener Ziele im alltäglichen Aktivismus oft unter. Dazu finden Sie nachfolgend einige Anregungen.

Wie will ich meine freie Zeit verbringen?

(Einzel-, Zweier- und Gruppenübung, mod. nach Kessler und Gallen 1985, 45 Min.)

Eigentlich bin ich ganz anders, nur komm' ich so selten dazu.
Ö. v. Horvath

Dies ist die Fortsetzung der Bestandsaufnahme »Freie Zeit«. Die Teilnehmenden hatten zwei Fragebogen über ihre aktuellen Freizeittätigkeiten ausgefüllt. Der Kursleiter verteilt die gleichen Fragebogen (CD-53, 1 und 2) noch einmal, sie werden nun jedoch aus der Perspektive einer früheren Zeit mit weniger Belastungen ausgefüllt.

Bitte versetzen Sie sich jetzt innerlich in eine Lebensphase, in der Sie nach eigenem Empfinden weniger belastet waren als jetzt, und füllen Sie die Fragebogen noch einmal aus dem Blickwinkel jener Lebensphase aus. Wenn Sie fertig sind, können Sie die beiden Erhebungsbogen (»Heute« und »Früher«) nach folgenden Gesichtspunkten auswerten (CD-54):

- *Wo bestehen Veränderungen zwischen früher und heute? Was haben Sie eingeschränkt oder aufgegeben, welche Tätigkeiten intensiviert oder begonnen? Bitte markieren Sie dies.*
- *Was haben Ihnen diese Tätigkeiten bedeutet, was bedeuten sie Ihnen heute?*
- *Nehmen Sie sich nach dieser Auswertung etwas vor?*
- *Was könnte Ihrem Vorhaben entgegenstehen und wie werden Sie dem begegnen?*
- *Tauschen Sie sich mit Ihrem Nachbarn darüber aus, was Ihnen aufgefallen ist und ob sich daraus für Sie Konsequenzen ergeben (20 Min.).*

Es folgt eine Runde in der Großgruppe, wobei die Vorhaben mit Unterstützung des Kursleiters operationalisiert und spezifiziert werden können. Erfahrungsgemäß sind die Formulierungen zunächst noch vage und unspezifisch: *Ich könnte mehr …* oder *vielleicht sollte ich wieder einmal …* und werden nun so konkretisiert, dass sie in absehbarer Zeit überprüfbar sind, zum Beispiel: *Bis zu unserem Treffen in drei Monaten werde ich mit meiner Frau einmal monatlich etwas zu zweit unternommen haben.* Der Kursleiter begegnet allzu forsch formulierten Zielen mit vorsichtiger Skepsis und versucht, sie zu relativieren.

Die Ziele jedes Einzelnen werden unter Angabe seines Namens auf einer Wandtafel festgehalten. Sie sollten sich auf einen Zeitraum beziehen, der innerhalb des Kurses liegt, zum Beispiel auf zwei Wochen. Die Übung ist jedoch auch gut geeignet, wenn es ein Follow-up-Treffen, zum Beispiel nach drei bis sechs Monaten, gibt (s. Abb. B 18).

Ü Balance meiner Lebensbereiche

(CD-55, Einzel-, Zweierübung, 20 Min.)

Meine Frau sagt immer, ich kümmere mich nicht genug um die Kinder.
Wie viele Kinder hast du denn? Drei oder vier.

Bei der folgenden Übung beurteilen Sie spontan, schnell und ehrlich, wie viel energetischen Raum (in Prozent ausgedrückt) in Ihrem Leben derzeit folgende Bereiche einnehmen: Beziehungen und Partnerschaft, Leistung und Arbeit, Körper und Gesundheit, Werte und Sinn (Achtung, es dürfen insgesamt nur 100 % sein ☺) …
Beurteilen Sie selbst, ob Sie sich mit diesen Relationen wohlfühlen. Wenn es um die Frage der Balance geht, so ist diese nicht rechnerisch lösbar (100 : 4), sondern es geht um das Gleichgewicht, mit dem Sie sich in Ihrer aktuellen Lebenssituation wohlfühlen. Je nach Lebensphase kann die Schwerpunktlegung auf einen Bereich vorübergehend wichtig und gewollt sein, zum Beispiel bei Berufseinstieg, Beförderung, Schwangerschaft, nach einer Reha-Maßnahme.
Schreiben Sie nun mit einer anderen Farbe daneben, wenn Ihnen in einem Bereich etwas fehlt, wenn Sie etwas ausbauen oder reduzieren möchten (zunächst in Prozent) und welche prozentualen Verhältnisse Sie bis zum nächsten Monat realistisch gesehen herstellen möchten.
Beschreiben Sie in Videotechnik, was z. B. die Erhöhung um 1 % in einem Bereich konkret bedeutet und was Sie dafür in einem anderen aufgeben.

So wird auf einfache Weise deutlich, dass die Ausweitung eines Bereichs immer auch Einschränkungen in einem anderen mit sich bringt – und diese Gewichtsverlagerungen gilt es immer wieder auszubalancieren.

Wenn Sie fertig sind, tauschen Sie sich mit Ihrer Nachbarin kurz über Ihre Bestandsaufnahme aus.
Vorsicht mit Vorsätzen! Sie sind leicht gemacht, die meisten leben mit guten Vorsätzen – in der Zukunft also. Sie werden etwas dann ändern, wenn es zentral und wichtig, lohnend und sinnvoll ist und wenn Sie daran

glauben. Für viele tritt diese Situation dann ein, wenn etwas Einschneidendes passiert, z. B. eine Erkrankung, die Trennung der Partnerin. Gesundheit wird meistens erst zum Thema, wenn sie fehlt – und dann verbrauchen wir sehr viel Zeit und Energie dafür, sie wiederherzustellen. Vielleicht wollen Sie schon früher anfangen: Was möchten Sie gern ändern? (Siehe auch hier »Operationalisierung der Ziele«, Abb. B 18)
Die Übung kann in regelmäßigen Abständen wiederholt werden, zum Beispiel einmal im Monat. Wenn Sie die Blätter aufheben, können diese sinnvoll für eine Jahresbilanz bzw. für einen Jahresüberblick verwendet werden.

Ziele

W

Es ist leicht, das Rauchen aufzugeben.
Ich habe es schon tausendmal gemacht.
M. Twain

Den Teilnehmern werden einige hilfreiche **Kriterien für die Formulierung von Zielen** vorgestellt, die sich in der lösungsorientierten, systemischen Beratung und im Stressmanagement (Stollreiter et al. 2000) bewährt haben:
Selbstbestimmt und im eigenen Einflussbereich: Freiwillige, selbst gesteckte Ziele sind ein erheblich stressmildernder Faktor, wenn sich die Zielsetzung auch an den Bedürfnissen des Organismus und an eigenen Wertestrukturen orientiert. Überlastung könnte man auch als Folge einer »Ich-Spaltung« im Sinne unterschiedlicher Interessen innerer Anteile beschreiben, verbunden mit dem Anspruch, beiden gleichermaßen gerecht zu werden: Es gibt eigene Bedürfnisse, Werte, gesundheitliche Erfordernisse **und** (Antreiber-)Ziele, zum Beispiel allen Anforderungen von außen gerecht zu werden. Hier sind Überlastung und Enttäuschung vorprogrammiert. Fragen zur Klärung können sein: *Wie weit kann ich meine Aufgaben so erledigen, dass es mir entspricht? Auf welche Art und Weise finde ich mich in meiner Arbeit wieder? Wenn ich wenig Spielraum in meiner Arbeit habe: Gibt es Bereiche, wo ich meine eigenen Ziele verfolgen kann? Wo will ich derzeit Abstriche machen und warum?*
Realistisch: Jeder kennt die guten Vorsätze zu festlichen Anlässen (»Silvestersyndrom«): 10 kg abnehmen, aufhören zu rauchen, regel-

mäßig Sport machen usw. Solche Zielsetzungen verhelfen uns kurzfristig zu einem symbolischen Erfolg, schon der Vorsatz ist ja fürs Erste beruhigend. Für den Selbstwert wirkt sich das eher negativ aus und auf die Motivation langfristig demoralisierend *(ich habe es schon so oft versucht …)*. Unrealistische Ziele sind kurzfristig eine gute Ausrede, wenn's nicht geklappt hat, langfristig eher eine Quelle für noch mehr Stress und Frustration. Motive setzen sich umso wahrscheinlicher in Handlungen um, je besser ihre Realisierbarkeit ist.

So konkret und spezifisch wie möglich (Videotechnik): Die konkrete Beschreibung des Zielzustands ermöglicht eine bessere Einschätzung, ob Ziele realistisch sind oder noch abgestimmt bzw. relativiert werden müssen. Konkrete Zielbeschreibungen beinhalten oft schon die ersten, notwendigen Handlungsschritte.

In Teilen: Definierte, realistische Teilziele schützen vor Überforderung und haben Belohnungscharakter.

Hier und jetzt, auf Zeit und kurzfristig: Damit ist gemeint, ein volles Ziel umzusetzen, aber zeitlich eindeutig festgelegt und begrenzt (also statt: *Ich esse nie mehr Fleisch* lieber: *Ich esse eine Woche lang kein Fleisch*).

Einsatz vor Ergebnis: Vorgaben von außen sind meistens ergebnisorientiert, ohne Berücksichtigung der Voraussetzungen und Möglichkeiten. Bei persönlicher Zielsetzung lohnt es sich, den realistisch möglichen Einsatz festzulegen, um bei Nichterreichung nicht **nur** enttäuscht zu sein. Bei ergebnisorientierten Zielen haben Sie nur teilweise die Kontrolle, einsatzorientierte Ziele beinhalten klare, handlungsorientierte Vorgaben, welchen Beitrag zur Zielerreichung Sie leisten möchten.

Selbstverantwortung bei der Erfolgsdefinition: Dieser Aspekt betrifft die Frage, wer letztlich Erfolg oder Versagen attestiert und wie sehr Sie sich Bewertungen von Dritten zu Herzen nehmen wollen und müssen.

Akzeptanz der Grenzen: Manche Gegebenheiten stehen nicht in unserer Macht, auch nicht mit der Unterstützung von anderen. Mit Empörung darüber arbeiten Sie sich an Dingen ab, die Sie nicht ändern können. Loslassen im Sinne von Einsicht, dass man sie nicht unmittelbar beeinflussen kann, hat nichts mit Gleichgültigkeit zu tun. Dennoch ist es besser, erst noch einmal zu klären, ob der eigene Einflussbereich ausgeschöpft ist, statt sich über die großen Dinge aufzuregen.

»Sowohl als auch« statt »entweder–oder« bei sich widersprechenden Motivlagen: Bei manchen Zielsetzungen wie z. B. Bestehen einer Prüfung, Gewichtsabnahme, Fertigstellung einer notwendigen Arbeit stehen der konkreten Umsetzung nicht selten andere organismische und persönliche Ziele wie Erholung, Genuss, soziale Aktivitäten entgegen. Statt diesen Widerspruch zugunsten eines (meist des disziplinarischen) Zieles lösen zu wollen, wäre hier eine innere Verhandlung zwischen beiden Interessenslagen erstrebenswert mit dem Ziel, dass beide inneren Anteile zu ihrem Recht kommen, also zum Beispiel Lernen und Pausen, Abnehmen und Genuss, Arbeit und Vergnügen.

Begrenztes Leben

Ü

(Einzel- und Kleingruppenübung mit 4 Teilnehmern, ca. 45 Min.; nach Gudjohns et al. 1992)

Viele studieren, wie man das Leben verlängern kann, dabei müsste man es doch vertiefen.
Luciano di Crescenzo

Arbeitsmaterial: Eventuell Decken, Papier und Stifte

Wenn wir das Thema »Ziele« auf Fragen unseres Lebens oder gar Glücks erweitern, hört es endgültig auf mit den Tipps. Persönliche Entwicklung und Vorstellungen von Glück sind ein individueller Prozess, mit dem jeder etwas anderes verbindet. Private Lebenszufriedenheit und persönliche Leistungsfähigkeit in Einklang zu bringen, ist Lebenswerk und Lebenskunst, und das sind Fragen, mit denen sich bisher eher Dichter und Philosophen als Therapeuten beschäftigt haben. Die damit verbundenen Themen sind: *Was sind meine Lebensmotive, Ideale, wofür hat sich das alles einmal gelohnt, wofür will ich mich einmal engagiert haben?* Die folgende Übung wird in unterschiedlichen Variationen häufig in Selbsterfahrungsgruppen eingesetzt. Sie ist hilfreich, um das eigene Leben noch einmal aus einer anderen Perspektive zu überschauen und um Ansatzpunkte für Veränderungen zu finden. Es sollte berücksichtigt werden, dass Teilnehmer auf die Konfrontation mit ihrem Lebensende abwehrend und aggressiv reagieren können. Deshalb ist auf die Bereitschaft in der Gruppe, sich auf dieses Thema einzulassen, und auf eine entsprechende Einführung bzw. Vorbereitung zu achten.

Meine Ziele für 6 Monate

Herr Z: 5x Kulturveranstaltungen besuchen
3 alte Freunde wieder treffen

Herr S: Ab Januar 1x/Woche Mannschaftssport
1x/Monat allein ausgehen mit der Ehefrau

Herr T: pro Kind 1x/Monat etwas Besonderes unternehmen

Herr D: 1/Woche 1Std Gespräch zu zweit mit meine Frau

Frau S: Alle 2 Monate ein Rundruf bei 5 befreundeten Paaren

Frau H: 2x Wandern, 2x Theater mit dem Ehemann

Frau H: 1 anspruchsvolles Buch lesen

Frau J: 2Std/Monat allein für mich

Herr J: 1500 km Rennrad!

Frau S: 1x/Woche Walken

Frau A: Garten herrichten, 3x/Woche Sportstudio

Frau B: 6x30Min Sonnenbank, 12x Schwimmen

Abbildung B 18: Meine Ziele

Setzen Sie sich bequem hin, wie Sie es inzwischen schon kennen und gewohnt sind. Und wenn Sie das können und möchten, stellen Sie sich vor, dass Sie nicht mehr lange leben werden, vielleicht noch ein halbes Jahr. Lassen Sie wie auf einer Leinwand Ihr Leben vorbeiziehen. Lassen Sie sich Zeit, lassen Sie Erinnerungen, Bilder, Personen entstehen, … sieh und fühl genau hin, welche Gedanken und Empfindungen und Bilder entstehen … du hast dafür einige Minuten Zeit …
Komm jetzt langsam in den Raum zurück. Räkele dich, öffne die Augen und sei wieder da.

Die Kursleiterin verteilt die Arbeitsblätter und bittet die Teilnehmer, sich Zeit zu nehmen, um über die folgenden Fragen (CD-56) nachzudenken. Wer mag, kann sich dazu Notizen machen (30 – 45 Min.):

- Welche Erinnerungen sind für mich am schmerzlichsten? Welche am schönsten?
- Welche Erlebnisse, Handlungen, Orientierungen, Interessen haben meinem Leben Sinn gegeben?
- Welche Menschen waren in diesem Zusammenhang wichtig?
- Bereue ich etwas? Was hätte ich anders machen können? Was würde ich heute tun?
- Hat es Wahlmöglichkeiten gegeben, die ich nicht gesehen habe, vor denen ich Angst hatte?
- Bin ich in meinem jetzigen Leben zufrieden, oder gibt es Dinge, mit denen ich unzufrieden bin?
- Gibt es etwas, was ich ändern möchte? Was steht dem im Wege, wer kann mir dabei helfen?
- Stell dir vor, du hättest nur noch eine Stunde zu leben. Mit wem, wo und wie möchtest du diese Stunde verbringen?

Danach findet ein Austausch in Kleingruppen mit vier Personen statt.

Wenn ich mein Leben noch einmal leben könnte … (CD-57)

Wenn ich mein Leben noch einmal leben könnte …
im nächsten Leben würde ich versuchen, mehr Fehler zu machen.
Ich würde nicht so perfekt sein wollen,
ich würde mich mehr entspannen,
ich wäre ein bisschen verrückter, als ich es gewesen bin,

ich würde viel weniger Dinge so ernst nehmen,
ich würde nicht so gesund leben,
ich würde mehr riskieren,
würde mehr reisen,
Sonnenuntergänge betrachten,
mehr bergsteigen,
mehr in Flüssen schwimmen.
Ich war einer dieser klugen Menschen,
die jede Minute ihres Lebens fruchtbar verbrachten;
freilich hatte ich auch Momente der Freude, aber wenn ich noch einmal anfangen könnte,
würde ich versuchen, nur mehr gute Augenblicke zu haben.
Falls du es noch nicht weißt,
aus diesen besteht nämlich das Leben.
Nur aus Augenblicken;
vergiss nicht den jetzigen.
Wenn ich noch einmal leben könnte, würde ich von Frühlingsbeginn an bis in den Spätherbst hinein barfuß gehen.
Und ich würde mehr mit Kindern spielen,
wenn ich das Leben noch vor mir hätte.
Aber sehen Sie … ich bin 85 Jahre alt und weiß,
dass ich bald sterben werde.

Jorge Luis Borges

6. Ernte und Abschied

6.1 Überblick und Ziele

Hier finden Sie einige Anregungen zur Beendigung des Kurses. Erfahrungsgemäß fehlt die Zeit, um zu diesem Thema viele Übungen durchzuführen. Dennoch sollte dem Auswerten und Abschiednehmen ein bestimmter Raum gegeben werden – um die Kursinhalte noch einmal Revue passieren zu lassen, sich voneinander zu verabschieden und eventuell Verabredungen für Folgeveranstaltungen zu treffen.

Je nach Kursdauer haben die Teilnehmer und Teilnehmerinnen intensive (Lern-)Erfahrungen zusammen gemacht, und es ist ein hoher

Gruppenzusammenhalt entstanden. Persönlichen Gedanken und Gefühlen wurde im Kurs vielleicht mehr Verständnis entgegengebracht, als einige das in ihrem Alltag erleben – alles wichtige Aspekte für eine angemessene Gestaltung des Abschieds.

6.2 Zuwendung und Wahrnehmung

In der Abschlusssitzung werden die Teilnehmer eingeladen, noch einmal innezuhalten und sich über die gemeinsam verbrachte Zeit, den Abschied und zeitgemäße Rituale für ähnliche Anlässe auszutauschen.

Übergänge und Rituale

W

Jedes Menschenleben ist durch mehr oder weniger deutlich abgrenzbare Lebensphasen und Lebensereignisse gekennzeichnet. Besonders im letzten Kursabschnitt war öfter von Lebensübergängen die Rede. Einige sind vorhersehbar und in gewisser Weise planbar: Geburtstage, Schuleintritt, Abitur, Berufseinstieg, Heirat, Pensionierung usw. Je nach Kultur und häuslichem Umfeld werden diese Anlässe begangen oder gefeiert und durch Symbole (Schultüten, Geburtstagskuchen, Zeugnisse, Eheringe und Ehegelöbnisse usw.) »markiert«. Das Leben hält aber auch unvorhersehbare oder kurzfristige Wendepunkte und Veränderungen bereit: Trennung, Stellenwechsel, Arbeitslosigkeit, Krankheit. Jede Art von Wechsel (auch positiver wie Familienzuwachs,

Beförderung usw.) geht mit Irritation, Gefühlsturbulenzen und Ängsten einher. So gesehen sind Krisen Zeichen für notwendige Veränderung, und psychische Gesundheit und Lebensglück hängen unter anderem davon ab, wie gut die Übergänge zwischen verschiedenen Lebensabschnitten gemeistert werden.

Der Anthropologe Arnold van Genepp (1986) hat in traditionellen Kulturen für Wendepunkte des Lebens sogenannte Übergangsrituale beobachtet. Diese kreisen um die Themen »symbolischer« Tod, Chaos und Wiedergeburt. In unsere Welt übertragen könnte dies bedeuten: Für jeden Anfang muss Altes abgeschlossen, verabschiedet, beendet werden (symbolischer Tod). Danach bedarf es einer Phase der Neuorientierung und Klärung darüber, wie es weitergehen soll (Chaos). Ein Neuanfang wird erleichtert, wenn die beiden ersten Schritte vollzogen sind, also unbelastet von Altlasten neue Ziele in den Blick kommen (Wiedergeburt).

In der modernen Welt werden Abschiede und Übergänge, die Bewältigung von Krisen und Richtungsänderungen im Lebensweg immer seltener »markiert«. Rituale für solche Anlässe sind nicht mehr Brauch, oder sie sind ihres ursprünglichen Sinnes entleert. Die hohe Rate von Orts-, Berufs-, Partnerwechseln macht psychische und soziale Mobilität zum Markenzeichen unserer Gesellschaft. Vor allem negative Lebensereignisse werden übergangen – oder haben Sie schon einmal eine Scheidungsanzeige gelesen? Das ist schade, denn Rituale schaffen Verbundenheit mit den Mitgliedern der Bezugsgruppe, sie bieten einen bestimmten Raum und eine besondere Zeitspanne, um in einer Zeit schneller und drastischer Veränderungen innezuhalten und über Veränderungen und die Vergänglichkeit des Lebens gemeinsam nachzudenken. Die Auffassung, dass Gesundheit des Einzelnen am besten durch die Unterstützung von anderen Menschen zu gewährleisten ist, wird von der Forschung durchgehend nachgewiesen (siehe z.B. Bandura 1999, Jungbauer-Gans 2002).

Erfahrungsaustausch über Rituale

Ü

(Kleingruppe mit 5 Teilnehmern, davon ein Moderator, 45 Min., Abb. B 19)

Arbeitsmaterial: Je ein Wandblatt und dicke Filzstifte in fünf Farben

Bei dieser Übung möchte ich Sie einladen, sich über Rituale auszutauschen, die für Sie von Bedeutung waren und/oder sind.
Bei Bedarf kann eine Strukturierungshilfe gegeben werden:

- Gesamtgesellschaftliche Rituale, zum Beispiel: Weihnachten, Neujahr, Fasnacht …
- Systemtypische Rituale, zum Beispiel: Einstand, Betriebsausflug, Familientreffen …
- Übergangsrituale im Lebenszyklus, zum Beispiel: Taufe, Geburtstage, Beerdigung, Schuleintritt, Examen, Trennung, Scheidung, Jahrestage
- Alltagsrituale, zum Beispiel: Abschieds-, Begrüßungsrituale, Essensrituale, der tägliche Krach, die Tagesschau …
- Persönliche, einmalige, besondere Rituale, zum Beispiel: nach Trennung, nach einer erfolgreichen Prüfung usw.

Meine Erfahrungen mit Abschied

Ü

(Zweiergruppe, 20 Min.)

*Bei dieser Übung können Sie in Anwesenheit eines aufmerksamen Gegenübers laut darüber nachdenken, welche Abschiede Sie bisher erlebt und wie Sie diese begangen bzw. bewältigt haben. Es gibt **gravierende** (Tod, Trennung, Scheidung, Umzug, Jobwechsel) und **alltägliche Abschiedssituationen** (Ende des Arbeitstages, Wochenende, morgendlicher Aufbruch zur Arbeit usw.). Wenn Sie sich an Abschiede erinnern:*

- *Haben Sie immer ein gutes Ende gefunden? Wie haben Sie das gemacht?*
- *Welche Abschiede sind aus Ihrer heutigen Sicht nicht gut gelaufen? Was würden Sie heute anders machen?*

***Bitte beachten Sie:** Jeder hat 10 Minuten Zeit, zu sprechen und/oder nachzudenken, der andere hört nur zu und gibt keine Kommentare!*

Abbildung B 19: Rituale

Danach ist ein Blitzlicht in der Gesamtgruppe empfehlenswert: *Wie ist es Ihnen als Zuhörerin bzw. als Sprecher ergangen? Möchten Sie den anderen noch etwas zu diesem Thema sagen? Wie möchten Sie sich hier verabschieden?*

6.3 Auswertung, Neuorientierung, Abschluss

Es ist nicht genug zu wissen, man muss auch anwenden;
es ist nicht genug zu wollen, man muss auch tun.
Goethe

Fantasie-Reise

Ü

Der folgende Text ist ein Beispiel für den Beginn einer kleinen Meditation über den Kursverlauf. Im Verlauf der Fantasie-Reise können verschiedene Stationen des Kurses und Anekdoten, Geschichten und Ereignisse aus der gemeinsamen Zeit in den Text eingeflochten werden.

Wenn Sie möchten, können wir uns ein letztes Mal zusammensetzen für eine kleine Fantasie-Reise …
Nach den vielen Malen hier hat jeder und jede ihre ganz eigene Art gefunden, um zur Ruhe zu kommen …, du weißt, dass du die Augen schließen oder einfach vor dich hin schauen kannst, und du weißt: Früher oder später gehen sie dann meistens von allein zu … Und wenn du möchtest, kannst du dich noch einmal aufmachen und dich erinnern …, und zurückgehen zum Anfang dieses Kurses hier …
Vielleicht weißt du noch, wie du über diesen Kurs erfahren hast, wer dir darüber erzählt oder dazu geraten hat, … und wie du dich entschieden und angemeldet hast …
Vielleicht kannst du dich noch erinnern an das erste Mal hier, wie das war …, wie du beim ersten Mal angekommen bist, dich eingefunden hast hier im Raum, dich umgeschaut, neue Gesichter gesehen hast, erste Unterhaltungen …
Und wie der Kurs dann begonnen hat … usw. … und es vielleicht einige besondere Erlebnisse, Begegnungen, Momente gibt, an die du dich erinnern möchtest, die du mitnehmen möchtest …
Und du vielleicht eine Idee hast, auf welche Weise dies geschehen wird:

Der eine will sie vielleicht aufschreiben, die andere ein Bild malen oder etwas ganz anderes …
Und so kann sich jeder und jede die Zeit nehmen, die du brauchst, um zurückzukommen …
In diese Zeit hier und in diesen Raum,
jetzt.

(Es bleiben einige Minuten, um etwas aufzuschreiben, zu malen etc.)

Ü Der Strauß an Möglichkeiten

(Gesamtgruppe, 15 Min.)

Arbeitsmaterial: 5 Stellwände, im Raum verteilt, dicke Stifte

Wir haben uns im Kurs über vielfältige Umgangsweisen mit Belastungen ausgetauscht und immer wieder erfahren, dass die unterschiedlichen Methoden und Techniken (der Strauß an Möglichkeiten) je nach Person und je nach Situation unterschiedlich gut zur Belastungsbewältigung geeignet sind. Im besten Fall hat jeder einige persönliche Strategien kennengelernt und geübt, die er in seinem Alltag auch weiterhin einsetzen will. Es ist zu wünschen, dass Symptome zukünftig als Hinweis und Veränderungsquelle und nicht als Quittung für die Vergangenheit gesehen werden. Die folgende Übung eignet sich vor allem dann, wenn Sie die Kursinhalte noch einmal zusammenfassend rekapitulieren möchten.

Es werden sechs große Stellwände im Raum verteilt mit den Überschriften: *Körper, Gedanken, Gefühle, Verhalten, Leistung und Beziehungen, Was ich sonst noch sagen möchte.* Alle Gruppenmitglieder einschließlich des Kursleiters gehen im Raum umher (evtl. bei Musik) und machen auf den Stellwänden Eintragungen zu der Frage: *Welche Möglichkeiten der Stressbewältigung nehme ich mit und werde ich anwenden?*

Die Ergebnisse werden gemeinsam gesichtet und ergänzt.

Was ich hierlassen möchte – ein Abschiedsritual

Ü

(Gesamtgruppe, max. eine Stunde)

Material: Eine Schachtel, eine Schaufel, Zettel, Stifte

Dieses Abschiedsritual ist besonders empfehlenswert, wenn es im Kursverlauf persönliche Konflikte und schwierige Situationen gegeben hat. Auch bei Gruppen, die während eines Blockkurses die ganze Zeit zusammen an einem Ort waren und diesen jetzt wieder verlassen, kommt diese Abschlussaktivität sehr gut an.

Der Kursleiter hat auf dem Gelände einen Ort ausgesucht, oder er hat im Vorfeld einige Teilnehmer gebeten, einen Spaziergang von 20 – 30 Minuten Länge zu einem schönen Ort auszuwählen, an dem die Möglichkeit besteht, eine Schachtel zu vergraben.

Vielleicht hat es während der Kurszeit Themen, Übungen, Vorfälle oder Erlebnisse gegeben, die Sie nicht in Ihren Alltag mitnehmen möchten. Vielleicht möchten Sie auch eigene Gewohnheiten oder Verhaltensweisen hierlassen, weil sie überflüssig geworden sind. Notieren Sie auf einem Zettel alles das, was Sie gern hier zurücklassen möchten. Achten Sie darauf, dass Ihr Vorhaben realistisch ist, Verhaltensweisen oder Eigenschaften hierlassen zu wollen. Ihren Zettel können Sie einfach in die Schachtel legen.

Die Schachtel wird eingepackt oder irgendwie fest verschlossen, und alle machen sich gemeinsam auf dem Weg zu dem Ort, an dem die Schachtel dann vergraben wird.

Was ich mitnehmen möchte – ein Anker für daheim

Ü

(Gesamtgruppenübung, ca. 20 Min.)

Arbeitsmaterial: Verschiedene Blätter Geschenkpapier und Geschenkbänder, Klebeband, Schere

Diese Übung eignet sich sehr gut als zweiter Teil des oben beschriebenen Rituals, kann aber auch allein als Abschlussritual durchgeführt werden. Wenn möglich, werden dafür die Arbeits- und Demonstrationsblätter chronologisch im Gruppenraum aufgehängt. Der Kursleiter lädt alle zu einem »besinnlichen Rundgang« im Zimmer ein.

Beim Abschreiten und Lesen der Blätter fällt Ihnen vielleicht ein, was Ihnen hier wichtig war und was Sie gern mitnehmen wollen. Vielleicht waren es bestimmte Themen, die wir besprochen haben, vielleicht Gespräche in Kleingruppen oder in der Pause, Anekdoten, Erlebnisse, Aktivitäten … All das notieren Sie sich auf einem Zettel unter der Überschrift: »Was ich gern mitnehmen möchte« …
Wer fertig ist, kann sich – mit dem Zettel als Inhalt – sein persönliches Ressourcenpäckchen gestalten. Dieses können Sie mitnehmen und in die Schreibtischschublade, ins Regal oder dahin legen, wo Sie sich ab und zu an dieses Seminar erinnern wollen.

Ü Mein Zielbild

(Kleingruppen à 4, 45 Min.)

Diese Übung bezieht sich auf die Anfangsphase, in der die Teilnehmer »Wunschbilder« für ihre Kursziele gemalt haben. Diese werden jetzt wieder ausgeteilt. Jeder nimmt sich etwas Zeit, seinen Ordner durchzublättern, das Bild zu betrachten und sich dann in Kleingruppen über folgende Fragen auszutauschen:

- *Von wo bin ich gestartet?*
- *Wo stehe ich jetzt?*
- *Will ich in meinem Bild noch etwas ergänzen oder sogar ein neues malen?*
- *Was nehme ich mit?*
- *Mit welchen Hindernissen bei der Umsetzung meiner Pläne muss ich rechnen?*
- *Wie werde ich diesen Hindernissen begegnen?*

Abschlussrunde

Der Kurs endet mit einer Abschlussrunde. Dafür kann ein echter oder fiktiver »Erntekorb« in die Mitte gestellt werden, und jeder gibt noch einmal etwas in den Kreis:

Was nehme ich mit? Was ist mir noch wichtig zu sagen?

Als ich mich selbst zu lieben begann …
(CD-58)

Als ich mich selbst zu lieben begann,
habe ich verstanden, dass ich immer und bei jeder Gelegenheit,
zur richtigen Zeit am richtigen Ort bin,
und dass alles, was geschieht, richtig ist –
von da an konnte ich ruhig sein.
Heute weiß ich: Das nennt man **VERTRAUEN**.

Als ich mich selbst zu lieben begann,
konnte ich erkennen, dass emotionaler Schmerz und Leid
nur Warnungen für mich sind, gegen meine eigene Wahrheit zu leben.
Heute weiß ich: Das nennt man **AUTHENTISCH SEIN**.

Als ich mich selbst zu lieben begann,
habe ich aufgehört, mich nach einem anderen Leben zu sehnen,
und konnte sehen, dass alles um mich herum eine Aufforderung zum Wachsen war.
Heute weiß ich, das nennt man **REIFE**.

Als ich mich selbst zu lieben begann,
habe ich aufgehört, mich meiner freien Zeit zu berauben,
und ich habe aufgehört, weiter grandiose Projekte für die Zukunft zu entwerfen.
Heute mache ich nur das, was mir Spaß und Freude macht,
was ich liebe und **was mein Herz zum Lachen bringt**,
auf meine eigene Art und Weise und in meinem Tempo.
Heute weiß ich, das nennt man **EHRLICHKEIT**.

Als ich mich selbst zu lieben begann,
habe ich mich von allem befreit, was nicht gesund für mich war,
von Speisen, Menschen, Dingen, Situationen
und von allem, das mich immer wieder hinunterzog, weg von mir selbst.
Anfangs nannte ich das »Gesunden Egoismus«,
aber heute weiß ich, das ist **SELBSTLIEBE**.

Als ich mich selbst zu lieben begann,
habe ich aufgehört, immer recht haben zu wollen,
so habe ich mich weniger geirrt.
Heute habe ich erkannt: das nennt man **DEMUT**.

Als ich mich selbst zu lieben begann,
habe ich mich geweigert, weiter in der Vergangenheit zu leben
und mich um meine Zukunft zu sorgen.
Jetzt lebe ich nur noch in diesem Augenblick, wo ALLES stattfindet,
so lebe ich heute jeden Tag und nenne es **BEWUSSTHEIT**.

Als ich mich zu lieben begann,
da erkannte ich, dass mich mein Denken
armselig und krank machen kann.
Als ich jedoch meine Herzenskräfte anforderte,
bekam der Verstand einen wichtigen Partner.
Diese Verbindung nenne ich heute **HERZENSWEISHEIT**.

Wir brauchen uns nicht weiter vor Auseinandersetzungen,
Konflikten und Problemen mit uns selbst und anderen fürchten,
denn sogar Sterne knallen manchmal aufeinander
und es entstehen neue Welten.
Heute weiß ich: **DAS IST DAS LEBEN**!

Charlie Chaplin
an seinem 70. Geburtstag am 16. April 1959

Dank

Stellvertretend für die vielen Kolleginnen und Kollegen, mit denen ich mich seit Erstfassung des Manuals im Jahr 2006 austauschen konnte, möchte ich hier einige nennen, deren Anregungen in diese Ausgabe »eingeflossen« sind: Ingo Diener, Erika Lützner-Lay, Kristine Meyer-Kersten, Ulrike Ronnefeldt, Martin Schulmeister. Beate Schulze hat sogar ein Grundlagenkapitel in diesem Buch mit verfasst.

Gerade im Bereich der Gesundheitsförderung mangelt es nicht an Wissen und Erkenntnissen, oft aber an der Umsetzung. Für die Suche nach dem »Geheimnis des Gelingens« bietet G. Hüther mit seiner »angewandten Neurobiologie« einen fast unerschöpflichen Fundus, der sich in den Wissensbausteinen, aber auch in der therapeutischen Haltung des hier vertretenen Konzepts niederschlägt.

In der langen Entstehungsgeschichte des ISP haben zahlreiche Männer und Frauen an Stressbewältigungsseminaren in unterschiedlichen Kontexten teilgenommen und waren so an der Konzeptualisierung des Manuals beteiligt. In den letzten Jahren wurden die Kurse mit Weiterbildungs- und Supervisionsteilnehmern und -teilnehmerinnen immer wichtiger für mich – es ist ein Geschenk, mit Kolleginnen und Kollegen, die ganz unterschiedliche Grundausbildungen und berufliche Schwerpunkte haben, in so intensivem Austausch sein zu können. Ihre Rückmeldungen und fachlichen Anregungen bestärken mich und gehen ebenfalls in das Konzept mit ein. Christine Treml vom Verlag Klett-Cotta hat das Projekt in bewährter Weise zuversichtlich und ermutigend begleitet – obwohl aus der geplanten Überarbeitung nun fast ein neues Buch geworden ist.

Besonders danken möchte ich auch allen, die meinen sozialen Rückzug in der Zeit des Schreibens nicht nur toleriert, sondern auch für mich erträglicher gemacht haben: Kristine versorgte mich unermüdlich mit guter Laune und Vertrauen ins Gelingen, Hans Peter und Dorothee Remmert schafften es tatsächlich, mich ab und zu hinterm Schreibtisch vorzulocken und mir (mit Pina) die Gedanken aufzuwirbeln. Dass das Schreiben zusätzlich zum Berufsalltag überhaupt möglich war, verdanke ich Rolf. Er hat mir in allem den Rücken freigehalten, familiäre und häusliche Pflichten abgenommen, mich liebevoll ertragen, wenn es mal wieder eng wurde, und dabei selbst auf vieles verzichtet, was unser gemeinsames Leben ausmacht. Seine fachlichen, humorigen, liebevollen und kritischen Anregungen sind mir von unschätzbarem Wert. Ohne ihn wäre – wie so viele – auch dieses Projekt nicht verwirklicht worden.

Ihnen allen bin ich zutiefst dankbar.

Die ISP-Fortbildung unter der Leitung von Diana Drexler findet im Wieslocher Institut für systemische Lösungen (WISL) statt.

AbsolventInnen der Weiterbildung erhalten das WISL-Zertifikat »Systemisch-Integratives Gesundheitscoaching und Stressmanagement«.

Ausführliche Informationen finden Sie auf unserer Homepage unter www.wieslocher-institut.com

WISL
Wieslocher Institut für systemische Lösungen

Literatur

Antonovsky, A. (1997): Salutogenese. Zur Entmystifizierung der Gesundheit. Tübingen: dgvt

Arbeitskreis OPD (2004): Operationalisierte Psychodynamische Diagnostik: Grundlagen und Manual. Bern: Huber

Auhagen, A. E. (Hrsg. 2004): Positive Psychologie. Weinheim: Beltz

Badura, B. (1999): Soziale Unterstützung und chronische Krankheit. Frankfurt: Suhrkamp.

Badura, B., Ducki, A., Schröder, H., Klose, J., Macco, K. (2011): Fehlzeiten-Report 2011. Zahlen, Daten, Analyse aus allen Branchen der Wirtschaft. Schwerpunkt: Führung und Gesundheit. Heidelberg, Berlin: Springer und Wissenschaftliches Institut der AOK (WidO)

Baltes, M. M., Baltes, P. B. (1990): Psychological perspectives on successful aging: The model of selective optimization with compensation. In P. B. Baltes, M. M. Baltes (Eds.), Successful aging: Perspectives from the behavioral sciences (1 – 34). New York: Cambridge University Press

Bandura, A. (1997): Self-Efficacy: The Experience of Control. New York: Freeman

Bandler, R., Grinder, J. (2005): Reframing. Ein ökologischer Ansatz in der Psychotherapie. Paderborn: Junfermann

Bauer, J. (2005): Das Gedächtnis des Körpers. München: Piper

Bengel, J., Jerusalem, M., (Hrsg. 2009): Handbuch der Gesundheitspsychologie und Medizinischen Psychologie. Göttingen: Hogrefe

Berking, M. (2009): Training emotionaler Kompetenzen. Heidelberg: Springer

Berne, E. (2001): Die Transaktionsanalyse in der Psychotherapie. Paderborn: Junfermann

Bodenmann, G., Cina, A., Widmer, K. (1999): Ergebnisse zur Wirksamkeit des Freiburger Stresspräventionstrainings für Paare (FSPT): Eine 6-Monate-Follow-up-Studie. In: Verhaltenstherapie und Verhaltensmedizin 20, 249 – 273

Böll, H. (1969): Aufsätze, Kritiken, Reden. München: dtv

Boss, P. (2006): Loss, trauma and resilience: Therapeutic work with ambiguous loss. New York: Norton

Brähler, E., Scheer, J. W. (1995): Der Gießener Beschwerdebogen (GBB). Handbuch. Bern: Huber

Brandstätter, J. (1989): Personal self-regulation and development: Cross-sectional analysis of development-related control beliefs and emotions. Developmental Psychology, 25, 96 – 108

Brandstätter, J., Greve, W. (1994): The aging self: Stabilizing and protective processes. Developmental Review, 14, 52 – 80

Broich, J. (1991): Anwärmspiele. Köln: Maternus
Brooks, C. V. W., Selver (1991): Erleben durch die Sinne – Sensory Awareness. München: dtv
Büchner-Totzke, B., Groth, T., Fehm-Wolfsdorf, G. (1996): Reduziert die Teilnahme an einem Stressbewältigungskurs die im Tagesverlauf ausgeschüttete Cortisolmenge? Unveröffentlichtes Manuskript. Universität Kiel: Institut für Psychologie
Cacioppo, J. T., Gardner, W. L. (1999): Emotion. Annual Review of Psychology. 50, 191–214
Cannon, W. B. (1929): Bodily changes in pain, hunger, fear and rage. New York: Appleton
Ciompi, L. (1997): Die emotionalen Grundlagen des Denkens – Entwurf einer fraktalen Affektlogik. Göttingen: Vandenhoeck & Ruprecht
Covey, S. R. (2005): Die 7 Wege zur Effektivität: Prinzipien für persönlichen und beruflichen Erfolg. Offenbach: Gabal
Csikszentmihalyi, M. (1992): Flow: Das Geheimnis des Glücks. Stuttgart: Klett-Cotta
Damasio, A. R. (1994): Descartes Irrtum. Fühlen, Denken und das menschliche Gehirn. München: List
Damasio, A. R. (2002): Ich fühle, also bin ich. Die Entschlüsselung des Bewusstseins. München: Ullstein
Damasio, A. R. (2005): Der Spinoza-Effekt. Berlin: List
Dawans v., B., Kirschbaum, C., Heinrichs, M. (2009): Körperliche Prozesse und Gesundheit. In: Handbuch der Gesundheitspsychologie und Medizinischen Psychologie: 15–33
De Shazer, S. (1989): Der Dreh. Überraschende Wendungen und Lösungen in der Kurzzeittherapie. Heidelberg: Auer
Diegelmann, C. (2007): Trauma und Krise bewältigen. Psychotherapie mit TRUST. Stuttgart: Klett-Cotta
Diegelmann, C., Isermann, M. (2011): Kraft in der Krise. Stuttgart: Klett-Cotta
Dörner, K. (2004): Das Gesundheitsdilemma. Berlin: Ullstein
Downing, G. (2007): Körper und Wort in der Psychotherapie. München: Kösel
Ellis, A. (1997): Die rational-emotive Verhaltenstherapie. München: Pfeiffer
Ende, M. (1973): Momo. Stuttgart: Thienemann
Erickson, M., Rossi, E. L. (Hrsg. 1998): Gesammelte Schriften von Milton H. Erickson. Heidelberg: Carl-Auer-Verlag
Fahrenberg, J., Hampel, R., Selg, H. (1989): Das Freiburger Persönlichkeitsinventar FPI. Göttingen: Hogrefe
Foerster, H. v. (1993): KybernEthik. Berlin: Merve
Fritzsche, K., Hartmann, W. (2010): Einführung in die Ego-State-Therapie. Heidelberg: Auer
Gendlin, E. T. (1969): Focusing. Reinbek: rororo
Genepp, van A. (1986): Übergangsriten. Frankfurt: Suhrkamp

Gerber, W.D., Miltner, W., Birbaumer, N., Haag, G. (1989): Konkordanztherapie. München: Röttger

Gilbert, D.T., Pinel, E.C., Wilson, T.D., Blumberg, S.J., Wheatley, T.P. (1998): Immune neglect: A source of durability bias in affective forcasting. Journal of Personality and Social Psychology, 75, 617 – 638.

Görlitz, G. (2001): Körper und Gefühl in der Psychotherapie – Basisübungen. Stuttgart: Klett-Cotta

Gollwitzer, P.M., (1999): Implementation Intentions. Strong Effects of Simple Plans. American Psychologists 54, 493 – 503

Grawe, K., (2004): Neuropsychotherapie. Göttingen: Hogrefe

Greenberg, L.S., Korman, L.M. & Paivio, S. (2002): Emotions in Humanistic Psychotherapy. In: Cain, D.J. und Seeman, J. (Eds.), Humanistic Psychotherapies, Handbook of Research and Practice. Washington D.C.: APA

Greenberg, L.S. (2011): Emotionsfokussierte Therapie. München: Ernst Reinhardt Verlag

Grove, A.S. (2002): Nur die Paranoiden überleben. München: Heyne

Gruen, R.J., Folkman, S., Lazarus, R.S. (1988): Centrality and individual differences in the meaning of daily hassles. In: Journal of Personality 56, 743 – 762

Gudjohns, H., Pieper, M., Wagener, B. (1992): Auf meinen Spuren. Hamburg: Bergmann und Helbig

Hätscher-Rosenbauer, W. (1996): Augenschule für gesundes Sehen, München: Südwest-Verlag

Han, B., (2010): Müdigkeitsgesellschaft. Berlin: Matthes und Seitz

Hayes, S.C., Smith, S. (2007): In Abstand zur inneren Wortmaschine: Ein Selbsthilfe- und Therapiebegleitbuch auf der Grundlage der Akzeptanz- und Commitment-Therapie (ACT). Tübingen: dgvt

Heidenreich,T., Michalak, J. (2006): Achtsamkeit und Akzeptanz in der Psychotherapie. In: Psychotherapie im Dialog, 3/2006, 235 – 240. Stuttgart: Thieme

Heinrichs, M., Gaab, J. (2007): Neuroendocrine mechanisms of stress and social interaction: implications for mental disorders. Current Opinion in Psychiatry, 20, 158 – 162

Herwig-Lempp, J. (2004): Ressourcenorientierte Teamarbeit. Göttingen: Vandenhoeck & Ruprecht

Hinsch, R., Pfingsten, U. (2002): Gruppentraining sozialer Kompetenzen. Weinheim: Beltz PVU

Hobfoll, S.E. (1989): Conversation of resources: A new attempt at conceptualizing stress. American Psychologist. 44, 513 – 524

Hobfoll, S.E. & Shirom, A. (2000): Conservation of resources theory: Applications to stress and management in the workplace. In R.T. Golembiewski (Eds.), Handbook of organization behavior (2, 57 – 81). New York: Dekker

Hobfoll, S.E. (2001): The influence of culture, community, and the nested self in the stress process: Advancing Conservation of Resources Theory. American Psychology: An International Review, 50, 337 – 421

Horowitz, M. J. (1991): Person Schemas and Maladaptive Interpersonal Patterns. University of Chicago press

Huether, G. (1997): Biologie der Angst. Wie aus Stress Gefühle werden. Göttingen: Vandenhoeck & Ruprecht

Huether, G. (2001): Die neurobiologische Verankerung von Erfahrungen und ihre Auswirkungen auf das spätere Verhalten. Plenarvortrag im Rahmen der 51. Lindauer Psychotherapiewochen 2001

Huether, G. (2010): Wie Embodiment neurobiologisch erklärt werden kann. In: Storch, M., Cantieni, B., Hüther, G., Tschacher, W., Embodiment. Die Wechselwirkung von Körper und Psyche verstehen und nutzen (35 – 72)

Jacobson, E. (1933): Progressive Relaxation. New York: Basic Book Inc

Jacobson, E. (1996): Entspannung als Therapie. Stuttgart: Klett-Cotta

Janke, W.; Erdmann, G. & Kallus, W. (1985): Stressverarbeitungsfragebogen (SVF). Göttingen: Hogrefe

Jungbauer-Gans, M. (2002): Ungleichheit, soziale Beziehungen und Gesundheit. Wiesbaden: Verlag für Sozialwissenschaften

Kabat-Zinn, J. (1998): Im Alltag Ruhe finden. Das umfassende praktische Meditationsprogramm. Freiburg: Herder

Kabat-Zinn, J. (1999): Stressbewältigung durch die Praxis der Achtsamkeit. Freiburg: Arbor

Kabat-Zinn, M., Kabat-Zinn, J. (2011): Mit Kindern wachsen: Die Praxis der Achtsamkeit in der Familie. Freiburg: Arbor

Kälin, K., Müri, P., Bernhard, H. (2005): Sich und andere führen. Bern: Ott-Verlag

Kaluza, G. (1998): Effekte eines kognitiv-behavioralen Stressbewältigungstrainings auf Belastungen, Bewältigung und (Wohl-)Befinden – eine randomisierte, kontrollierte prospektive Interventionsstudie in der primären Prävention. Zeitschrift für klinische Psychologie 27(4), 234 – 243

Kaluza, G. (1999 a): Sind die Effekte eines primärpräventiven Stressbewältigungstrainings von Dauer? Eine randomisierte, kontrollierte Follow-up-Studie. Zeitschrift für Gesundheitspsychologie 7, 88 – 95

Kaluza, G. (1999 b): Mehr desselben oder Neues gelernt? – Veränderungen von Bewältigungsprofilen nach einem primärpräventiven Stressbewältigungstraining. Zeitschrift für Medizinische Psychologie 8, 73 – 84

Kaluza, G. (2011): Stressbewältigung. Trainingsmanual zur psychologischen Gesundheitsförderung. Berlin, Heidelberg: Springer.

Kaluza, G., Strempel, I. (1994): Autogenes Training in der Augenheilkunde. Heidelberg: Kaden

Kanfer, F. H., Reinecker, H., Schmelzer, D. (2005): Selbstmanagement-Therapie. Berlin: Springer

Kessler, A. (1985): Der erfolgreiche Umgang mit täglichen Belastungen, Stressbewältigungsprogramm A. Materialien für den Kursleiter. München: Röttger

Kessler, A., Gallen, M. (1985): Der erfolgreiche Umgang mit täglichen Belastungen, ein Programm zur Stressbewältigung. München: Röttger

Kienle, R., Knoll, N., Renneberg, B. (2006): Soziale Ressourcen und Gesundheit: Soziale Unterstützung und dyadisches Bewältigen. In: Renneberg, B., Hammelstein, P. (Hrsg): Gesundheitspsychologie, 107 – 122, Heidelberg: Springer

Kirschbaum, C., Heinrichs, M. (2006): Biopsychologische Grundlagen. In: Wittchen, H.-U., Hoyer, J. (Hrsg.) Klinische Psychologie und Psychotherapie (165 – 192) Berlin: Springer

Klauer, T. (2009): Soziale Unterstützung. In: Bengel, J., Jerusalem, M. (2009), Handbuch der Gesundheitspsychologie und Medizinischen Psychologie. 80 – 85

Klein, S. (2006): Zeit: der Stoff, aus dem das Leben ist. Eine Gebrauchsanleitung. Frankfurt: S. Fischer

Kubitscheck, St., Kirchner, J.-H. (2005): Kleines Handbuch der Arbeitsplatzgestaltung. München: Hanser.

Kurtz, R. (1985): Körperzentrierte Psychotherapie. Die Hakomi-Methode. Essen: Synthesis

Landau, K. (Hrsg. 2003): Good practice. Stuttgart: Ergonomia

Lazarus, R. S. (1966): Psychological stress and the coping process. New York: Mc Graw-Hill

Lazarus, R. S. (1984): Puzzles in the study of daily hassles. In: Journal of Behavioral Medicine 7, 375 – 389

Lazarus, R., Folkman, S. (1984): Stress, appraisal and coping. New York: Springer

LeDoux, J. E. (2001): Das Netz der Gefühle. München: dtv

Lelord, F., Andrè, C., (2005): Die Macht der Emotionen. München: Piper

Levold, T. Affektive Kommunikation und systemische Therapie. In: Welter-Enderlin, R., Hildenbrand, B. (1998): Gefühle und Systeme, 18 – 51. Heidelberg: Auer

Lewinsohn, P. M., Munoz, R. F., Youngren, M. A. (1982): Der Weg zum seelischen Gleichgewicht. Depressionen erkennen, überwinden, vermeiden. Salzburg: Müller

Linehan, M. (1996): Trainingsmanual zur Dialektisch-Behavioralen Therapie der Borderline-Persönlichkeitsstörung. München: CIP Medien

Linley, P. A., Joseph, S. (2011): Positive Therapie: Grundlagen und psychologische Praxis. Stuttgart: Klett-Cotta

Maslach, C., Schaufeli, W. B., Leiter, M. P. (2001): Job Burnout. Annual Review of Psychology, 52, 397 – 422

Mattke, D. (2009): Grundlagen der Gruppenpsychotherapie: Sozialpsychologie und Gruppendynamik. In: Mattke, D., Reddemann, L., Strauß, B., Fischer, C. (2009): Keine Angst vor Gruppen! Gruppenpsychotherapie in Praxis und Forschung. Stuttgart: Klett-Cotta

Mattke, D., Reddemann, L., Strauß, B., Fischer, C. (2009): Keine Angst vor Gruppen! Gruppenpsychotherapie in Praxis und Forschung. Stuttgart: Klett-Cotta

McEwen, B. S., Lasley, E. N. (2002): The End of Stress as we know it. Henry Joseph Press

Michalak, J., Heidenreich, T. (2006): Achtsamkeit und Akzeptanz in der Psychotherapie. In: Psychotherapie im Dialog, 3/2006, 327 – 331. Stuttgart: Thieme
Morris, D. (1994): Das Tier Mensch. Köln: vgs
Mücke, K. (2004): Hilf Dir selbst und werde, was Du bist. Anregungen und spielerische Übungen zur Problemlösung und Persönlichkeitsentfaltung. Potsdam: Klaus Mücke, ÖkoSysteme Verlag
Neuhaus, R., (2002): Sicherheit und Gesundheitsschutz bei Büro- und Bildschirmarbeit. Köln: Deutscher Wirtschaftsdienst
Peichl, J. (2007): Innere Kinder, Täter, Helfer & Co.: Ego-State-Therapie des traumatisierten Selbst. Stuttgart: Klett-Cotta
Pennebaker, J. W. (1982): The psychology of Physical Symptoms. New York: Springer
Perls, F. S., Hefferline, R. F., Goodmann, P. (1996): Gestalt-Therapie. Wiederbelebung des Selbst. Stuttgart: Klett-Cotta
Perrez, M. (1988): Bewältigung von Alltagsbelastungen und seelische Gesundheit. Zusammenhänge auf der Grundlage computerunterstützter Selbstbeobachtungs- und Fragebogendaten. In: Zeitschrift für Klinische Psychologie 4, 292 – 306
Reddemann, L. (2011): Psychodynamisch Imaginative Traumatherapie. PITT – Das Manual: Ein resilienzorientierter Ansatz in der Psychotraumatologie. Stuttgart: Klett-Cotta
Reddemann, L. (2009): Gruppentherapie in der Traumabehandlung – die Gruppe als Ressource nutzen. In: Mattke, D., Reddemann, L., Strauß, B., Fischer, C. (2009): Keine Angst vor Gruppen! Gruppenpsychotherapie in Praxis und Forschung. Stuttgart: Klett-Cotta
Reich, W. (1969): Die Entdeckung des Organs. Die Funktion des Orgasmus, Köln: Kiepenheuer & Witsch
Rogers, C. R. (1972): Die nicht-direktive Beratung. München: Kindler
Schandry, R. (2009): Biologische Psychologie. Weinheim: Beltz
Schlippe, v., A.., Schweitzer, J. (1996): Lehrbuch der systemischen Therapie und Beratung. Göttingen: Vandenhoeck & Ruprecht
Schönpflug, W. (1985): Goal-directed behavior as a source of stress: Psychological origins and consequences of inefficiency. In: M. Frese, J. Sabini (Eds.) The concept of action in psychology (172 – 188). Hillsdale, NJ: Erlbaum
Schulz, P., Schlotz, W., Becker, P. (2004): Trierer Inventar zum chronischen Stress (TICS). Göttingen: Hogrefe
Schulz von Thun, F. (1998) Praxisberatung in Gruppen. Weinheim: Beltz
Schulz von Thun, F. (1999): Miteinander reden. Hamburg: Rowohlt
Schulz von Thun, F., Stegemann, W. (2004): Das innere Team in Aktion. Reinbek: rororo
Schulze, B. (2009): Energiekrise in der Arbeitswelt? In: Psychotherapie im Dialog. 3/2009. 201 – 208. Stuttgart: Thieme
Schwarzer, R. (1993): Defensiver und funktionaler Optimismus als Bedingun-

gen für Gesundheitsverhalten. Zeitschrift für Gesundheitspsychologie 1, 7–31

Segal, Z. V., Williams, J. M. G., Teasdale, J. D., (2002): Mindfulness-based cognitive therapy for depression: a new approach to preventing relapse. New York: Guilford Press

Seiwert, Lothar (2009): Noch mehr Zeit für das Wesentliche. Zeitmanagement neu entdecken. Goldmann

Selye, H. (1956): The stress of life. New York: Mc Graw-Hill

Selye, H. (1981): Geschichte und Grundzüge des Stresskonzeptes. In J.R. Nitsch (Hrsg.): Stress. Theorien, Untersuchungen, Maßnahmen. 163–187. Bern: Huber

Sennett, R. (2006): Der flexible Mensch. Die Kultur des neuen Kapitalismus. München: btb Verlag

Siegel, D. (2007): Das achtsame Gehirn. Freiburg: Arbor

Siegrist, J. (1996): Soziale Krisen und Gesundheit. Göttingen: Hogrefe

Siegrist, J., Starke, D., Chandola, T., Godin, I., Marmot, M., Niedhammer, I. (2004): The measurement of effort-reward imbalance at work: European comparisons. Social Science & Medicine, 58, 1483–1499

Sobotta, J., Posel, P. (2004): Spielend durch die Anatomie, Tafel 2: Muskeln. München: Urban und Fischer

Stepper, S. (1992): Der Einfluß der Körperhaltung auf die Emotion »Stolz«. Experimentelle Untersuchung zur »Körper-Feedback«-Hypothese. Unveröffentlichte Dissertation, Universität Mannheim

Stewart, I., Joines, V. (1990): Die Transaktionsanalyse. Freiburg: Herder

Stollreiter, M., Völgyfy, J., Jencius, T. (2000): Stress-Management. Das Waage-Programm ©. Mehr Erfolg mit weniger Stress. Weinheim: Beltz

Storch, M. (2010): Wie Embodiment in der Psychologie erforscht wurde. In: Storch, M., Cantieni, B., Hüther, G., Tschacher, W. In: Embodiment. Die Wechselwirkung von Körper und Psyche verstehen und nutzen. 35–72

Storch, M., Cantieni, B., Hüther, G., Tschacher, W. (2010): Embodiment. Die Wechselwirkung von Körper und Psyche verstehen und nutzen. Bern: Huber

Strack, F., Deutsch, R. (2004): Reflective and impulsive determinants of social behavior. Personality and Social Psychology Review. 3, 220–247

Strauß, B. (2009): Evidenzbasierte Gruppenpsychotherapie: Ergebnisse der Gruppenpsychotherapieforschung. In: Mattke, D., Reddemann, L., Strauß, B., Fischer, C. (2009): Keine Angst vor Gruppen! Gruppenpsychotherapie in Praxis und Forschung. 179–277. Stuttgart: Klett-Cotta

Sulz, S. K. D. (2005): Gehirn, Emotion, Körper. In: Sulz, S.K.D., Schrenker, L., Schricker, C. (2005): Die Psychotherapie entdeckt den Körper. München: CIP Medien.

Thayer, J. J., Sternberg, E. (2006): Beyond heart rate variability: vagal redulation of allostatic systems. Annals of the New York Academy of Sciences, 1088,

361 – 372. In: Bengel, J., Jerusalem, M., (Hrsg. 2009): Handbuch der Gesundheitspsychologie und Medizinischen Psychologie. Göttingen: Hogrefe

Traue, H.-C.; Hrabal, V.; Kosarz, P. (2000): Alltagsbelastungsfragebogen (ABF): Zur inneren Konsistenz, Validierung und Stressdiagnostik mit dem deutschsprachigen Daily Stress Inventory. In: Verhaltenstherapie und Verhaltensmedizin 21, 5 – 38

Tschacher, W. (2010): Wie Embodiment zum Thema wurde. . In: Storch, M., Cantieni, B., Hüther, G., Tschacher, W. In: Embodiment. Die Wechselwirkung von Körper und Psyche verstehen und nutzen. 11 – 34

Vaitl, D., Petermann, F. (2004): Entspannungsverfahren. Das Praxishandbuch. Weinheim: Beltz

Watkins, J. G., Watkins, H.H. (2008): Ego-States – Theorie und Therapie. Heidelberg: Carl-Auer-Verlag

Weber, A. M. (2009): Achtsamkeit – ein Begriff zwischen den Welten, Teil 1: Zur Psychologie buddhistischer Geistesgegenwart, in: Transpersonale Psychologie und Psychotherapie, 2/2009, 71 – 82

Welter-Enderlin, R., Hildenbrand, B. (Hrsg. 2006): Resilienz – Gedeihen trotz widriger Umstände. Heidelberg: Carl-Auer-Verlag

Werner, E. E., Smith, R. S., (1992): Overcoming the odds: High risk children from birth to adulthood. Ithaca, NY: Cornell University Press

Williams, J. M. G., Teasdale, J. D., Segal, Z. V., Kabat-Zinn, J. (2007): The Mindful Way Through Depression: Freeing Yourself from Chronic Unhappiness. New York: Guilford Press

Young, J. E., Klosko, J. S., Weishaar, M. E., Kierdorf, T. (2008): Schematherapie. Ein praxisorientiertes Handbuch. Paderborn: Junfermann

Yusuf, S., Hawken, S., Ounpuu, S., Dans, T., Avezum, A., Lanas, F. et al. (2004): Effect of potentially modifiable risk factors associated with myocardial infarction in 52 countries (the INTERHEART study): case-control study. The Lancet, 364, 937 – 952